從星際塵埃到世界大戰，人類文明的壯麗史詩！
科幻小說巨擘 H・G・威爾斯追溯人類發展的脈絡

喬治．威爾斯的
世界簡史

繼巨著《世界史綱》後
又一史學通俗經典之作

(Herbert George Wells)
赫伯特・喬治・威爾斯 著
謝凱 譯

宇宙、生命的起源、古代文明、
宗教演變、帝國興衰、近代工業、政治變革……
精心整理複雜歷史事件和人物，以通俗易懂方式呈現
理清影響世界發展的脈絡，輕鬆架構世界歷史的輪廓

A Short History
of the World

目錄

007／序

009／第 1 章　空間裡的世界

012／第 2 章　時間裡的世界

016／第 3 章　生命的起源

020／第 4 章　魚類時期

024／第 5 章　石炭紀沼澤期

028／第 6 章　爬行動物時期

032／第 7 章　最早的鳥類和哺乳動物

038／第 8 章　哺乳動物時期

043／第 9 章　猿、類人猿和原始人

048／第 10 章　尼安德塔人和羅德西亞人

052／第 11 章　最早的真正人類

057／第 12 章　原始思維

062／第 13 章　耕種的開始

067／第 14 章　新石器時期的原始文明

071／第 15 章　蘇美、古埃及和文字

目錄

077／第 16 章　原始游牧民族

082／第 17 章　最早的航海英雄

087／第 18 章　埃及、巴比倫和亞述

094／第 19 章　原始雅利安民族

098／第 20 章　最後的巴比倫帝國和大流士一世帝國

103／第 21 章　早期的猶太人

108／第 22 章　猶太的祭司和先知

112／第 23 章　希臘文明

118／第 24 章　波希戰爭

123／第 25 章　繁榮的希臘

128／第 26 章　亞歷山大帝國

132／第 27 章　亞歷山卓的科學

137／第 28 章　釋迦牟尼

142／第 29 章　阿育王

145／第 30 章　中國的兩位偉大聖人——孔子和老子

151／第 31 章　羅馬的興起

156／第 32 章　羅馬和迦太基

162／第 33 章　崛起的羅馬帝國

173　／第 34 章　羅馬和中國

177　／第 35 章　早期羅馬帝國的平民生活

183　／第 36 章　羅馬帝國時代的宗教

189　／第 37 章　耶穌與基督教

196　／第 38 章　基督教的發展

200　／第 39 章　蠻族入侵和羅馬帝國的東西分裂

204　／第 40 章　匈奴人和西羅馬帝國的滅亡

209　／第 41 章　拜占庭帝國和薩珊王朝

214　／第 42 章　中國的隋唐時代

217　／第 43 章　穆罕默德和伊斯蘭教

220　／第 44 章　阿拉伯的文明

223　／第 45 章　拉丁語基督教的發展

230　／第 46 章　十字軍東征與教宗統治時代

239　／第 47 章　王侯頑抗和教會大分裂

247　／第 48 章　蒙古人的征服

252　／第 49 章　歐洲的理性復甦

261　／第 50 章　拉丁教會的變革

265　／第 51 章　查理五世皇帝

目錄

273／第 52 章　歐洲君主制、議會制、共和制的政治實驗時代

282／第 53 章　歐洲新帝國的擴張

287／第 54 章　美國獨立戰爭

292／第 55 章　法國大革命和君主制在法國的復辟

300／第 56 章　拿破崙之後歐洲不穩定的和平

305／第 57 章　物質知識的發展及所獲得的成就

314／第 58 章　工業革命

318／第 59 章　現代政治和社會思想的發展

327／第 60 章　美國的擴張

335／第 61 章　德國在歐洲的崛起

337／第 62 章　輪船、鐵路時代新的海外帝國

343／第 63 章　歐洲入侵亞洲和日本的崛起

348／第 64 章　1914 年的大英帝國

350／第 65 章　歐洲軍備時代和第一次世界大戰

358／第 66 章　俄國十月革命

363／第 67 章　世界政治經濟秩序的重建

369／附錄　世界大事年表

序

　　我寫作這部《世界簡史》的最大願望，是希望讀者能像讀小說一樣，一口氣把它讀完。為此，我在書中省去了那些繁瑣的事件，以一種簡潔明瞭的寫法，把我們現今所知道的歷史講述出來。本書將讓讀者獲得一個對歷史的整體看法，作為進一步研究某一特定時期或特定國家的歷史所依託的框架。此外，閱讀本書也能為閱讀我的另一本歷史著作《世界史綱》[01]（*The Outline of History*）獲得諸多有益的準備。然而，本書最主要的目的還是讓那些無暇細讀《世界史綱》的讀者清晰理解人類偉大冒險活動的那些模糊的、瑣碎的概念，糾正先前形成的一些錯誤認知。本書絕不是《世界史綱》的縮寫版，因為《世界史綱》就其本身的目的來說，是無法縮寫和提煉的。本書則採用了嶄新的立意和寫法，是一部更通俗、更普及的歷史著作。

赫伯特・喬治・威爾斯（Herbert George Wells）

---

[01] 作者另外的一部歷史著作。——編者注

序

第 1 章　空間裡的世界

　　我們現在對世界歷史的了解是極不完整的。在 200 年以前，人們所掌握的僅限於 3,000 年以來的歷史。而 3,000 年以前發生的事情，則僅僅是人們的推測和臆想，也有部分是傳說。在當時的文明世界裡，絕大多數人都被告知並相信，這個世界是在西元前 4004 年被突然創造出來的，不過，具體是在這一年的春季還是秋季，當時的權威們各執一詞，眾口不一。這種創世時間精確得有些荒謬的觀點，是基於對希伯來《舊約》過於字面的解讀，一種神學式的任意猜測。如今，這種觀點早已被傳教士所摒棄。人們普遍認為，我們生活的這個世界已經存在了很長甚至是無限長的時間。當然，這種觀點也可能包含著荒謬的認識，就像在一間屋子相對的兩面牆上都裝上鏡子，從而使屋子看起來沒有盡頭一樣。然而，那種認為我們生活的這個世界僅存在了六、七千年的觀點，早已經被徹底推翻。

　　如今，人們都知道我們生活的地球是一個直徑約為 8,000 英里[02]，兩端稍扁的橘狀球體。大約在 2,500 年前，就有個別學者知道地球是一個球體。在這以前，人們一直認為地球是一個平面。那時有各種關於地球和天空、行星、恆星之間相互關係的理論。在今天看來，這些理論全都不切實際。如今，人們知道每過 24 小時，地球就以地軸（比赤道的平均直徑短 24 英里）為中心自轉一周，由此形成晝夜交替。此外，地球還沿著輕微傾斜且慢慢變化的橢圓形軌道，一年繞太陽公轉一周，由此形成四季更迭。地球在公轉的過程中，離太陽最近的距離是 9,150 萬英里，最遠的距離是 9,450 萬英里。

---

[02] 1 英里＝ 1,609.344 公尺，8,000 英里為 12,874,752 公尺。——編者注

第 1 章　空間裡的世界

影響強大的發光螺旋雲

月球這個星體比地球小，在離地球平均 23.9 萬英里遠的地方圍繞著地球運行。並不是只有地球和月球這兩個星體在圍繞太陽運行，在離地球 36 億英里和 67 億英里的地方，還有水星和金星。在地球的運行軌道外圍，有無數的呈帶狀的、可忽略的小星體、小行星，此外還有火星、木星、土星、天王星和海王星等，它們距離太陽分別有 14,100 萬英里、48,300 萬英里、88,600 萬英里、178,200 萬英里和 179,300 萬英里。這些龐大的數字肯定會對讀者造成理解上的困難。如果把太陽和這些行星按一定的比例同時縮小，讀者理解起來肯定會更容易一些。

星雲的側面圖

假如我們用直徑為 1 英寸的球來代表地球，那麼太陽就是直徑為 9 英尺[03]、距離地球大約是 323 碼[04]，相當於五分之一英里──步行大約要走四、五分鐘──的一個大球。月球呢，則是一個距離地球 2.5 英尺、個頭和豌豆差不多的小球。在地球和太陽之間，還有兩顆內行星──水星和金星，它們到太陽的距離分別為 125 碼和 250 碼。在這些星體周圍，空無一物，直到距離地球 175 碼的地

---

[03] 1 英尺＝ 0.3048 公尺，9 英尺＝ 2.7432 公尺。──編者注
[04] 1 碼＝ 0.9144 公尺，323 碼＝ 295.3512 公尺。──編者注

方，你會看到火星；在距離地球約 1 英里的地方，你會看到直徑約為 1 英尺的木星；在距離地球約 2 英里的地方，你會看到個頭稍小的土星；在 4 英里和 6 英里處，你會分別看到天王星和海王星。在更遠的數千英里處，除了非常細微的塵埃和漂浮的稀薄氣體外，其他什麼也沒有。然而，即使是在這樣的縮小後的宇宙裡，距離地球最近的恆星也在 4 萬英里之外。

這些數字可能會讓人們覺得，我們生活的這個空間無邊無際。

在這樣一個遼闊的空間裡，我們所了解的僅僅是地球表面的生物，牠們生活的地方從未深入過地下 3 英里，而地表到地心的距離竟有 4,000 英里！牠們生活的地方也從未超過地上 5 英里。除此之外，那裡便是一片空漠和死寂的空間。

最深的海洋也沒有超過 5 英里，飛機飛行的高度也不過 4 英里。有人曾乘坐熱氣球升到 7 英里的高空，但他承受了極大的痛苦。沒有一種鳥的飛行高度能夠超過 5 英里。有人曾用飛機把鳥和昆蟲帶到高空，但還遠未到達如此高度時，牠們就已經失去知覺了。

第 2 章　時間裡的世界

　　近 50 年來，科學家就地球的年齡和起源作了許多嚴謹而有趣的推測。因為它們涉及太多數學方面和物理方面的專業知識，所以我很難做詳細的介紹。事實上，雖然如今的物理學和天文學已經獲得了快速的發展，但是它們仍然沒有獲得任何超越這些解釋的研究成果。從整體上來說，科學家趨向於把地球的年齡估算得越來越長。以如今的觀點來看，地球似乎是一顆獨立存在的行星，它繞著太陽一圈一圈地運行了二十多億年。不過，地球的年齡或許還要老，甚至老得讓人無法想像。

　　在地球獨立存在的漫長時間之前，太陽、地球以及圍繞太陽運行的其他行星的前身或許是散布在空間裡的一些漩渦狀的細小物質。人們透過望遠鏡看到了天空中發著光的漩渦狀的物質雲——渦狀星雲，它看起來就像圍繞著一個中心在旋轉。有些天文學家推測：太陽和它周圍的行星，也是由這樣的渦狀星雲形成的。渦狀星雲中的物質在非常遙遠的時代開始凝聚，慢慢形成如今的、難以分辨的獨立球體。不過，剛形成的地球和月球的旋轉速度要比現在更快，距離太陽的距離也比現在更遠，繞太陽運行的速度也比現在更快。它們的表面並不是堅硬的固態，而是白熾熔化的狀態。

　　如果我們能穿越時空到那十分遙遠的過去，去看一看童年時期的地球，所看到的情景一定會讓你感到驚訝。那時的地球表面看起來就像是冶礦爐裡熔化了的液態金屬，或是像還沒有冷卻的岩漿。沒有水，因為所有的水都化成水蒸氣混合在硫磺蒸汽以及金屬蒸汽中。在這些迷霧狀的蒸汽之下，是翻滾著、沸騰著的熔岩「海洋」，以及漂浮著火雲的天空。耀眼的太陽和月亮飛快掠過，就像一股火焰上騰起的灼人的氣浪。

黑暗星雲

「黑暗星雲」這張圖是使用世界上最大的望遠鏡於 1920 年拍攝而成，是威爾遜望遠鏡拍攝的第一批照片中的一張。

星雲分為黑暗星雲和發光星雲。但亨利・諾利斯・羅素 (Henry Norris Russell) 教授對英國理論持反對態度，認為黑暗星雲在發光星雲之前就已出現。

幾百萬年過去了，這個龐大的火球漸漸冷卻下來。天空中漂浮的水蒸氣越來越少，因為它們逐漸凝結成雨，落到地面。熔岩也逐漸凝固成龐大的熔渣，在熔岩的海平面上上下漂浮，隨後又被其他漂浮物所覆蓋。太陽和月球距離地球越來越遠，它們看起來越來越小，運行的速度也越來越慢。由於月球體積小，溫度降低得更快，其表面已經變成固體，它時而遮住陽光，形成月食；時而反射陽光，形成滿月。

龐大的螺旋星雲

然後，又經過了非常漫長的時間，地球以非常緩慢的速度變成我們今天看到的樣子。在變化的最後一個時期，水蒸氣遇到冷空氣變成雨雲，然後凝結成雨滴，稀稀落落地落在最早形成的岩石上。在之後的漫長歲月裡，地球上的大部分水依然蒸發到大氣中，不過，此時已經有了滾熱的水流淌在凝固的岩石上，沖刷著碎石和沉積物。水逐漸向低處匯聚，形成湖泊和沼澤。

第 2 章　時間裡的世界

另一螺旋星雲

最後，人類終於獲得了賴以繁衍生息的家園。如果能回到那個時期的地球上，我們一定身處在一個頭上是狂風暴雨，腳下是滾燙的、光禿禿的岩石，沒有泥土、花草和樹木的環境中。灼人的狂風，比如今最暴虐的龍捲風還要強大。傾盆的大雨，對今天生活在地球上的人來說簡直無法想像。雨水匯成條條急流，挾帶著碎石和岩屑，在岩石上沖刷出條條巨壑深谷，最終連帶沉積物一起流進最初的海洋。透過雲隙，我們看到巨大的太陽掠過天空。伴隨著太陽和月球的移動，地球上不斷地發生地震和地殼隆起。如今，我們只能看到月球的一面，而那時，月亮也很明顯地轉動著，如今它羞於展現的那一面也可以看到。

生命出現之前的景觀，「大量巨大的如熔岩一般的岩石上沒有任何土壤的痕跡」。

隨著地球年齡的成長，一天的時間也越來越長，地球與太陽之間的距離也越來越遠。陽光慢慢變得柔和，月球運行的速度也漸趨緩慢，地球上的狂風暴雨也逐漸減少。最初的海面不斷擴大，最後形成大洋，也就是如今地球上藍色的服飾。

　　不過，此時地球上還沒有任何生命存在，海洋裡一片死寂，岩石上也一片荒蕪。

第 3 章　生命的起源

　　關於人類擁有最初的記憶和最古老的傳說之前的那些生命知識，我們幾乎只能透過這些生命體留在岩石中的化石和痕跡去獲取相關的知識。在頁岩、板岩、石灰岩和砂岩中，人們發現了很多骨骼、貝殼、纖維、果核、足跡和爪印，還有最初的潮汐沖刷的痕跡和最早的降雨在岩石上滴打出來的凹痕。正是透過精心查閱這些「岩石紀錄」，地球上的古老生命之謎才得以破解。如今，這些發現已經成為一種常識。沉積岩並不是十分平整地一層壓在另一層上面，它們也有扭曲、歪斜、擠壓和交錯的地方，就像一本被多次爭搶和搓揉後的圖書的內頁一樣。這些沉積岩之所以還能被人們「閱讀」，完全得力於大量考古學家的不懈努力，有些考古學家為了破解其中的奧祕，花費了畢生心血。根據這些「岩石紀錄」，我們可以了解到大約 16 億年前的生命形態。

　　地質學家把包含著生命跡象的最初的岩石稱為原生岩。在北美洲，有很大一片裸露在地表的原生岩。地質學家根據它的厚度推測，它們至少有八億年的歷史，即地質學紀錄的地球年齡的一半。我要在此重申這樣一個事實，從陸地和海洋首次分離至今的一半時間內，地球上沒有留下任何生命痕跡。雖然在岩層中留有潮汐和降雨的痕跡，但看不到任何關於生命的跡象。

　　隨著我們對「岩石紀錄」的一步步勘察，生命的跡象終於顯現出來，並逐漸增多。在世界歷史上，我們發現了生命痕跡的最早時期，這個時期被地質學家稱之為古生代早期。這一時期生命跡象的證據，是一些比較低等的生物的遺跡，比如水生貝類的貝殼、植物狀動物的花狀頭、海藻、沙

蠶類的甲殼類生物的足跡和骨骼化石。最早出生的生物跟蚜蟲十分相似，牠們能夠像蚜蟲那樣把身體捲成球狀，這種生物就是三葉蟲。過了幾百萬年，出現了一種海蠍，牠比先前出現的生物更靈活，也更有力。

寒武紀時期的海洋生物

　　這些早期生物的個頭普遍很小。不過，也有一種海蠍的身長達到 9 英尺。在這一時期的陸地上，沒有植物也沒有動物，總之，還沒有任何生命的跡象。此時，海洋裡也沒有魚類和其他脊椎類動物出現。地球的這一歷史時期出現的所有動物和植物，都生活在海洋的淺水區或潮水漲落處。今天，如果我們想看到和古生代早期岩石中的動植物化石相似的動植物，最好的辦法就是從岩熔池或長有浮藻的水池取一滴水，然後放在顯微鏡下仔細觀察。如果不考慮體積大小，我們會看到，這滴水中所包含的貝類、海綿、珊瑚或海藻與當初統治著我們這顆星球的那些更笨拙、更龐大的動植物有著令人吃驚的相似。

第 3 章 生命的起源

三葉蟲化石

不過,請記住這一點:古生代早期的岩石或許根本不能為我們提供這顆星球生命開始的紀錄。因為假如一種生物沒有骨骼或其他堅硬的部分,沒有足夠的體重在泥沙上留下痕跡,牠就不可能留下任何可以用來證明牠曾經存在過的化石痕跡。如今,地球上就有無數種微小的軟體動物,牠們也絕對不會留下任何可供未來的地質學家考察的痕跡。同樣,在遙遠的過去,地球上也有許多不知名的生物在生活、繁衍和繁榮,但當牠們全部死後卻沒有留下任何痕跡。所以說,在那個所謂的「無生代」時期,或許有無數種低等的、沒有骨骼和硬殼的膠質動物,牠們生活在溫暖的淺海、淺湖裡。此外,還有無數種綠色的浮藻,生長在陽光可以照射到的潮水漲落處的岩石和海灘上。

不同種類的海豆芽的早期化石,這些最古老的貝類生物至今仍然存活在地球上

就像銀行的帳簿不能作為鄰近人員存在的紀錄一樣,「岩石紀錄」也不能當成過去生命的完整紀錄。只有當生命進化到出現骨骼、針骨、甲殼或石灰質的莖幹,並能將某些東西留給後代時,牠們才能成為某種紀錄。不過,在比那些含有化石痕跡的岩石還要早的岩石裡,偶爾也能發現石墨——一種分離形態的碳。

有些權威的專家稱，碳或許正是某種不為人知的生物透過自身的生命活動從碳的化合物中分離出來的。

迷齒亞綱類動物的足跡化石上的化石腳印

第 4 章　魚類時期

在「世界只延續了幾千年」這種觀念占統治地位的時期，人們認為動植物的種類是固定不變的，各種生物現在的樣子也就是牠們最開始出現時的樣子。不過，在人們開始發現並研究了「岩石紀錄」以後，這種觀念開始慢慢改變。人們開始思考：在漫長的年代裡，動植物是否經歷了變化和發展？這種思考慢慢變成一種關於生物進化的觀念：地球上的所有生物，不管是動物還是植物，都是由原生代時期地球上簡單的生命形式，也就是幾乎沒有組織的生命形式經過漫長的、持續不斷地演化才出現的。

關於生物進化的問題，就像地球的年齡問題一樣，一直都是帶有爭議的問題。在過去的一段時間裡，關於生物進化的觀念被以某種莫名其妙的理由說成是違背天主教、猶太教和回教教義的異端邪說。幸好，那個時代早已經過去。如今，絕大多數天主教徒、基督徒、猶太教徒和回教徒都認可了這種更新、更普遍的觀念：地球上的所有生物都有一個共同的起源，牠們不會突然出現在地球上。這些生物在過去的年代裡不斷進化，在當今的年代也在不斷地進化。在那漫長的歷史中，牠們一代又一代地慢慢進化著，從最初潮起潮落時在泥沙裡的細微蠕動，到如今自由、強健、具有意識的生物。

生物是由有限的個體組成，牠們不像一團或一塊無生命的物質，也不像晶體那樣是無界限、無運動的物質。牠們具有所有非生命體都不具備的兩個特徵：一是能夠同化其他物質，使其成為自身的一部分；二是可以再造自己。牠們吃東西，牠們繁殖後代。牠們和後代之間在相當程

度是相同的，但也有一些非常細微的變異。也就是說，每個生命體和後代之間都存在著某些種族上的相似，但同時也存在著個體之間的差異。不管是什麼生物，也不管在生命的哪個階段，這一點都不會改變。

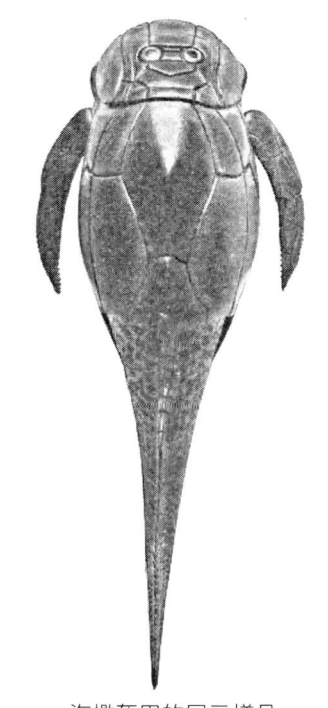

海蠍盔甲的展示樣品

母體和後代之間為什麼相似？母體和後代之間為什麼又有差別？關於這兩個問題，科學家們至今仍沒有給出令人滿意的答案。從後代與母體的相同與不同來考慮，得出隨著生存條件的變化，種族本身也會發生相應的變化這一結論，與其說是科學推理的結論，還不如說是一種基本常識。任何一個種族的後代都有很多個體，其中大部分因為變異而更好地適應了生長環境，也有一部分因變異而使自己在新環境中難以生存。相比較而言，前者比後者的生存時間更長，繁衍後代也更有保障，後代的數量也會一代一代地增加。這個過程被稱為「自然選擇」。自然選擇嚴格來說並不算是一種科學理念，它只是從繁殖與個體變異這一事實得出的某種必然的推論。在種族的生存、演變或滅絕過程中，或許有多種力量在發揮作用，但是科學家無法給出明確的答案。不過，如果有人因此而否定自然選擇在生命出現的初級階段所發揮的作用，那麼他不是無視關於生命的根本事實，就是缺乏最基本的思考能力。

有很多科學家都研究過生物起源問題，他們的見解大多生動有趣。不過，關於生物的起源，至今仍沒有明確的知識和令人信服的推測。不過，幾乎所有的權威學者都一致認為：最早孕育生命的地方大概是有溫

第 4 章　魚類時期

暖的陽光照射、帶點少許鹽分的淺海下的泥沙裡，然後，這些生物又隨著潮漲潮落擴散到海岸和大海深處。

在最初的海洋上，潮汐活動非常頻繁，而且十分強烈。生命個體要麼被潮水捲到海岸上被陽光晒乾，要麼被捲到大海深處，因缺少陽光和空氣而死亡。這種生存環境促使生物向著生根固定的趨向，以及形成外殼以避免被迅速晒乾的趨向進化。從很早的時期開始，生命體就依靠敏銳的味覺來尋找食物，牠們也依靠對光線的敏感離開深海和洞穴，以及逃離因太過於明亮而險象環生的淺灘。

裂口鯊化石，泥盆紀鯊魚

生物身上最初的甲殼，或許不是為了抵抗敵人的盔甲，而是防止被迅速晒乾的保護層。不過，牙齒和爪子，很早就在地球上出現了。

我在前面曾經提到過古代海蠍的大小。在相當長的一段時間裡，牠們都以生物界的君主這一身分統治著地球。後來，在古生代岩石中的志留紀層——許多地質學家認為這一時期大約在 5 億年以前——人們發現了有眼睛和牙齒、會游泳、生存能力更強的新型動物。這是已知的最早的脊椎動物——最早的魚類。

在岩層的下一紀層，也就是泥盆紀岩層裡，魚類的數量明顯增多。由於在這一地質時期，魚類是非常常見的生物，所以岩石紀錄的這一時期被稱為「魚類時期」。如今，這些魚類早已經消失，牠們的樣子和現在的鯊魚、鱘魚有些相似。牠們喜歡在水中快速穿梭，喜歡在水面上跳

躍，喜歡在海藻間覓食，喜歡追逐捕食同類，為海洋帶來勃勃生機。以我們如今的眼光來看，牠們算不上是大型魚類，能夠長到兩、三英尺長只是少數。但也有個別的例外，最長的甚至可以長到 20 英尺長。

鯊魚和泥盆紀硬鱗魚

我們無法從地質學上獲得任何關於這些魚類祖先的有用知識，牠們與之前出現的魚類沒有什麼關係。動物學家們曾對這些魚類的祖先得出過許多有趣的見解，不過，這些見解都是根據對牠們現存的近緣魚類卵的進化研究，以及其他一些資料推測出來的。十分明顯，脊椎動物的祖先就是軟體動物，有可能是最早在嘴裡或嘴的四周長出牙狀硬物的十分微小的游水動物。鰩魚和角鯊的牙齒遮住了上顎和下顎，從嘴邊開始，全身長滿了齒狀的鱗片。當這些魚類長出齒狀的鱗片後，牠們就從以往黑暗的隱藏之處，游到了光明的地方。地質學中最早的脊椎動物就這樣出現了。

第 5 章　石炭紀沼澤期

　　在魚類時期，陸地上還是一片沉寂，完全沒有生命存在。裸露的貧瘠岩石形成懸崖和起伏的丘陵，任憑日晒雨淋。此時，地球上還沒有真正的土壤，因為有助於土壤形成的蚯蚓還沒有出現，致使岩石破碎從而形成土壤的植物也沒有出現，甚至連苔蘚和地衣都還沒有。此時，所有的生命都僅存於海洋中。

　　在這到處都是岩石的世界中，氣候劇烈地變化著。引起氣候變化的原因非常複雜，至今也只能得出某種推論。地球運行軌道的變化、地球自轉時兩極的緩慢變化、大陸形態的變化，甚至太陽溫度的升降，這些原因加在一起，導致地球表面廣大地區長期籠罩在寒冷和冰凍之中。

　　後來，整個地球又被溫暖宜人的氣候所籠罩，這種氣候持續了數百萬年。在地球的演變過程中，其內部有若干次劇烈的變動。數百萬年積聚的上衝力，驟然形成火山爆發，導致地球表面的高山和大地的輪廓發生了劇烈的變化：海洋更深、山地更高，氣候也趨於極端。接下來，是很長一段非常平靜的時期。在此期間，由於降雨、冰凍以及河流的沖刷，山地的高度慢慢降低。另一方面，河流挾帶著大量的泥沙流進海裡，致使海底增高，海水變淺，海面不斷變寬，以前靠近海水的陸地都變成了淺海。這也是地球歷史上「高而深」和「低而平」兩個不同的時代。很多讀者認為地球在外殼硬結之後，地表的溫度已經完全冷卻，這種看法必須完全清除掉。事實上，在經過了漫長的嚴寒期後，地球內部的溫度才不再對地表溫度產生影響。就算是在「無生代」時期，也同樣存在到處都是冰雪的「冰河時期」的痕跡。

石炭紀的沼澤，正在形成的煤層

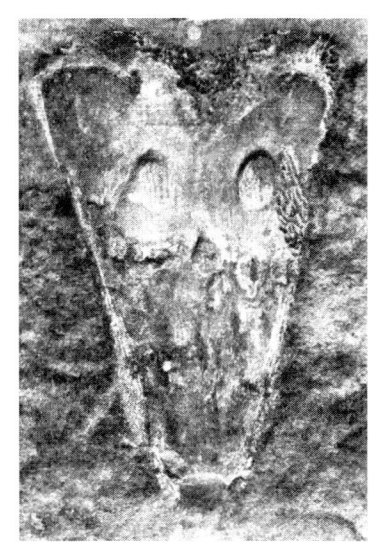
一個迷齒亞綱類動物、大頭螈屬的頭骨

到了魚類時代的末期，也就是生物生活在廣闊的淺海和海灣的時期，生物也以各種相應的方式從淺水裡來到陸地上。毫無疑問，這些開始大量出現的早期物種，事實上是經過千百萬年，以一種罕見的、不明確的方式進化而來的。如今，牠們終於迎來了屬於自己的時代。

植物肯定先於動物移居到陸地上，但兩者登陸的時間恐怕相距不久。植物要在陸地上生存，必須解決兩大難題：一是它需要一個支撐物，以便在有浮力的潮水退去之後，可以支撐葉狀物接受太陽的照射；二是離開水之後，需要從潮溼的地面吸取水分。這兩大難題因木質纖維的發展而得到了圓滿解決。木質纖維既可以支撐植物，又可以承擔向葉子輸送水分的任務。事實也證明了這一點。在這一時期的岩石紀錄中，各式各樣的大型溼地木質植物驟然增多，有木質苔蘚、木質蕨類、巨型木賊等。在過了一段漫長的時間後，各種動物也從水裡來到陸地上，有蜈蚣和馬陸，有最早的原生昆蟲，有古代的鱟和海蠍的近親──牠們後來成為最早的蜘蛛和陸地蠍。沒過多久，脊椎動物也紛紛登陸了。

第 5 章　石炭紀沼澤期

　　一些原始昆蟲的體型非常大。有一種蜻蜓，牠的翅膀完全展開時有 29 英寸長。

　　這些新奇的動物透過各自不同的方法，讓自己適應呼吸空氣。而在此之前，所有動物都是呼吸溶解於水的空氣。呼吸空氣是一切登陸的動物都必須進行的活動，同時，牠們還必須具備獲取水分的能力。即使是在今天，如果人的肺完全乾枯，人也會因窒息而死亡。因為只有當肺葉表面充分溼潤時，空氣才能透過肺進入血液。

　　動物獲得這種呼吸游離態空氣的能力，要麼是因為進化了某個器官，使其遮住舊有的鰓防止水分蒸發，要麼是進化出深藏在體內的由分泌的液體保持溼潤的管狀器官和其他新的呼吸器官。脊椎動物的始祖——魚類，牠們的鰓不能適應陸地上的呼吸，後來牠們進化出新的呼吸器官，也就是隱藏在體內的肺——事實上是魚鰾。兩棲類動物，如蛙和蠑螈，牠們出生在水裡，最初用鰓呼吸，後來牠們的呼吸器官和許多魚類的鰾發生了同樣的進化，在咽喉附近長出一個類似囊狀的肺，肺開始接替鰓執行呼吸功能，然後牠們才到陸地上生活。接著，牠們的鰓開始退化，鰓裂消失（其中一個鰓裂進化成耳到鼓膜的通道）。此後，牠們只能生活在空氣裡，不過牠們在產卵時仍需回到水裡去。

蠑螈的骨架

　　在沼澤植物時期，所有呼吸空氣的脊椎動物都屬於兩棲動物。牠們和今天的蠑螈很像，不過體型要大得多。雖然牠們的確是陸地動物，不

過必須生活在沼澤中或沼澤附近的溼潤地帶。這個時期生長的那些高大的樹木，從生長習性來說，也可以說是兩棲類植物。因為這些植物的種子必須落在水中才能發芽；如果落在地上，僅依靠雨露的滋潤根本不能發芽。

生物對從水中移居到空氣中的環境變化，有著讓人驚訝的、複雜的適應能力。研究這種適應能力是比較解剖學中最有魅力、最有趣味的內容。一切生物，包括植物和動物，最初都生活在水中。例如，比魚類更高等的脊椎動物，包括人在內，無論是在卵的發育階段，還是在胎兒出生以前，都有一個鰓裂消失的階段。魚類被水浸潤的眼睛，也得到一種更高形式的保護——用眼瞼和分泌水分的淚腺保持其溼潤。由於空氣中聲音的震動相對微弱，因此耳膜成為必要的聽覺器官。動物身上的其他器官，為了適應空氣中這種新的生存環境，都有類似的變化和調整，以及類似的保護。

在石炭紀兩棲類時期，生物生活在沼澤、海灣以及低窪地帶。雖然生物分布的區域明顯擴大，但是在丘陵和高地仍然是一片荒蕪，沒有生物存在。這一時期的生物的確學會了呼吸空氣，但牠們仍沒有完全離開水的故國，還必須回到水裡去繁衍後代。

第 6 章　爬行動物時期

在生物豐富的石炭紀之後，緊接而來的是一個乾燥的、漫長的時期。這一時期的岩石紀錄是堆積很厚的砂層岩，不過其中很少見到化石。地球上的溫度劇烈變化著，大地多次處於寒冷的冰河時代。之前茂盛的各式各樣沼澤地植物，如今已經完全消失了。它們被新的堆積層淹埋，開始了一個壓縮和礦物化的過程。正是因為這一過程，如今我們才有豐富的煤炭資源可供開採。

不過，正是在這一個大變動的時期，生物發生了急遽的變化，並且在惡劣的環境中得到了最有價值的進化。當地面環境又恢復到溫暖和潮溼時，一系列新的動物和植物先後出現了。在岩石紀錄中，我們發現了一些卵生脊椎動物，牠們的卵在孵化完成前就已經接近發育的成熟階段。牠們的後代一來到這個世界上，就可以在空氣中生活，而不必像蛙的後代那樣必須在水中生活一段時間。

這些不經過「蝌蚪階段」的全新動物就是爬行類動物。與此同時，出現了結籽的植物，它們可以不依賴沼澤和湖泊，自由播散種子。此外，還出現了棕櫚和蘇鐵類植物和多種熱帶帶針葉植物。不過，開花的植物和草類還沒有出現。

另外，還有種類繁多的羊齒類植物。昆蟲的種類也豐富起來。雖然還沒有出現蜜蜂和蝴蝶，但已經有了各種甲蟲。無論如何，新的、真正的陸生動植物的主要種類在漫長的嚴寒時期已經形成。牠們只要遇到適宜的環境，就會迅速繁榮起來。

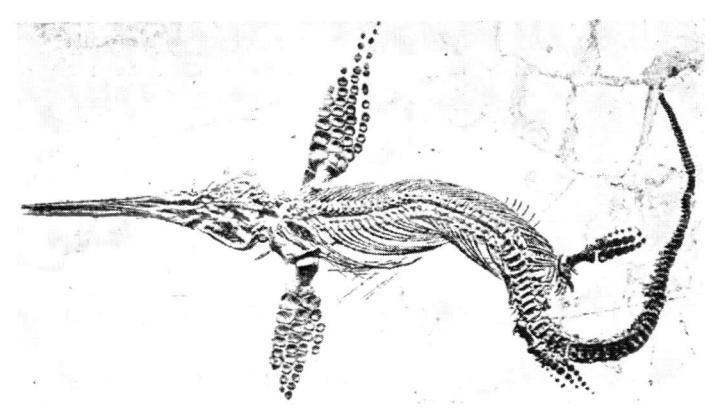

一個中生代的沙魚蜥蜴化石

在經過漫長時間的變化之後，地球終於迎來了一個平和時期。地球不計其數的地殼運動，地球軌道的變化，運行軌道和地軸斜度的增減等一系列因素，共同造就了一個時間漫長且範圍極廣的溫暖環境。如今，根據科學家的推算，這一時期持續的時間大約有兩億年以上。這個時期被稱為「中生代」，用來區別之前更遙遠的「古生代」和「無生代」（共 14 億年），還用來區別介於其末期和現代之間的「新生代」。這一時期也被稱為爬行類時期，因為在這個時期爬行動物的數量明顯超過其他動物。「中生代」一直持續到大約距今約 8,000 萬年以前。

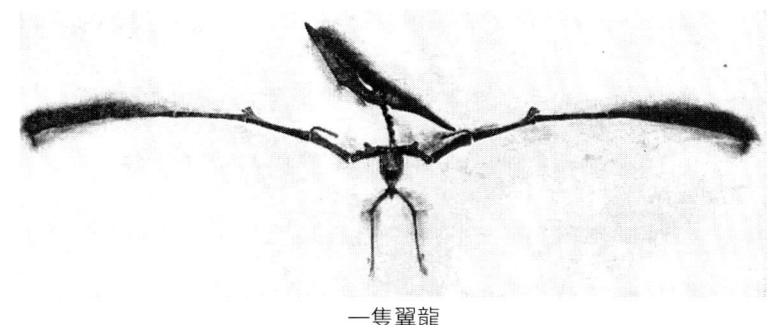

一隻翼龍

如今，地球上的爬行動物的種類相當少，分布的區域也十分有限。然而，今天保留下來的這些少數爬行動物，牠們的祖先曾在石炭紀主宰

第 6 章　爬行動物時期

著地球。那個時候，牠們的種類要比今天豐富得多。其中有一些現在還存在著，比如蛇、鱉、海龜、美洲鱷、鱷魚及蜥蜴。這些動物無一例外地需要終年溫暖的環境，不能暴露在嚴寒中。不過，也許所有的「中生代」爬行動物對生存環境都有著同樣的要求。牠們是生活在溫室植物叢林中的溫室動物，承受不了嚴寒。不過，此時的地球至少已經出現了真正能在乾燥的陸地環境下生存的動植物，牠們與地球生物全盛時期的溼地和沼澤中的動植物迥然不同。

　　那時爬行動物的種類比我們今天所知道的數目要多得多，除了大海龜、龜、巨鱷、蜥蜴和蛇之外，當時還有許多現在已經滅絕的大得令人吃驚的動物。其中有一種稱為恐龍的動物品種繁多。至於植物，如蘆葦、羊齒類等，它們已經遍布了低平地面。以這些植物的嫩芽為食的食草類動物，牠們的體型在「中生代」的全盛時期達到了頂峰。其中最大的，其體型甚至超過了在此之前的所有陸生動物，與海裡的鯨魚的大小相當。比如梁龍，從牠的鼻尖到尾尖長達 84 英尺；又比如巨龍，牠的體型更大，足足有 100 英尺長。以這些巨型動物為食的，則是一些和牠們個頭差不多的食肉類恐龍。其中有一種叫霸王龍，在許多書中都被描寫成為空前絕後的、可怕而凶猛的爬行動物。

一隻棲息於沼澤地的大型恐龍，梁龍，從鼻子到尾尖總長 24 公尺

當這些巨型動物在「中生代」叢林的蕨葉和常綠植物之間覓食或相互追逐時，一種現已滅絕的其他爬行動物，正用牠們那進化成蝙蝠翅膀狀的前肢捕捉昆蟲，你追我趕。最初，牠們只能跳躍，然後靠風鼓動，終於能在森林的樹枝間滑翔了，牠們就是翼龍。牠們是最早的有脊椎的飛行動物，在脊椎動物能力發展史上開創了新紀元。

此外，某些爬行動物又回到了海裡生活。有三種會游泳的大型爬行動物回到牠們的祖先生活的海洋裡，牠們是滄龍、蛇頸龍和魚龍。牠們的體型和今天的鯨魚差不多。魚龍似乎只有在排卵時才回到海裡。至於蛇頸龍，現在已經找不到和牠同類的動物。牠的體型龐大，強健有力，長著可以划水的器官，在沼澤或淺水處既可以游泳也可以爬行。牠的頭一般比較小，長在巨蛇一樣的脖子上。蛇頸龍不僅可以像天鵝一樣在游水時覓食，還可以潛入水下，捕食魚類和其他動物。

這些就是稱霸「中生代」的最主要的陸生動物。以人類的眼光來看，牠們比以前的生物有了很大的進步，無論在體型大小、分布範圍、力量，還是活動能力方面，都比之前的動物更有生命力。在海洋裡，雖然物種的進步沒有這樣明顯，不過海洋生物的新品種也在不斷出現。在淺海區，出現了各種帶有硬殼、形似魷魚的動物，牠們被稱為菊石類動物。牠們的遠祖曾經生活在「古生代」的海洋裡，直到「中生代」才迎來全盛時期。如今，這種動物已經滅絕。與牠們最相似的近親，是生長在熱帶海洋裡的產珍珠的鸚鵡螺。還有一種新的、多產的魚類，牠們具有比之前魚類的片形和齒形魚鱗更優質的鱗片。這種魚類在此時成為湖泊海洋中的主要物種，並在以後的年代中，始終占據著優勢地位。

第7章　最早的鳥類和哺乳動物

　　前面幾章，對生物最為興旺的「中生代」時期的那些繁茂的植物和各式各樣的動物做了簡要的介紹。此時，恐龍就是熱帶雨林和潮溼平原上的霸主，翼手龍尖叫著在林間滑翔，捕食在無花灌木叢中和林間飛著嗡嗡叫的昆蟲。然而，在這些強勢生物的勢力範圍之外，還生活著一些既弱小，數量也不多的動物，牠們不斷獲得某些生存的能力，學會某些忍耐的本領。當太陽和地球失去它昔日的溫和和仁慈時，這些能力和本領對種族的延續顯得尤其重要。

　　一些擅長跳躍的爬行類動物以及較小的恐龍類動物，由於經常受到敵人的襲擊和生存競爭的威脅，有的最後滅絕，有的被迫改變自己生存的適應能力，逃到高山或海邊的寒冷環境中去。這些不幸的物種慢慢進化出一種全新的鱗片，這些鱗片後來慢慢拉長形成管狀，然後分開形成天然羽毛的雛形。這種管狀鱗片重疊起來覆蓋在動物身上，可以發揮比同時期的爬行動物的皮膚更有效的保暖作用。靠著這種保溫層的保護，牠們才可以進入其他沒有羽毛的動物不能涉足的寒冷地帶生活。與此同時，這些動物對自己的卵也表現出更大的關心。大多數爬行動物對自己產下的卵都漠不關心，聽憑陽光和季節溫度去孵化。而在生命之樹上新生的一個分支上出現的某些變種，卻養成了保護自己的卵，並用自己的體溫去孵卵的習性。

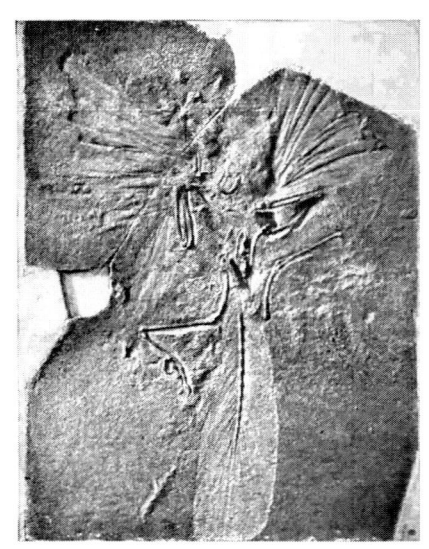
最古老的鳥類化石：始祖鳥類之一

　　這種對嚴寒的適應性，也影響到動物身體內部的變化，逐漸進化成恆溫動物，從而可以獨立地保持體溫。最初的鳥類大概是以捕魚為生的海鳥，牠們的前肢與其說像翅膀，還不如說像企鵝用來划水的蹼足。紐西蘭的鷸鴕是一種奇特的始祖鳥類，長著十分簡陋的羽毛，既不能用來飛行，看起來又不像是從會飛的祖先那裡遺傳下來的。在鳥類的進化過程中，羽毛的出現要先於翅膀。事實上，在羽毛發育完全，可以輕輕展開時，就會自然而然地進化出翅膀。我們知道有這樣一種鳥的化石：牠的顎上長著爬行動物的牙齒，尾部長著爬行動物的長尾，然而牠還長著鳥類的翅膀。可以肯定的是，牠們曾經混跡於「中生代」的翼手龍中間。不過，「中生代」的鳥類種類不多，數量極其有限。如果有人能回到「中生代」，他可能一連好幾天都看不見一隻鳥，聽不到一聲鳥叫，只能看見大量的翼手龍和昆蟲在羊齒叢和蘆葦叢中出沒。

第 7 章　最早的鳥類和哺乳動物

黃昏鳥在牠們出生的海域

另外，他可能也看不到任何哺乳動物的身影。儘管最早的哺乳動物可能比鳥類早幾百萬年出現，不過由於牠們太渺小、太稀少，所以根本不能引起人的注意。

和早期的鳥類一樣，最初的哺乳動物也是因為競爭和驅趕，被迫到嚴寒環境中生活，進而獲得了對嚴寒的適應能力。牠們體表的鱗片進化成羽毛狀，形成一個保溫層，這一點與鳥類的變化大同小異。牠們也進化成恆溫動物，可以獨立地保持體溫。不過，這些哺乳動物並沒有進化出羽毛，而是進化出毛髮；牠們也不用體溫去孵卵，而是把卵一直保存在溫暖的身體裡，直到幼體發育接近成熟才產出來。大多數哺乳動物都是胎生的，牠們一來到這個世界上就是活生生的樣子。在幼體出生後，母體仍要承擔保護和哺乳的責任。如今大多數哺乳動物都有乳房，並用乳房哺育自己的後代。當然也不是所有的哺乳動物都是這樣，有兩種現

存的哺乳動物——鴨嘴獸和食蟻獸——就沒有乳房,牠們透過產卵的方式繁殖後代,用皮膚分泌出的營養物質來哺養後代。當食蟻獸產下硬殼蛋後,牠就把蛋放在腹下的溫暖又安全的袋囊中,一直到幼崽被孵化出來。

正如回到「中生代」的參觀者需要尋覓數日或數週才能發現鳥類的身影一樣,他們同樣很難看到哺乳動物的身影,除非他們事先知道哺乳動物所在的確切的地點。因為在整個「中生代」,鳥類和哺乳動物都不是占主導地位的最重要的動物。

奇異鳥,在紐西蘭仍然能看到這種鳥

據如今的推測,爬行動物時期大概延續了八千萬年。如果以人類有限的知識來理解這一無限漫長的世界,那麼我們一定會這樣認為:這種充滿陽光、物種豐富的繁榮景象一定會平安而長久地持續下去,在泥沼中爬行的恐龍和展翅飛翔的飛龍也一定會長久地繁衍下去。然而,宇宙的神祕規律和它長久以來蓄積的力量卻打破了這種似乎可以永世長存的和平和安定,生物種族的美好日子就要結束了。一個時代接著一個時代過去了,

第 7 章　最早的鳥類和哺乳動物

一百萬年接著一百萬年流逝了，世界的停滯甚至倒退讓環境變得非常惡劣：平原地貌發生了極大的改變，山川和海洋也重新調整了分布的位置。從岩石紀錄中，我們可以明顯看到：在「中生代」漫長的繁榮之後是一個衰落期。在這期間，環境發生了極大的持續性的變化，生物物種也隨之改變，新奇的物種相繼出現。那些舊有生物在遭受滅絕的威脅之下，也都竭力去適應環境的變化，例如菊石類在中生代後期就進化出多個奇特的變種。在安定的環境中，新出現的物種往往會被壓制，難以發展，因為最能適應環境的物種是那些已有的種族。然而在新的環境下，恰恰是已有的種族會遭受折磨，新的物種往往能抓住機會生存下去。

上新世深層泥灰岩板，發現於希臘，含有豐富的早期哺乳動物化石

　　岩石紀錄到此中斷了數百萬年之久。這一時期就像一塊厚厚的簾幕，遮住了生命進化歷史的整個舞臺。當我們跳過這塊簾幕，爬行類時代已經結束，恐龍、蛇頸龍、魚龍、翼手龍以及菊石類等無數種生物都滅絕了。儘管這些物種擁有難以盡數的變種，但仍然全部滅絕，沒有任何後代存留下來。嚴寒奪走了牠們的生命。如此看來，這些物種所有的

變種都有缺陷，都未能適應當時的條件而倖存下來。世界曾經經歷了一段超出牠們忍受極限的惡劣天氣，「中生代」的生物在這段時間遭到逐步地、徹底地滅絕。隨後，我們看到一個與之前看到的世界完全不同的景象：一些新的、更耐寒的植物和動物，重新占據了這個世界。

當生命的歷史即將翻開新的一頁時，地球上仍然是一片荒涼和死寂。而後，靠落葉來抵禦嚴寒的喬木、開花的植物和灌木取代了以前的蘇鐵類和熱帶松柏類植物。而以前爬行動物生存繁衍的地方，各種鳥類和哺乳動物正呈現出一派欣欣向榮的景象。

第 8 章　哺乳動物時期

地球生命程序的下一個偉大時期是新生代。在這個時期，地殼劇烈地運動著，火山頻繁爆發，地面不斷隆起。阿爾卑斯山、喜馬拉雅山等大型山脈以及洛磯山、安地斯山等高山都是在這一時期崛起的。如今的海洋和陸地的輪廓也是在這一時期形成的。此時的地圖版圖和現在的世界地圖看起來有些大致相似了。據如今猜想，新生代距今約有四千萬年到八千萬年。

在新生代初期，地球上的氣候極其寒冷，之後才慢慢變暖，形成一個物種非常豐富的繁榮時期。之後，地球上的環境再度變得惡劣，地球又進入了極其寒冷的冰河時期。我們如今的這個世界大約就是以此為起點漸漸發展起來的。

不過，直到今天我們仍沒有充分掌握當時氣候複雜多變的原因，也無法預測未來氣候會如何變化。或許，地球上的日照會逐漸加強，或許，地球會再次進入「冰河時期」，或許，火山爆發和地面隆起會加劇進行，也可能會逐漸減弱。我們無法做出科學的判斷，因為在這些問題上我們缺乏最充分的科學知識。

隨著新生代的開始，各種草也出現了，地球上首次出現了草原。那些曾經生活在被人遺忘的角落的哺乳動物獲得了全面的發展，出現了很多有趣的草食性動物，也出現了很多以牠們為生的食肉動物。

起初，這些早期的哺乳動物和那些曾經繁榮一時，後來又從地球上消失的草食性動物和食肉動物非常相似，似乎只有少數習性不同。因此，一些粗心的讀者會認為此時重新開始的第二個氣候溫暖、物種豐富

的漫長時期是上一時代的重複，只不過是食草、食肉的哺乳類代替了食草、食肉的恐龍類，鳥類代替了翼手龍而已。事實上，這是一種非常膚淺的認識。宇宙的變化是無窮無盡的，是持續不斷的，是永遠向前的，歷史永遠不會重演，任何雷同的事物都有著本質的區別。中生代的生物和新生代的生物之間的差異與兩者之間的相似比較起來，前者的意義更加重大和深遠。

一種新生代時期的哺乳動物，奇蹄類，漸雷獸

這兩個時期生物的最根本的區別，在於牠們的精神生活不同。這種差別就其本質來說，主要是源自於母體和後代之間不同程度的接觸。在這一方面，哺乳動物和鳥類以及爬行動物有著本質的區別：哺乳動物和後代緊密接觸，鳥類次之，而爬行動物和後代之間幾乎沒有接觸。除個別特例之外，爬行動物在產卵之後就會自行離開，任其自生自滅。幼體出生後，對於誰是自己的父母一無所知。在爬行動物身上幾乎沒有任何親代知識的延續，牠們的知識來源始終僅限於自己的經歷。牠們可以容忍同類的存在，但不會和牠們有什麼關聯。牠們從不會相互模仿，相互學習，也不會共同行動。牠們過著一種孤獨的個體的生活。不過，以哺育和撫養後代為特點的新生哺乳動物和鳥類，則透過相互模仿，使相互

第 8 章　哺乳動物時期

學習成為可能。透過發出帶著警戒意義的鳴叫或其他協同的行為，使彼此間的關聯成為可能，進而使彼此間的控制和教育成為可能。至此，一種可以接受教育的生物終於出現在地球上。

「新生代」最早的哺乳動物的大腦體積，和更加活躍的食肉恐龍的大腦相比，略有增加。不過，我們沿著岩石紀錄再往下看，我們就會發現，任何不同種類哺乳動物，其腦容量都隨著進化而不停地增加。比如，在這一時期的最初階段生活著一種名叫「雷獸」的巨犀，牠的生活習性和需求和如今的犀牛很像，不過，牠的腦容量不到後者的十分之一。

早期的哺乳動物，似乎在哺乳期一結束就和後代完全分開。但是，一旦牠們獲得了相互理解的能力，個體之間保持關聯的機會就大大增加了。如今，我們發現，有許多哺乳動物已經開始過上了真正的社會生活。牠們結成群體，相互模仿，彼此照顧，透過各種叫聲或動作傳達警報。這是以前的脊椎動物從未有過的。當然，在以前的沼澤和淺灘中，也可以看到一些爬行動物類和魚類的群體，牠們之所以成群結隊，是因為牠們被大量地孵化出來和生存環境相似等外部原因。而哺乳動物的社會性的群集，其原因並非單純的外部壓力，而是受內心的感應力的驅使。牠們也不僅僅因為彼此相像才在同一時間聚集在同地點，牠們聚集在一起，是因為牠們互相愛戀，是一種自發的行為。

爬行類動物和人類思考的差異，讓人們無法對牠們產生好感。人類無法理解爬行動物那種迅速、簡單的本能動機，比如飢渴、恐懼和憎惡等，原因是因為人類的動機很複雜。人類的動機是均衡的，絕不是簡單的衝動，它更在乎結果。哺乳類和鳥類都有自控能力，有顧及別的同類的習性，有社會性要求，在這些方面與人類的最低標準很像。因此，可以說人類和牠們之間了存在著一定的關聯。當牠們在痛苦中掙扎時，牠們的叫聲或動作也會讓我們感覺憐惜。由於牠們可以作為人類某種感情

的寄託物,所以經常被人們當成知心的寵物。牠們也可以透過馴養而成為聽話、忠誠和懂事的玩物。

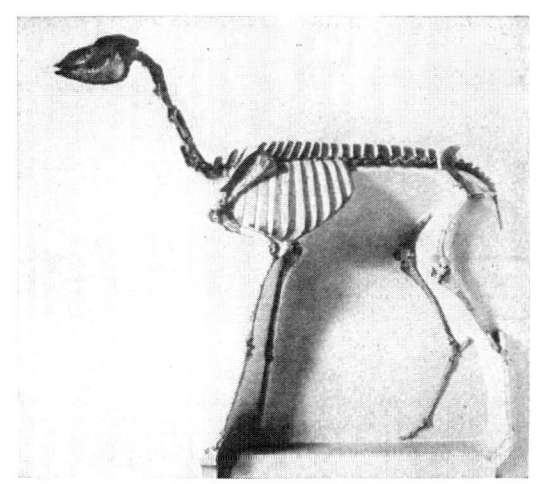

小羊駝屬,長頸駱駝

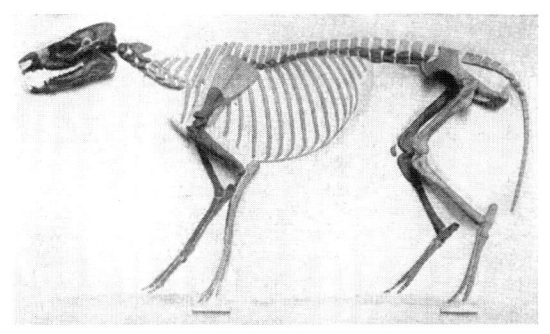

原古馬屬類的骨架,初期的馬

「新生代」動物的大腦重量迅速增加,這是那個時代最重要的事實。這促使生物個體之間建立了某種友善和相互依存的新關係。它預示著人類社會的產生,這一點我隨後就會講到。

第 8 章 哺乳動物時期

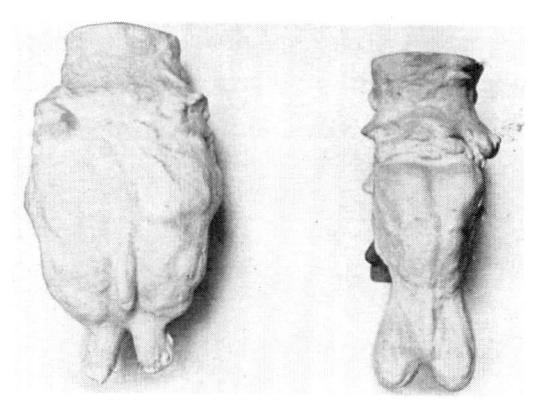

犀牛和原恐角獸大腦尺寸的對比

隨著「新生代」的不斷向前發展,那個時期的動植物群和今天地球上的動植物群越來越相似。體型龐大、行動笨拙的巨犀,以及各種在現在動物中難以找到相似體型的巨獸都已經滅絕。另一方面,從那些笨拙奇特的祖先那裡逐漸演化出的長頸鹿、駱駝、馬、象、鹿、狗、獅子和老虎等動物也相繼出現在地球上。在岩石紀錄上,馬的進化有著特別明顯的記載。從新生代初期的小獏樣的原始馬開始,我們對各種馬的演變有一套完整的進化資料。此外,關於駝馬和駱駝的演變線索,我們也掌握得相當準確。

第9章　猿、類人猿和原始人

生物學家把哺乳動物分為若干個目，排在首位的是靈長目，包括狐猿、猿、類人猿和人。需要說明的是，這種分類完全是依據解剖學上的相似性，絲毫沒有考慮任何精神方面的因素。

關於靈長目過去的歷史，我們很難在地質學紀錄中找到相關的知識。靈長目大多生活在森林裡，比如狐猿和長尾猿，也有一些生活在光禿禿的岩石上，比如狒狒。牠們很少被溺死，然後被沉積物淹埋。再加上牠們的數量不多，因此很難找到牠們的化石，這和馬、駱駝等動物的祖先明顯不同。不過，我們知道在新生代的最初階段，也就是在大約四千萬年以前，已經出現了最早的猿類和狐猿類。雖然牠們的大腦遠不及牠們的後代那樣發達，但腦的各部分已有了明確的分工。

後來，「新生代」中期的全盛時期終於結束了，它是繼生物史上的兩個全盛時期——石灰紀沼澤期和爬行類時期——之後的另一個全時期。然而，地球又一次進入了嚴寒的冰河時期。之後有一段時期，地球上出現過短暫的暖和時期，隨後地球再次籠罩在天寒地凍之中。在那溫暖日子裡，河馬在鮮嫩多汁的亞熱帶植物中嬉戲，凶猛的劍齒虎在今天新聞記者們來來往往的倫敦艦隊街[05]的位置潛伏，伺機捕殺獵物。地球每進入一次寒凍，都有一批物種被淘汰。只有那些耐寒的長毛犀和大象那披著長毛的堂兄弟——猛獁象，以及北極的麝牛和馴鹿逃過了一次次的劫難，仍在地球上生存繁衍。之後，一個世紀接著一個世紀過去了，北極的冰帽在大嚴寒時期不斷向南方擴展，延伸到英國的泰晤士河和美國的俄亥俄州。雖然期

---

[05] 艦隊街因鄰近艦隊河得名，是英國倫敦市內一條著名的街道，英國新聞界的代稱。—編者注

第 9 章　猿、類人猿和原始人

間也有數千年的氣候回暖，不過好久不長，很快又被更為寒冷的氣候籠罩。

地質學家把這些嚴寒時期劃分為第一、第二、第三和第四冰河時期，把介於兩次冰河時期之間的氣候較為溫暖的時期稱為「間冰期」。如今，我們仍然可以看到地球在冰河時期遭受嚴寒侵蝕而留下的痕跡。第一冰河時期距今有 60 萬年，第四冰河時期到達冰冷峰極的時間距今約有 5 萬年。正是在第四冰河時期，類人猿開始出現在這個星球上。

一頭猛獁象

到了「新生代」中期，地球上的猿無論是種類還是數量都有很多。牠們的顎和腿骨與人相似。不過，我們只能在接近冰河時期時，才能找到一些「幾乎是人」的猿類的遺跡。這些遺跡並不是指骨骼化石，而是指某些牠們使用過的器具。在歐洲曾發現過大約 50 萬年到 100 萬年前明顯由有手的動物專門削製而成的燧石片和普通石片，這些石片的邊緣被打磨得十分鋒利，可以用來砍削、敲打和戰鬥。這些石頭工具被人們稱為「原始石器」。在歐洲，除了發現這些石器之外，既沒有發現打製這些石器的動物的骨骼，也沒有發現其他相關的遺物。這些石器的打造者可能根本不是人類，而是一些聰明的猿猴。不過，科學家在爪哇的特利尼地區同時期的地質堆積層中，發現了某種猿人的一片頭骨、各種牙齒和一些骨頭。這種猿人的頭蓋骨比當今任何類人猿的頭蓋骨都要大，似乎

還可以直立行走。如今，我們把這種猿人稱為「直立猿人」，也就是能直立行走的猿人。牠們留下來的數量極少的骨骼化石，是我們至今所擁有的，有助於我們揭開那些「原始石器」製造者神祕面紗的唯一資料。

在至今約 25 萬年以前的砂石層中，我們才發現原始人的遺跡。科學家在岩石紀錄中發現了大量的石器，它們在製作水準上較原始石器有了明顯的進步。這些石器看起來不像原始石器那樣粗糙，它們被打製得很精巧，樣式也很好看，而且比之後「真人」打製的石器要大得多。隨後，在海德堡的一處砂坑中又挖出一塊與人相似的顎骨。沒有下巴，樣子看起來很醜，比真人的顎骨要窄得多，也要重得多。據此我們推測，這種動物的舌頭不能靈活轉動，所以不能發出十分清晰的聲音。科學家根據這塊骨頭做出這樣的推斷：這種動物很重，長著粗壯的四肢和軀體，毛髮濃密，外形上和人很相似。科學家把牠稱為「海德堡人」。

在魯特教授的監督下，以海德堡人為模型

我個人認為，對人類的好奇心來說，這塊顎骨無疑讓人大傷腦筋。人們觀察這塊骨頭，就像用一個壞了的望遠鏡去觀察過去。我們似乎可以看到這種動物在廣闊的原野上慢慢行走，看到牠們爬到樹上躲避劍齒虎，也看到牠們時刻警惕著林中的長毛犀。當我們試圖進一步看個究竟

第9章　猿、類人猿和原始人

時，牠們在突然之間全都消失了，只在地層中留下牠們為了使用而製造的大量完整的石器。

然而，在索塞克斯的皮爾當的堆積層中發現的某種動物的骨骸更讓人覺得難以捉摸。據猜想，這種動物生長在距今約 10 萬到 15 萬年前的時代。不過，也有一些權威專家認為這些特別的遺物比海德堡骨骸化石還要早。這些骨骸中有一塊頭蓋骨和人類的頭蓋骨十分相似，比現存的任何類人猿的頭蓋骨都要大；有一塊和猩猩的鄂骨相似的骨頭，讓人很難確定它是否是前者身體骨骸的一部分；有一塊棒狀象骨上有明顯的加工痕跡，上面有一個人工鑽成的小洞；有一塊鹿的腿骨上刻著記痕，看起來很像符木。在皮爾當發現的遺骨就是這些。

這種在地上、在動物骨頭上鑽孔刻痕的究竟是一種什麼樣的動物？

科學家把牠們稱為「原始人」。原始人和牠的類緣動物不一樣，也明顯迥異於「海德堡人」和現存的任何類人猿。除了皮爾當的遺跡外，再也沒有發現關於這種原始人的遺跡。不過，在之後 10 萬年的沙礫層和沉

在皮爾當地區發現的原始人打火工具

魯特教授製成的一尊直立猿人復原塑像

積層中，科學家發現了越來越多的燧石和類似的石器。這些石器和粗糙的原始石器明顯不同，考古學家已經能夠分辨出刮刀、石鑽、尖刀、投槍、擲石、石斧……

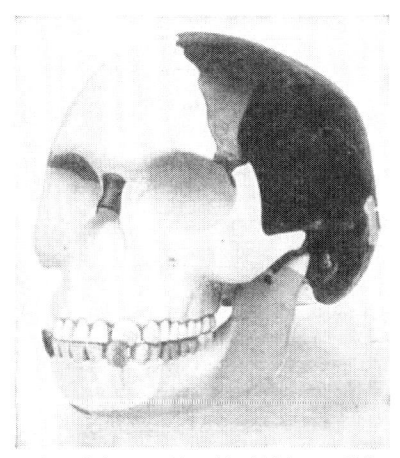

皮爾當顱骨，將原始碎片加以重構

慢慢地，我們描述的動物和人越來越接近了。在下一章，我將介紹所有人類先驅中最特別的尼安德塔人。雖然牠們還不是完全的「真人」，不過已經和人極為接近了。

不過，我要強調一點：至今為止沒有一個科學家認為這些動物——不管是海德堡人還是原始人——就是人類的直接祖先。牠們充其量不過是和人最相似的物種。

第10章　尼安德塔人和羅德西亞人

　　大約在五、六萬年以前,也就是在第四冰河期的冰冷峰極到來之前,在地球上生活著這樣一種動物,牠們和人很像,以至於直到幾年前,這種動物的遺骨還被當成是人類的骨骼。人們不但發現了這種動物的頭蓋骨和其他骨骼,還發現了由牠們製造和使用的大型器具。牠們已經學會用火,為了避寒和躲避猛獸的襲擊,牠們棲身於現成的洞穴裡。也許牠們還把獸皮剝下來裹在身上禦寒。和現代人一樣,牠們也習慣使用右手。

　　不過,如今的人類學家已經明確告訴我們,這種動物並不是真正意義上的人,牠們只不過是和人同屬的不同種類。牠們下顎突出,前額很低,眉骨向上隆起;牠們的拇指不像人的拇指那樣可以彎向其他手指;牠們的脖子又粗又短,根本不能向後扭轉或抬頭仰望天空。也許是牠們經常屈身走路,所以頭向前低傾著。牠們的顎骨沒有下巴,這一點和海德堡人的顎骨十分相似,與人的顎骨則截然不同。牠們的牙齒的形狀和人的牙齒差異很大:它們的臼齒的結構比人的更複雜,不過沒有人的臼齒那樣長長的牙根,而且也沒有人通常都有的犬齒。牠們的頭骨的容積和人類差不多,不過和人類比起來,牠們的腦的後部更大,前部則更低。就智力結構而言,牠們和人類全然不同。無論是生理結構還是精神方面,牠們都不是人類譜系的祖先。

　　因為這種動物的頭骨和其他骨骼是在一個名叫尼安德的地方發現的,所以這種奇特的原始人被人們稱為「尼安德塔人」。它們在歐洲生存繁衍了幾百年甚至幾千年時間。

尼安德塔人，由魯特教授重塑

當時地球上的氣候和地貌與現在大為不同。比如，當時覆蓋歐洲的冰雪，一直向南延伸至泰晤士河，還覆蓋了德國和俄國中部地區；當時的英國和法國之間還沒有海峽隔開[06]；如今的地中海和紅海在當時還是巨大的山谷，只有在較低的地方有一些湖泊；一個龐大的內陸海，從今天的黑海開始，橫過俄國南部，一直延伸到中亞地區；雖然西班牙並沒有被歐洲的冰雪所覆蓋，但是氣候比拉布拉多半島更加惡劣。一直要向南到達南非地區，才有溫暖的氣候。為了找到賴以生存的植物、長毛象、長毛犀、大野牛和馴鹿等動物，尼安德塔人開始穿越只生長著稀疏寒帶植物的歐洲南部大規模遷徙。牠們在春天北遷，在冬天南返，過著漂泊不定的生活。

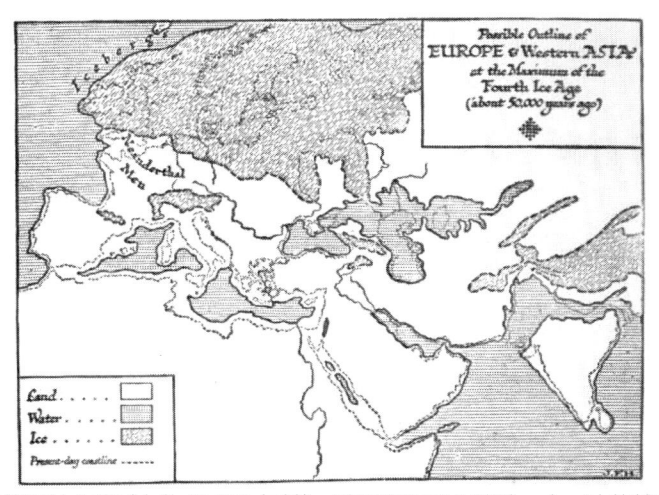

在第四冰川期（大約 50,000 年前），歐洲和西亞上陸地、水、冰的輪廓

---

[06] 當時還不存在英吉利海峽。——編者注

第 10 章　尼安德塔人和羅德西亞人

我們可以想像尼安德塔人的遷徙生活：牠們捕捉小動物，採集植物果實和根莖為食。牠們的食物以素食為主，主要是植物的枝葉和根莖，從牠們磨得平整的牙齒可以看出來。不過，我們在牠們居住過的洞穴裡，也發現了巨獸長長的骨骼。這些骨骼被敲碎，骨髓被吸乾。從牠們所使用的武器來看，牠們似乎還無力和巨獸直接搏鬥。我們可以設想，牠們也許是趁巨獸在渡河時用長矛發起突襲，或者是設置陷阱來捕捉巨獸。不過，還有一種可能是，牠們尾隨在獸群後面，捕殺那些在混戰中受傷的巨獸，或是直接偷走被劍齒虎殺死的獵物。儘管尼安德塔人以素食為主，但殘酷的冰河時期的生存環境逼迫著牠們開始獵殺野獸，以獲得所需的食物。

我們難以描繪尼安德塔人的外貌。牠們或許全身長著長毛，和人的樣子一點也不像。甚至連牠們能否直立行走，我們也不確定。為了支撐身體，牠們可以手足並用。牠們可能獨來獨往，也可能結成小團體集體行動。從牠們的顎骨的結構來看，我們可以推斷牠們不能說類似我們今天所說的語言。

在數千年時間裡，尼安德塔人是歐洲地區出現的最高等的動物。然後，直到距今 3 萬或 3.5 萬年時，隨著氣候變暖，另一種更聰明、懂得更多、能交談、懂得相互合作的同類動物，從南方遷徙到尼安德塔人居住的地方。牠們把尼安德塔人從居住的洞穴裡趕出去，並與之爭搶食物。也許就是牠們和尼安德塔人挑起了戰爭，最後並把尼安德塔人全部殺死。

尼安德塔人就這樣在世界上滅絕了。這些來自南方或東方──如今我們已經難以確定他們的發祥地──新的占領者，和人類有著相同血統和皮膚，他們就是最早的智人。從解剖學的角度看，他們的頭蓋骨、拇指、脖子、牙齒的結構和人類完全一樣。在克羅馬儂和格里馬第的洞穴裡，曾發現一些他們的遺骨，這是迄今為止我們所擁有的最早的智人遺骸。

就這樣，人類終於出現在岩石紀錄中。人類的故事，也從這裡開始。

雖然當時地球上的氣候環境非常惡劣，不過還是和現在的氣候越來越接近。在歐洲，冰河時期的冰川開始消退。在法國和西班牙，隨著草的種類日漸增多，往日成群的馴鹿逐漸被馬群取代。歐洲南部的猛獁象越來越少，最後全部遷到北方地區。

　　我們很難確定「真正人類」的發源地究竟在哪裡。1921 年夏，人們在非洲南部發現了一個很奇特的頭骨和若干片碎骨。從骨骼的特徵來看，似乎是一種介於尼安德塔人和人類之間的另一種動物的遺骨。這種動物的大腦前大後小，頭骨筆直地長在脊椎上，這和人類很相似。此外，牙齒和其他骨骼也和人類相似。不過，臉型更像類人猿，眉骨高高向上隆起，頭蓋骨中部也向上隆起。事實上，這種動物已是智人，不過還留著類人猿尼安德塔人的臉形。很明顯，這種羅德西亞人比尼安德塔人更接近真正的人類。

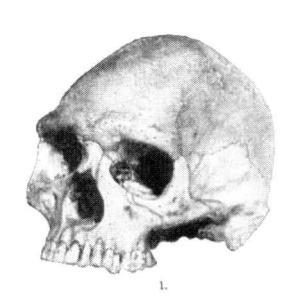

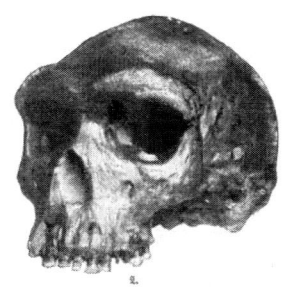

現代頭骨 1 和羅德西亞頭骨 2 的對比

　　羅德西亞人的頭蓋骨，可能是繼發現類人猿尼安德塔人頭蓋骨之後發現的第二種亞人類的頭蓋骨。這些亞人類從冰河初期一直到牠們共同的後代，或者說牠們共同的埋葬者——真正人類——出現為止，長時間地生活在地球上。如果僅從頭蓋骨來看，羅德西亞人可能算不上特別古老的物種，牠們生存的具體年代到本書出版時還沒有確定。直到近代，這種亞人類動物似乎還生存在南部非洲。

第 11 章　最早的真正人類

在歐洲，特別是在法國和西班牙，多次發現過人類最初留下的痕跡和遺物。科學研究已經證明，這些留下痕跡和遺物的動物確實是與人類有著親緣關係的真正人類。在法國和西班牙都發現了距今 3 萬年或更久的骨骼、武器、刻劃在骨頭和岩石上的痕跡、雕刻過的骨片、洞穴內岩壁上的繪畫等。可以說，西班牙是人類的真正祖先留下遺物最多的國家。

當然，如今我們蒐集到的材料，還僅僅是一個開始。將來會有更多的學者對所有的相關材料進行更徹底的考察。那個時候，如今的考古學家沒有到過的國家，可能會有許多新發現。那時，我們所收集的資料必將更加豐富。亞洲和非洲的大部分地區，迄今為止仍沒有被考古學家自由地探索過，因此，我們應該特別地謹慎，避免過早地做出早期的真正人類就是西歐的居民，他們最早出現在這個地區的結論[07]。

在亞洲、非洲或其他一些如今已深入海底的地區，可以沉積著比如今已發現的一切還要豐富、還要古老的真正人類的遺跡。我之所以只提到亞洲和非洲而沒有提到美洲，是因為除了在美洲發現過一顆牙齒外，在那裡還沒有發現其他任何高等靈長目動物的遺跡，無論是類人猿、亞人類、尼安德塔人，還是早期真正人類。生物的發展，似乎只是在舊大陸上進行。直到舊石器時代末期，人類才透過如今已被白令海峽阻斷的陸路，最早來到美洲大陸。

---

[07]1929 年，即作者撰寫此書的同時，在中國北京的周口店地區，發現了距今 60 多萬年前的北京猿人。——編者注

一幅奇妙的阿爾塔米拉洞穴壁畫，這些洞穴的牆壁上覆蓋有公牛等畫像，塗有紅色陰影和黑色的柔和色彩。他們的歷史可能達到一萬五千年到兩萬年

我們在歐洲發現最早的真正人類，至少屬於兩種以上不同人種，其中一種事實上已經非常高等。他們身材高大、腦袋也很大。其中發現的一塊女性頭蓋骨，容量已超出今天男性頭蓋骨容量的平均值。還有一具男性骨架高達6英尺，體型和今天的印第安人頗為相似。由於他們的骨骼最早是在克羅馬儂的一處洞穴中發現的，所以這個人種被稱為克羅馬儂人。他們是野蠻人，不過是高等的野蠻人。另外一個人種的骨骼是在格里馬第的一處洞穴裡找到的，他們的體態特徵很像黑人。與這個人種具有近親關係的是如今非洲南部的桑人和科伊科伊人。我們看到，人類歷史剛開始，人類至少已經分成了兩類，這的確很有趣。人們認為前一種人可能是褐色人種，而不是黑色人種，來自北方或東方，後一種人可能是黑色人種，而不是褐色人種，來自赤道以南的熱帶地區。不過，這只是人們的臆測，並沒有多少科學依據。

這些生活在4萬年以前的野蠻人已經具有人的一些特徵。他們收集貝殼然後做成項鍊；在身體上塗上顏色；在骨頭和石頭上雕刻圖案；在洞穴裡光滑的石壁上或在引人注目的岩石表面刻劃一些粗糙但很生動形象的動物圖案。他們製作的石器比尼安德塔人的石器更小巧，更精美，種類也更多。如今，博物館裡收藏著很多他們留下來的器具、雕刻、崖壁畫和其他東西。

第11章 最早的真正人類

最初，他們以狩獵為生。他們獵殺的獵物主要是一種長著鬃鬣的小型野馬。這些野馬隨牧草而遷移，他們則跟著野馬遷居。此外，他們也捕殺野牛。他們一定見過猛獁象，因為他們留下的壁畫裡就有這種動物的十分具體的圖案。根據一幅很模糊的繪畫來判斷，他們曾經用陷阱來捕殺猛獁象。

他們狩獵的工具是矛和擲石，當時似乎還沒有發明弓箭。他們還沒有學會馴養動物，沒有狗。人們曾發現過一處馬頭的雕刻和一、兩幅套著韁繩的馬的圖畫。那些韁繩可能是用獸皮或獸筋製成的。當時，那個地區的馬個頭較小，不能用來騎行，所以即使是他們已經馴養了馬，也只是套上韁繩用來運東西。他們是否把動物的奶當成是一種食物，這一點很值得懷疑，似乎不大可能。

原始石器時期的骨雕
1和2猛獁象牙雕刻而成的馴鹿狀骨雕，
3代表猛獁象的匕首柄，4刻有馬頭的骨頭

儘管他們已經學會使用獸皮搭建帳篷，但當時還沒有建造的房屋。儘管他們已經學會製作黏土塑像，但還不會製作陶器。由於沒有炊具，他們煮食物的方法肯定很原始，甚至根本就不會煮。他們對耕種、編織和織布一無所知。除了身上披了一張獸皮之外，他們仍是赤裸身體，在身上塗顏色的野蠻人。

這種最早被人們所知的人類，在歐洲廣闊的曠野上以狩獵為生，持續了將近100個世紀。後來，因氣候變化而遷移到其他地方。一個世紀

接著一個世紀過去了，歐洲大地漸漸變得溫暖而溼潤。馴鹿、野馬和野牛也漸漸向北或向東遷移。森林覆蓋了平原，赤鹿代替了野牛和野馬。原始人製作的器具的用途和性質也發生了很大的變化。到河裡、湖泊捕魚成為重要的日常活動，用魚骨製作的骨針也極為常見。迪‧莫泰里曾這樣說：「這個時期製作的骨針，要比後來的更精美，甚至比文藝復興時期所有的骨針都要精美。比如說羅馬人，他們製作的骨針從來就沒有這些骨針精美。」

一尊克羅馬儂人在雕刻的半身塑像

在大約 15,000 年到 12,000 年以前，有一個新的人種遷移到西班牙南部地區，他們在露天的崖壁上畫了很多讓人驚嘆的壁畫。這個人種就是阿濟爾人（因馬斯‧阿濟爾洞穴而得名）。他們已會使用弓箭，頭上看起來還戴著羽毛頭飾。他們留下的繪畫栩栩如生，而且還會用某些非常簡約的線條來表示一個人，比如用幾條不規則的線條就畫出一個人的樣子。事實上，這一點展現出某種文字觀念的萌芽。除了描繪狩獵的場面之後，他們也畫一些符號似的東西，有一幅畫畫的就是兩個人正在用煙燻一個蜂巢。

他們就是被我們稱為舊石器古代的最後一批人，因為他們仍只有削成的器具。大約在 10,000 到 12,000 年以前，在歐洲出現了一種新的生活方式，那時的人不僅會削製器具，還會打磨石器和耕種，於是，一個新的時期──新石器時代開始了。

有趣的是，直到 100 年以前，在塔斯馬尼亞這個世界上極為偏遠的

第 11 章　最早的真正人類

角落還存在著一個種族,他們和那些在歐洲大陸留下痕跡的早期人類種族相比,無論是體質還是智力都要低得多。在很久以前,由於地理變遷的原因,塔斯馬尼亞和其他種族完全隔絕,從而失去了和外界接觸和進步的機會。這個人種不但沒有向前發展,反而不斷地退化。當歐洲的探險家發現他們時,他們還以貝類和其他小野獸為食,生活方式和原始人一樣。他們沒有固定的住所,利用天然的蔽體之地隨遇而安。雖然他們和我們都是真正的人類,但是他們沒有早期智人所掌握的製作技能,也沒有他們的藝術才能。

蜂蜜採集者被蜜蜂環繞　他站在一架繩梯上弓

FIGHT OF BOWMEN
箭手的戰鬥

在眾多原始石器藝術的最新發現裡,這些標本於 1920 年被發現於西班牙。
他們的歷史可能長達一萬到兩萬年。

第 12 章　原始思維

　　現在，讓我們來做一個有趣的思考：在人類開始冒險的最初時期，他們是怎麼意識到自己是「人」的呢？在遙遠的四萬年以前，在人類還只是靠狩獵為生，不懂得播種和收穫，過著飄忽不定的生活的時代，他們又是如何思考的？他們又在思考些什麼？由於當時還沒有文字把他們的感想記錄下來，所以我們只能推理和猜測這些問題的答案。

　　當今的科學家採用了各種方法來再現原始人的精神狀態。近年來，精神分析學在考察和研究兒童為了適應社會生活的需求而限制、壓抑、減弱和掩飾自我和強烈的本能衝動方面獲得了很大的進展，這似乎為研究史前社會歷史提供了可以借鑑的方法。還有另一種行之有效的方法，就是研究那些現存的尚未開化的人種的習俗和觀念。此外，那些在現代文明人中廣泛流傳的民間傳說，以及那些根深蒂固的迷信和偏見，也包含著大量的精神化石。最後，我們還可以以各種繪畫、雕像、符號為研究對象。離我們如今這個時代越近，這些東西就越多，我們也可以越來越清楚地了解他們對什麼東西最感興趣，以及他們認為什麼東西最值得記錄或重現。

　　原始人的思維和兒童的思維非常相似，都是一連串的具體的畫面。他們先是想像出某些畫面，或者說許多畫面在他們腦中浮現，由此產生某種情緒，並支配他們的行為。今天的兒童和一些未接受啟蒙教育的人的行為方式也是如此。很明顯，在人類的經驗中，直到很晚的時間他們才具備系統思考的能力。即使是今天，也只有少數人可以控制和約束自己的思考，絕大多數人都是憑著想像和衝動去生活。

第12章　原始思維

在真正的人類歷史初期，最早的人類可能是以家庭為單位的小團體。早期的哺乳動物群是以共同繁殖的家族群組成，人類社會最早的部落也是以這種方式建立。要想建立起這種聚合，首先個人必須對自我為中心的意識要加以壓制，其次還必須把對父親的畏懼和對母親的尊敬融入日常生活之中。團體中的年長者對長大成人的男孩子之間容易滋生的好鬥的風氣應及時加以制止。當然，母親是孩子成長過程中的天然勸教者和保護者。孩子在長大後都有離開父母獨立生活和尋求配偶的願望，不過，他們又對獨立生活所面臨的種種不便和危險有所顧慮，人類社會就是在這兩種相互對立的趨向中形成的發展起來的。天才般的人類學家、作家阿特金森（Atkinson）在他的《原始法律》一書中，對未開化的野蠻人的習慣法則禁忌做了詳細的介紹。它們是原始社會中讓人感到驚心動魄的事實，可以看成是原始人進入社會生活的一種心理約束。之後的精神分析學家所做的研究，進一步證實了阿特金森對此所作的解釋。

一些思維活躍的理論家試圖讓人們相信：原始人對年長男人的敬畏、對年長婦女或者說族群保護人的情感，在夢中被誇大，在幻想的精神活動中被不斷豐富，從而成為原始宗教的主要內容，並形成男神和女神的概念。由於那些強大的、可求助的人在死後有時會在人們的夢中出現，所以即使在他們死後，人們對他們的敬畏也一如既往。這很容易讓原始人相信他們沒有真的死去，而是移居到一個更遠、更有力量的神祕之地去了。

兒童的夢境、想像和恐懼，要比成年人的更生動，更現實。在這一點上，原始人和兒童相似。同時，他們和動物也很相似，他們認為動物和自己有著同樣的動機和感情。在他們眼裡，動物可能是朋友、敵人或者是神。如果人們想要真切地體會那些形狀奇特的石頭，扭曲錯落的樹瘤、奇形怪狀的大樹對原始人來說具有何等重要、何等有意義、何等神

奇、何等友善，以及他們又是如何信服從這些東西衍生出來的故事和傳說，那麼他必須具有兒童那樣的豐富想像力不可。其中，有些故事值得人們記憶下來，然後一遍一遍地講述，女人就喜歡把這些故事講給孩子聽，於是，這些故事就成了傳說。如今，有一些想像力豐富的孩子常常也喜歡以他們喜愛的玩具、小動物，或某種半人半獸的動物為主角編造故事。原始人或許也是這樣，不過，他們比兒童更相信故事中的英雄是真實存在的。

石器時代的遺跡，來自索馬利蘭的打火石

如今我們知道的最初的人類，可能已經非常擅長語言交流了。在這方面，他們的確不同於尼安德塔人，要比後者更高等，因為尼安德塔人有可能是一種啞巴動物。當然，原始人的語言可能只是一些簡單的單字羅列，他們必須藉助身體的姿勢和手勢作為輔助。

世界上任何一個未開化的種族，都不會愚昧到連因果關係都不知道。不過，原始人對因果關係缺乏基本的分析和判斷能力，他們常常把某種結果和毫不相干的原因連繫起來。他們認為：「因為這樣做，所以就會有那樣的結果。」比如說，因為給孩子吃了某種水果，所以孩子會死；因為吃了勇敢的敵人的心臟，所以會像敵人一樣勇敢。在這兩個因果關

第12章　原始思維

係中，前一個是真實的，後一個是錯誤的。我們把未開化的野蠻人所理解的因果關係稱為「迷信」。迷信是野蠻人的科學，它與現代科學的不同之處是它不成體系，沒有批判，常常錯誤百出。

左邊是一個發掘於倫敦格雷律師學院的打火石，
右邊是一個以相似形式組成的索馬利蘭原始人使用的打火石

在大多數情況下，原因和結果都很容易連繫起來；在另一些情況下，錯誤的觀念也會被很快糾正過來。有一些對原始人非常重要的事情，儘管他們力求探明原因，卻往往做出錯誤的解釋，不過又沒有錯到讓他們輕易發現錯誤所在的程度。捕獲到大量的野獸，捕捉到大量的魚蝦，對原始人來說是非常重要的事，他們堅信要得到這種可喜的結果必須依靠成百上千次唸咒和占卜，他們對這些符咒堅信不疑。另一件他們特別關心的事是疾病和死亡。有時候，傳染病爆發，人們成批地死去；有時候，人們會沒有明顯的原因就突然死去或身體衰弱。這些事情讓原始人衝動而不安，進而做出一些狂熱的事情。夢境或幻想式的猜測使它們時而詛咒某個人、獸或物，時而又乞求某個人、獸或物的幫助。他們在面對恐懼和危險時的態度和孩子一樣。

在早期的小部落中，當危險來襲時，部落裡那些年長而位重的人雖

然也會像普通人那樣感覺恐懼，但由於地位不同，他們通常都表現得非常鎮定，並承擔起告誡、指揮和命令別人的責任。他們會指出什麼是不祥的，什麼是不可避免的；什麼吉兆，什麼又是凶兆。在原始人當中，最早的祭司就是那些堅信迷信或擅長唸咒的人。他們負責勸誡、解夢、預測，並透過一套複雜的巫術使人結交好運，遠離災禍。原始宗教並不是我們今天所說的那種應該信奉和遵守的宗教，它實際上是一種習俗和儀式。古代祭司所掌握的，不過是一種獨有的、原始的實用科學。

第 13 章　耕種的開始

儘管近 50 年來，科學家對人類何時開始耕種和定居這一問題做了大量的考察和研究，但迄今為止收穫甚少。如今，我們唯一能夠確信的是，在大約西元前 1.5 萬年到 1.2 萬年之前，當早期狩獵部族阿濟爾人的餘部從西班牙南部向北方和東方遷移的時候，居住在北非或西非，還有居住在當時尚未被地中海淹沒的峽谷的部族，正在世世代代進行著兩項至關生存的嘗試：開始耕種和馴養動物。此外，除了繼承從狩獵祖先那裡獲得的削製器具方法外，他們還學會了打磨器具。他們用植物纖維編織籠網，也開始製造一些簡陋的黏土陶器。

至此，人類跨入了一個全新的時代——新石器時代，它與克羅馬儂人、格里馬第人和阿濟爾人生活的舊石器古代截然不同。這些新石器時代的部族慢慢地擴展到世界上各個比較溫暖的地方。他們嫻熟的製造技術、馴養動物的方法和耕種的技術，透過其他部族的模仿、學習，在世界上廣為傳播。到了西元前 1 萬年左右，世界上的絕大部分人類部族都進入了「新石器時代」。

新石器時代的打火石工具

在現代人看來，耕地之後播種，農作物成熟之後收割，然後把糧食曬乾磨粉，這是一個所有人都知道的糧食生產過程，就像人人都知道地球是圓的一樣。有人甚至還會反問：「不是

這樣難道還是其他樣子嗎？」不過，對生活在兩萬年前的原始人來說，真的沒有那麼簡單。如今我們認為非常淺顯或一目了然的做事的順序和道理，他們可能覺得非常深奧而一無所知。他們總要經過無數次的嘗試，經過無數次的失敗，經過無數勞而無功的勞動和經過不斷的想像之後，才能獲得正確有效的方法。在地中海的某個地方曾生長著野小麥，生活在那裡的人似乎在學會播種之前也已經知道把麥子磨成粉之後作為食物。也就是說，在學會播種之前，人類就已經知道收穫了。

矛頭，由澳洲土著居民完全按照新石器時代的模樣製造

一個非常值得注意的事實是：在全世界，凡是存在播種和收穫的地方，都會發現播種的觀念和血祭思想強烈而野蠻地結合在一起，而且最早都是用活人來祭獻。對那些好奇心強烈的人來說，探索這種關聯的原因無疑具有非常大的吸引力。對此感興趣的讀者，可以閱讀弗雷澤（James George Frazer）的《金枝》（*The Golden Bough: A Study in Magic and Religion*）一書，以了解更多詳細的論述。我們必須記住，這是一種幼稚的、幻想的、生活在神話裡的原始人的想像，是無法用理解的方法來解釋的。在 1.2 萬年或 2 萬年以前，每當播種季節到來，新石器時代的人們就要讓活人作犧牲來舉行祭獻儀式。用來作犧牲的活人，並不是那些卑賤的或被驅逐的人，相反，他們是被精心挑選出來的童男和童女。在祭獻儀式開始之前，所有人都把他們當成神一樣膜拜，而殺死他們的過

第13章　耕種的開始

程也有一套莊嚴的儀式，由部族的長者主持。

起初，原始人對季節的認知很模糊，在確定何時播種和何時祭獻時肯定傷透了腦筋。我們有理由認為，在人類早期的歷史中肯定存在著一個沒有「年」這一概念的階段。最早的年代紀錄是「太陰月」為計算單位。有人認為，聖經中那些最年長者的年齡，事實上是把一個月當成一年來計算的。古巴比倫人的曆法也明確地顯示出，他們以13個太陰月為計算時間的週期，以確定播種的時間。這種曆法的影響一直持續到如今。基督教復活節的日期就不是每年的一個固定的日子，而是根據月亮的圓缺一年一年地變換著日期。如果我們不了解太陰月的概念，一定會對此感覺莫名其妙。

新石器時代的陶器標本，發掘於泰晤士河床的牛軛湖

最早的農業部族是否已經開始觀測星象，這一點很難確定。一般來說，最早開始觀測星象的是游牧民族，他們把星星當成參照以分辨方向。不過，一旦發現它也可以用來分辨季節時，對農業就發揮了非常重要的作用。播種前舉行的祭獻儀式總是與某顆顯而易見的南方或北方星星連繫起來，所以，自然而然地，原始人就產生了對這顆星星的膜拜和編造出與之相關的神話。

我們很容易理解，在新石器時代，那些主持祭獻儀式和懂得星象的人，其地位有多麼的顯赫。

原始人對汙穢的恐怖以及清除恐怖的願望，使得某些深諳此道的男人和女人獲得了一種權勢，男巫和女巫、男祭司和女祭司隨之出現。最初的祭司，與其說是神學家，還不如說是實用科學家。他們所掌握的科學源自於經驗，在現代人看來通常都是錯誤的。他們謹慎地防止這種科學在普通人中流傳。然而，這並不會改變這樣的事實：祭司的首要職能是掌握知識，他的主要作用是實際運用這些知識。

在 12,000 年到 15,000 年以前，在氣候溫暖而水源充沛的地方，生活的新石器時代的部族群體，都有男祭司和女祭司的等級和傳統，有耕種的農田，有發展起來的村落和用簡單的城牆圍起來的城鎮。新石器時代的原始公社，得到了不斷的發展。久而久之，不同的公社之間開始相互交流並傳播思想。艾略特·史密斯（Elliot Smith）把這種早期的農業居民文化稱為「日石文化」。或許，「日石」（太陽和石頭）並不是最恰當的名字，不過，在學者還沒找到一個更好的名字之前，我們只好先用這個名詞了。這種文化的發源地在地中海或西亞的某個地區，然後逐漸向東傳播。上一代傳給下一代，一個島嶼傳到另一個島嶼，最後穿過太平洋，終於傳到了美洲大陸。在那裡，它與從北方遷移過來的蒙古部族的更為原始的生活方式融合在一起。

擁有日石文化的褐色人種無論走到什麼地方，必然帶去所有或大部分奇妙的想法和實際的做法。其中，有一些非常奇怪，非得有心理學家的解釋才能了解。他們建造金字塔和巨型墳墓，還用巨石建築高大的圓塔，以便祭司爬到塔頂上觀測星象；他們把死人的全部或部分軀體做成木乃伊；他們紋身和施割禮；他們還有「父代母娩」的風俗，也就是當女人分娩時，丈夫也會臥床禁食；他們還把「卍」作為幸運和吉祥的象徵。

如果要在如今的地圖上用點標示出流行這種做法的地區，我們可以從英格蘭的史前巨石柱開始，然後經過西班牙，橫穿世界到達墨西哥和

第13章 耕種的開始

祕魯，這些點在溫帶和亞熱帶的沿岸地區連成一條線。不過，在赤道以南的非洲、中歐北部和亞洲北部卻沒有這樣的點。在這些地方生活的種族，是按照另一條完全獨立的線索發展的。

第 14 章　新石器時期的原始文明

　　到了大約西元前 1 萬年，世界的地理輪廓已和今天大體相似。當時，由於截斷直布羅陀海峽的天然堤壩——它堵住海水流進地中海——因長年累月的侵蝕而崩潰，海水大量流進地中海，使得地中海的海岸和今天非常相似。那時的裏海可能比現在更寬闊，或許它還和黑海相連，往北一直延伸到高加索山脈。如今已成一片曠野和荒漠的中亞沿海地區，在當時是富饒、適合居住的地方。整體來說，當時的世界是一個富饒、溼潤的世界。當時，位於歐洲部分的俄羅斯領土上有很多沼澤和湖泊。今天隔斷亞洲和美洲大陸的白令海峽，在當時還是連接兩大洲的陸地。

　　如今我們所知道的主要的人種，在那個時代已經可以區分出來了。擁有日石文化的褐色人種，分布在離海岸線不遠的溫暖且樹木茂盛的地區，他們就是如今居住在地中海沿岸的柏柏人、埃及人的祖先。當然，這一人種還有很多分支，比如大西洋和地中海沿岸的伊比利人、地中海人、暗白人，以及包括柏柏人和埃及人在內的哈姆族人、特拉維達東印度人和大多數皮膚較黑的印度人，還有多種波利尼西亞人和毛利人等。其在西方的分支的膚色要比在東方的分支的膚色稍淺一些。在歐洲中部和北部的林木裡，生活著一種眼睛呈淺藍色、膚色比褐色更淺的人種，他們被人們稱為北歐人種。在亞洲東北部的開闊平原上，生活了褐色人種的另一個分支。他們眼角微微上翹，顴骨很高，皮膚呈黃色，毛髮黑而直，他們就是蒙古族。在非洲南部，澳洲以及亞洲南部的許多熱帶島嶼上，還殘存著早期黑人的後代。非洲中部此時已成為多個種族雜居的

第 14 章 新石器時期的原始文明

地方。如今，非洲幾乎所有的有色人種，都是黑色人種和北方的褐色人種的混血後代。

馬雅石碑，刻有一位拜神者以及蛇神。面目奇怪的人正奮筆疾書

我們一定要記住，所有人種都可以雜交，就像天上的雲朵一樣可以獨立分開，又可以重新融合，而不是像樹枝那樣，一旦長出來就再也不能融合在一起。一有機會，不同的人種就會重新融合，這一點我們應該牢記在心。如果明白這一點，我們就可以避免許多錯誤和偏見。人們通常極不恰當地使用「人種」一詞，並發表極為荒謬的議論，宣揚「英吉利人種」和「歐羅巴人種」如何如何優越，殊不知道幾乎所有的歐洲人，都是褐色人、深膚色白人、淺膚色白人和蒙古人的混合後代。

蒙古系人種首次來到美洲大陸是在人類發展到新石器時代的時候。很明顯，他們是經過白令海峽到達美洲，然後向南方擴散。他們在美洲北部發現了馴鹿，在美洲南部發現成群的野牛。在他們到達美洲南部的時候，那裡還生活著一種類似犰狳的大型雕齒獸和一種體型如大象般的獺獸。這兩種動物可能是由於身體龐大、行動不便而遭到滅絕。

大部分的美洲部落都沒有超越新石器時代的狩獵和游牧的生活。他

們從不知道如何使用鐵，使用的金屬只有天然的金和銅。不過，由於墨西哥、猶加敦和祕魯的環境非常適合定居的農耕生活，在西元前1000年左右，在這些地方出現了與舊世界的文明相媲美，然而形式又全然不同的有趣的文明。和世界的原始文化一樣，這些地方也盛行著播種和收穫時用活人祭獻的儀式。不過，我們知道，這些舊世界的早期人類的思想後來在與其他思想相互碰撞、交融中，在有些地方已經消失，在有些地方被其他觀念淹沒，而在美洲這種思想卻被保留下來，並進一步發展到更高階、更複雜的階段。這些美洲的文明國家事實上都是由祭司統治。它們的戰爭領袖和統治者，實際上都處在法律和預言的控制之下。

在祭司的推動下，天文學逐漸發展成為一種精確的高水準的科學。他們比我即將在後面介紹的巴比倫人更精通曆法。在猶加敦，他們創造出一種非常奇特和複雜的文字——馬雅文字。從我們如今已經解釋的全部內容來看，這種文字記錄的是祭司們嘔心瀝血創造出的精準而又複雜的曆法。在西元前800年到西元前700年之間，馬雅文明的藝術達到了巔峰。這個時期的雕刻作品，以其偉大的創造力和不可思議的美征服了現代人。不過，

新石器時代的戰士

它那怪誕而又瘋狂的特點，又使現代人迷惑不解。在舊世界裡我們從未見到過這些形象，與之相似的是古印度的一些雕刻。馬雅人的每一件雕像上都刻著編織的羽毛和蛇纏繞在一起的圖案。許多馬雅人的雕刻都不像舊世界的任何一件作品，更像歐洲精神病院裡的患者隨手畫出來的誇

張而又複雜的圖。馬雅人的精神,似乎完全沿著一條與舊世界截然不同的線索在發展,與舊世界的精神形成鮮明的對比。按照舊世界的標準,馬雅人的精神完全是不合理的。

這種脫離舊世界精神的美洲文明與其他野蠻部落非常相似,這一點從他們非常嗜血的這一事實可以證明。墨西哥文明尤其是一種血淋淋的文明,每年墨西哥的祭司都要把數千活人開膛剖肚,取出還在跳動的心臟。一切公共活動,包括國家祭典,都會舉行這種恐怖而瘋狂的活人取心活動。

在這種社會裡,普通人的日常生活和野蠻人極為相似。他們擅長製作陶器,紡織和染色也做得十分出色。人們不僅把馬雅文字刻在石頭上,還寫或畫在獸皮等東西上。在歐洲和美洲的博物館裡,收藏著大量的讓人覺得不可思議的馬雅文字手稿,迄今為止,我們除了看懂其中計算日曆的一小部分外,其他的都沒有翻譯出來。在祕魯,曾經也有過和馬雅文字相似的文字,不過,後來被「結繩記事」這一方法代替了。事實上,早在幾千年前,中國人就開始使用這種方法了。

在西元前 4000 年或西元前 5000 年的舊世界中,或者說比美洲文明早三、四千年以前,就已經出現了與美洲文明極為相似的原始文明。這種文明以寺廟為基礎,以大量的活人祭獻為主要內容,存在著一個精通天文的祭司階層。在舊世界,各種原始文明相互作用,共同促進世界向現代文明發展。然而,美洲文明始終沒有超越原始程度而達到更高的階級,它在自己狹小的世界裡自生自滅。在歐洲人來到美洲之前,墨西哥人從未聽說過祕魯,他們對馬鈴薯 —— 祕魯人的主食 —— 也從未聽說過。

一代接著一代,生活在這裡的人們忙於敬神、祭獻,然後死去。馬雅藝術裝飾性方面達到非常高的水準。人們追求愛情,部落間不斷爆發戰爭,災荒和豐年、疾病和健康輪流交替。在漫長的幾個世紀裡,祭司們精心編定曆法和改進祭獻儀式,然而在其他方面,實在沒有獲得任何進步。

第 15 章 蘇美、古埃及和文字

和新世界比起來，舊世界[08]是一個更開闊、變化多端的階段。到西元前6000年或西元前7000年左右，在亞洲和尼羅河富饒的土地上已經發展出與祕魯文明相媲美的公社文明。那個時候，北波斯、西土耳其和南阿拉伯的土地都要比現在肥沃，這些地方都產生了早期的公社。不過，最早出現城市、寺廟、完善的澆灌系統和超出簡單的原始野蠻人部落的社會組織的地方，是在相對低窪的美索不達米亞地區和埃及。在當時，幼發拉底河和底格里斯河從不同的河口流進波斯灣。美索不達米亞正是在這兩條河的中間地帶，建立了他們的第一座城市。幾乎與此同時，不過確切時間無法確定，埃及人的歷史也翻開了第一頁。

蘇美人石雕

蘇美人似乎是鼻梁高高的棕色人種。他們使用過的文字如今已能翻譯出來，他們說的語言如今也有人能聽懂。他們懂得如何使用青銅，並

---

[08] 舊世界是相對於美洲新大陸的，是指東半球，尤其是指歐洲。——編者注

第15章　蘇美、古埃及和文字

學會在陽光下把泥磚晒乾用來建造塔形廟宇。當地的黏土品質很好，於是蘇美人就把黏土做成泥板，然後在上面書寫，這些泥板一直保存至今。他們已經有牛、綿羊、山羊和毛驢，但沒有馬。作戰時，他們手持長矛和獸皮盾，排成密集的隊形，徒步前進。他們的頭髮全被剃掉，身上穿著用羊毛紡織成的衣服。

幾乎每一個蘇美的城市都是獨立的，城市裡的人有自己信奉的神靈和自己的祭司。不過，有些時候某個城市會攻占另一個城市，然後要求被占領城市的原住居民交貢品。在尼泊爾的一塊古碑上，記載著蘇美地區一個名叫伊勒克的「城市帝國」，這是第一個有紀錄的帝國。這個帝國的王國，同時也是神和祭司統治著從波斯灣到紅海的廣大地區。

西元前2200年，巴比倫王國的漢摩拉比法典的磚，上刻有記載太陽神廟宇的楔形文字

第一個埃及王朝的烏木圓柱印章

起初，文字僅僅是用圖畫來記事的一種簡化形式。甚至，在新石器開始之前，原始人就已經開始了書寫。前面介紹的阿濟爾人的岩石壁畫，事實上可以看成是文字的起源。這些畫主要是狩獵活動和遠征的場景，畫上的人物大多都很完整。不過，或許是繪畫者失去了耐心，或是想快速完成繪畫，有些人物沒有畫頭和四肢，僅用一條豎線和一兩條橫

線來表示。由此發展到簡潔的象形文字，並不是一個很難的過程。蘇美人用木棒把文字寫在泥板上，隨著時間的流逝，特別是經過日晒雨淋後就會越來越難以辨認，讓人無法理解這些文字所表達的意思。不過，埃及人把文字寫在紙莎草（最早的紙）和牆壁上，所以他們臨摹的事物的樣子可以長久保存下去。蘇美人的象形文字看起來很笨拙，像一個個的楔子，所以被稱為楔形文字。

當圖畫不再用來表現原物，而是代表類似的事物時，圖畫就像文字轉變邁出了一大步。如今孩子們非常喜歡的字謎可以說明這個道理。如果畫一個營帳（camp），再畫一個鈴鐺（bell），孩子們很快就會猜到這幅畫指的是一個蘇格蘭人的名字：坎貝爾（campbell）。蘇美人的文字是一種章節文字，和如今美洲印第安人的文字相似，它可以表達用繪畫不能表達的意思。幾乎與此同時，埃及文字也得到了類似的發展。後來，那些不太明白語音的音節體系的外來民族學會了這種繪畫文字後，對它進行了修改和簡化，使其最終發展成為字母文字。可以這樣說，世界上的所有字母，都是由蘇美的楔形文字和埃及的象形文字融合發展而來。後來，在遙遠的中國也曾產生過象形文字，不過這種文字終究沒有發展成字母文字。

第15章　蘇美、古埃及和文字

楔形文字泥板

　　文字的出現和發展，對推動人類社會向前發展發揮著重要的作用。有了文字之後，各種契約、法律和命令等才被記錄下來；它也讓比以往任何城市更大的國家的出現成為可能，使歷史意識連續不斷成為可能。從此，祭司和統治者的命令和印章才可能傳到眼睛看不到，聲音傳不到的地方，並且在他們死後也能長久保存。非常有趣的是，古代的蘇美人普遍使用簽名印章。國王、貴族、富人和商人的印章雕刻得非常精美，用來印在他們承認的泥製文件上。這說明，早在 6,000 年前，人類的文明就已經和印刷術密切相連了。黏土被晒乾後非常堅硬，可以長久保存。記者們一定還記得，在美索不達米亞地區，所有書信、事件紀錄、帳目都是寫在不易毀壞的泥板上，這才讓我們獲得大量關於那個時代的歷史知識。

古夫金字塔塔頂俯瞰圖，顯示出這些偉大的建築占據了主導地位的平原景觀

　　蘇美人和埃及人很早以前就知道青銅、金、銅、銀等金屬和視若罕見的珍寶的隕石。

　　在舊世界，最初的城市生活，無論在蘇美還是在埃及都十分相似。如果街上沒有驢和牛，這種城市生活和三、四千年後美洲的馬雅城市生活也很相似。在平時，除了舉行祭祀活動外，大多數人都忙著澆灌農作物和耕種。那時還沒有貨幣，因為貨幣還沒有出現的必要。他們偶爾為之的小宗貿易，是透過以物易物的方式進行。只有富有的君主、貴族才偶爾用金條、銀塊和其他寶石來做交易。當時，寺廟在人們的生活中占有重要的位置。蘇美的廟宇是高大的塔形建築，塔頂透過設有平臺用來觀測天象，不過，埃及的廟宇則是一座巨大的單層建築。在蘇美，最有地位最有權勢的人是祭司，然而在埃及，有一個人的地位和權勢超過了祭司，他被視為這一地區主神的活化身，他就是法老——諸神之王。

第15章 蘇美、古埃及和文字

　　這一時期的世界幾乎沒有什麼大的變動。人們在炎炎烈日下辛勤地勞動，按部就班地過著非常艱苦的生活。祭司們根據古老的律法指導人們生活；觀測星象，確定播種時間；從祭獻的徵兆推測凶吉；以及解釋夢境的預示。普通人勞動，結婚生子，然後安然死去。他們對自己種族的過去一無所知，對自己的未來漠不關心。那時的統治者有的很仁慈，比如佩皮二世（Pepy II），他統治埃及長達90年；有的統治者則很暴虐，

位於丹德拉的哈索爾神廟

有著強烈的征服慾望，強迫人們為他攻城掠地，修建龐大的建築物，比如古夫（Khufu）、卡夫拉（Khafra）和邁塞林等，他們強迫民眾在吉薩建造了規模宏大的金字塔。這些金字塔最大的高450英尺，所用的石料加起來有4,883,000噸。這些石料都是先用船沿尼羅河運到工地附近，然後靠人工搬運到工地上。建造這些巨型建築所消耗的埃及的國力，遠遠大於經過一場大規模的戰爭。

撒哈拉沙漠金字塔，右邊的階梯狀金字塔是世界上最古老的石頭建築

第 16 章　原始游牧民族

　　在西元前 6000 年到西元前 3000 年之間，除美索不達米亞地區和尼羅河流域出現了定居的耕種文明，建立了城邦國家，世界上大多數凡是便於澆灌，終年食物豐盛的地方，人們都放棄了漂泊不定和十分艱苦的游牧生活方式，定居下來。在底格里斯河上游，亞述人建立了自己的城市；在小亞細亞的谷地、地中海沿岸和島嶼上，也建立了一些小的部落公社。幾乎與此同時，在印度和中國的一些富饒的地方，也出現了類似的定居文明。在歐洲的一些湖泊遍布或河流交錯魚蝦富足的地區，早已有許多小型的部落在水邊建起水上房屋，靠捕獲魚蝦來彌補農耕的不足。然而，這樣的生活方式並沒有遍布舊世界的每一個角落。因為有些地區土地貧瘠，森林過於茂密，氣候也非常乾燥並且變化無常，就當時那些只有極少生產工具和科學知識的人來說，顯然無法在這樣的地方定居下來。

陶器工具

第 16 章　原始游牧民族

要在原始的文明條件下定居,必須要有豐富的水源和溫暖的陽光。在這兩個基本條件無法同時滿足的地方,人們只好靠捕殺鳥獸為生,過著狩獵生活;或者是隨著四季的變遷,逐水草而居,過著游牧的生活。從以狩獵為主轉向以放牧為主,這個過程肯定是非常漫長的。(在亞洲)放牧生活可能起源於人們的財產私有這一觀念,他們把野牛或野馬趕到山谷裡圍起來,並時常與狼、野狗和其他食肉動物搏鬥,以保護牠們不受傷害。

當代湖村,這些婆羅洲居民實際上就相當於西元前 6000 年歐洲新石器時代的聚居地

在農耕的原始文明以大河流域為基地發展起來的同時,另一種不同的生活方式,也就是從冬季草場到夏季草場不停遷移的游牧生活也發展起來了。游牧生活比農耕生活更辛苦,游牧民所收穫的品種和數量都很少。游牧部落沒有永久性的廟宇,也沒有組織嚴密的祭司制度。他們使用的工具少得可憐,但讀者朋友千萬不要以此認為他們的生活是落後的。從很多方面來說,這種自由自在的生活比農耕生活更加充實;每個人都更加獨立,群體的組織顯得鬆散;首領的地位明顯比巫師更加重要。

游牧民的足跡遍布廣闊的大地,他們的眼界也因此更加開闊。他們與各種不同風俗的居民接觸,與為爭奪豐美的水草與敵對的部落進行交涉和協商。他們經常翻山越嶺,接觸了各種不同的岩石,因而他們所具有的礦物知識比自然定居的農耕民更多。有可能游牧民都是高水準的冶

煉能手。冶煉青銅，尤其是冶煉鐵，很可能就是由游牧民最早發明的。在中歐，曾出土過一批比人類早期文明還要早的鐵器，打造這些鐵器的鐵顯然是用鐵礦石冶煉出來的。

埃及的游牧民族。在埃及中部，古老的本尼哈森附近有一個墓穴的牆壁上繪有古埃及壁畫。壁畫描述的是大約西元前1895年生活在埃及的閃族游牧民族

另一方面，定居的農耕民也學會了紡織，還學會了製作陶器等其他生活必需品。農耕文明和游牧文明一經分化，必然導致兩者之間出現更頻繁的貿易和掠奪。比如在蘇美地區，那裡既有耕地又有沙漠，游牧民部落只好在耕地旁搭建帳篷。他們之間很可能進行交易，不過也有偷盜和詐騙，就像今天的吉普賽人的所作所為一樣。（不過，他們肯定不會偷雞，因為在西元前1000年之前，雞這種動物還生活在原始森林裡，並沒有成為家禽。）游牧民往往用寶石、金屬製品和各種皮貨換回農耕民的陶器、珍珠、玻璃製品、衣服和其他手工製品。

在蘇美地區和古埃及的早期文明時代，曾有三個半漂泊、半定居的種族在三個主要的地區生活。遠在歐洲的森林裡，生活著皮膚白皙的北歐人，他們是較低等的狩獵或游牧種族。在西元前1500年前的原始文明時期，這個種族十分少見。在遙遠的東亞草原上，各個蒙古部落──他們是匈奴人──開始馴養野馬，他們隨著季節的變換，在冬季草場和夏季草場之間不斷地遷居，其足跡遍布遼闊的大草原。當時的北歐人和匈奴人之所以沒有發生接觸，原因可能是被俄羅斯的沼澤地和面積比今日更寬闊的裏海隔離開來。當時的俄羅斯，大部分土地都是沼澤地。

第 16 章　原始游牧民族

在如今已經變得乾燥的敘利亞和阿拉伯沙漠裡，皮膚暗白或淺黑的閃族人趕著成群的綿羊、山羊和驢，穿梭於不同的草場。這些閃族的牧民和那些從南波斯來膚色更黑的伊拉姆人，才是最早接觸早期文明的人。他們有時為了貿易，有時為了掠奪，後來他們中間那些有勇有謀的人，終於成為征服者。

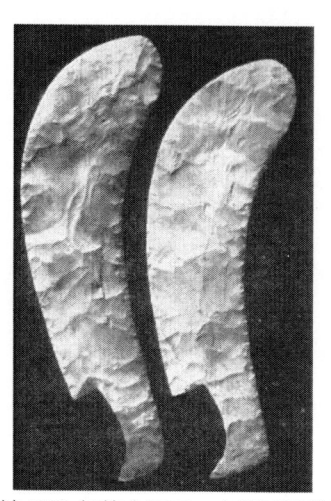

西元前4500年的火石刀，由英國原始學科學院1922年於埃及第一王朝墓葬群發掘

大約在西元前2750年，偉大的閃族人的領袖薩爾貢（Sargon）征服了整個蘇美爾地區，他統治了從波斯灣到地中海這一廣大的地區。薩爾貢是一個目不識丁的文盲，但他的臣民阿卡德人學會了蘇美的文字，他把蘇美語定為官方語言和智者使用的語言。他建立的帝國一直延續了兩個世紀，然後才走向滅亡。

去勞動的埃及農民

之後，閃族人在蘇美地區開始強大起來，不過，最後統治這片地區的還是閃族的伊拉姆人。他們把都城建立在一個傍河的名叫巴比倫的地

方，並稱自己的國家為巴比倫第一帝國[09]。西元前2100年，偉大的巴比倫帝國國王漢摩拉比（Hammurabi）進一步鞏固了國家政權，並制定出歷史上非常有名的，也是最早的一部成文法典——漢摩拉比法典。

阿卡德的納拉姆辛（Naram-Sin of Akkad）國王勝利石碑。這個國王是薩爾貢一世的兒子，是一位偉大的征服者。石碑於西元1898年在波斯的蘇薩廢墟中被發現。

狹長的尼羅河流域的城市不像美索不達米亞地區的城市那樣經常遭受游牧民族的侵擾。但是，在漢摩拉比統治時期，閃族人成功地入侵了埃及，建立了法老統治的「牧人王朝」[10]。雖然這種統治持續了幾個世紀，但是閃族人始終沒有被埃及人同化，因為埃及人一直都把他們當成外來入侵者和野蠻人加以敵視。直到西元前1600年，閃族人才被埃及的起義者趕出埃及。

然而，在蘇美爾地區，閃族人和當地人完全融合，並被完全同化。從語言上來看，巴比倫帝國可以說是閃族的一個分支。

---

[09] 巴比倫時期，始於伊辛—拉爾薩時期（約西元前2017年—前1763年）至古巴比倫第一王朝（約西元前1894年—前1595年）結束，古代兩河流域（幼發拉底河和底格里斯河）歷史時代。西元前16世紀初，為西臺人所滅。——編者注
[10] 牧人王朝，西元前18—16世紀統治埃及，亦稱「西克索王朝」。——編者注

第 17 章　最早的航海英雄

　　人類最早使用船應該是在 25,000 年到 30,000 年以前。在新石器時代末葉，人們就靠著長木頭或充滿空氣的獸皮囊在水上來往。在埃及和蘇美爾地區，人們很早就使用一種像籃子一樣的外面蒙著獸皮的小船，這種小船至今仍在這些地區使用。無獨有偶，在愛爾蘭、威爾斯和阿拉斯加等地，如今也有這種小船在使用。今天橫渡白令海峽的工具仍是用海豹皮蒙起來的小木船。隨著造船工具的不斷改進，除了獨立木舟之外，小船也出現了，隨後大船也自然而然地出現了。

　　諾亞方舟這個大家非常熟悉的傳說，應該就是為了紀念最初的造船事業獲得的功績。就像廣泛流傳於世界各民族中的洪水故事一樣，這個傳說或許也是從地中海一帶水患眾多的窪地開始流傳的。

　　早在金字塔建成以前，在紅海上就已經有了船在航行。而在地中海和波斯灣，則在西元前 7000 年左右才出現船。這些船大多數都是漁船，不過也有商船和海盜船。根據我們已知的情況，我們有充分的理由相信：最初的航海者肯定是能搶就搶，只在萬不得已的時候才進行交易。

　　最初的船一般都是在風平浪靜，常常一連幾天都在不見風浪的內海上航行，所以靠以風為動力的帆船並沒有得到快速的發展。裝備完善、用來在大風大浪的海上航行的大帆船，還只是最近的四百年發展起來的。古代世界的船基本都是以划槳為動力，只能在沿海地區航行，一旦遇到風浪可以馬上回到港口。當龐大的甲板船出現時，使用戰俘在船上作苦力的現象也隨之出現了。

　　我已經在前面介紹了閃族人漂泊和游牧在敘利亞和阿拉伯等地，他

們征服了蘇美爾，先建立阿卡德城，然後建立巴比倫第一帝國。這些閃族人同時也出現在西方的海上。他們在地中海東岸建造了很多港口，其中最重要的是提爾港和西頓港。到巴比倫的漢摩拉比時代，閃族人集貿易者、漂泊者和開拓者於一身，勢力遍布整個地中海。這些在地中海航海的閃族人被稱為腓尼基人。後來，他們大部分在西班牙定居下來，並趕走了居住在伊比利半島上的巴斯克人，然後，他們穿過直布羅陀海峽，在北非北海岸建立了一些殖民地。腓尼基人建立了一座非常重要的城市——迦太基，我在後面會詳細介紹它。

然而，腓尼基人並不是在地中海最早使用單層甲板大船的民族。當時，在地中海沿岸和島嶼上早已有了城鎮，那裡居住著愛琴人。他們與西邊的巴斯克人，南邊的柏柏人和埃及人在血緣和語言上存在著親緣關係。不要把愛琴人和希臘人混淆，在我們這本書中，希臘人出現的時間要晚得多。愛琴人是希臘人的前身，他們在小亞細亞和希臘建立了自己的城市，比如邁錫尼和特洛伊。在克里特島和克諾索斯，愛琴人還在那裡建造了宏偉的宮殿。

經過考古學家的辛勤發掘，直到最近的五十年間，我們才知道了愛琴的勢力範圍和他們的文明程度。其中，他們重點、全面發掘的是克諾索斯。所幸的是，這片土地上再沒有興建過大得足以破壞這遠古廢墟的城市，所以，這一殘存的廢墟成為考古學家研究這一度被遺忘的文明的重要標本。

克諾索斯的歷史和埃及的歷史

位於邁錫尼的珍品房屋

第 17 章　最早的航海英雄

一樣古老。早在西元前 4000 年，這兩個國家就在地中海上進行貿易。在西元前 2500 年左右，也就是在薩爾貢一世和漢摩拉比統治時代，克里特文明達到巔峰。

準確地說，克諾索斯不是一座真正意義上的城市，它的建築只是一座克里特王和他的臣民居住的龐大宮殿，四周連城牆都沒有。後來，日漸強大的腓尼基人和從事海盜勾當的希臘人不斷從北方渡海前來侵擾，為了防禦這些入侵者，才在宮殿的周圍修建了圍牆。

克諾索斯的宮殿，金鑾殿上的壁畫

埃及的統治者被稱為法老，而克里特島的統治者被稱為米諾斯。他住在設施齊全的宮殿裡，裡面甚至還有活水浴室，這些設施在其他國家的遺跡中很難見到。他經常在宮殿裡舉行祭典和各種表演，有時還舉行鬥牛比賽。參賽選手的服飾和今天西班牙鬥牛選手的服飾非常像。此外，那裡還經常舉辦各種體育比賽。那裡的婦女的服裝非常講究，款式很時髦，有束胸和多褶的裙襬。他們製作的陶器、紡織品、雕像、繪畫、珠寶、象牙工藝品、金屬製品、鑲嵌工藝品都美到讓人驚嘆。他們還有自己的文字，不過這些文字至今仍無人能夠翻譯。

這種繁榮而美好的文明持續了近2,000年。西元前2000年左右，克諾索斯和巴比倫居住的都是生活條件優越的有教養的人。他們生活愜意，喜歡欣賞各類表演和宗教儀式。他們的衣食住行由奴隸打理，他們的財富也由奴隸去創造。在碧海環繞的克諾索斯，那裡的人盡情享受著美好的生活。此時的埃及，在「牧人王朝」的野蠻統治下，國家日漸衰落。一個對政治敏感的人會發現：閃族人正在四處擴張。他們征服了埃及，占領了遙遠的巴比倫，在底格里斯河的上游建造了一座著名的城市——尼尼微城，並且還向西航海到達直布羅陀海峽，沿途建立了很多殖民地。

　　在克諾索斯，有一些精力充沛、富於想像的人，因為在後來的希臘中間就廣泛流傳著關於克里特的著名工匠戴德普斯試製一種滑翔機的故事。不幸的是，他在試飛過程中因為飛機解體而墜海。

　　把克諾索斯人的生活和現代人的生活做一下比較，是一件很有趣的事。那些生活在西元前2500前的克里特紳士認為隕鐵是一種非常罕見的金屬，屬於稀世珍寶。因為當時的人只知道隕鐵，還不知道從鐵礦石中冶煉出鐵。如今，鐵也是一種非常普通的金屬，到處都可以看到鐵製品。對克里特人來說，馬完全是傳說裡的動物，其實在當時，馬是生活在遙遠的黑海北邊荒原上的一種體型較大的驢子。他們認為，只有愛琴人居住的希臘，利底亞人、卡里亞人和特洛伊人居住的小亞細亞才存在著文明。這些地方的人的生活方式和克里特人相似，甚至連語言也沒有多大的差別。至於居住在西班牙和北非的腓尼基人和愛琴人，克里特人雖然知道他們的存在，但認為他們都是一些地處偏遠的民族。在當時，義大利還是森林遍地的無人之地，棕色皮膚的伊特拉斯坎人還沒有從小亞細亞移居到這裡。如果一個克里特紳士在碼頭上看到一個眼睛碧藍的戰俘，一定會萬分驚訝。他或許會和這個俘虜交談幾句，不過他聽到的

第 17 章　最早的航海英雄

全是一句也聽不懂的語言。於是他會認定這個戰俘一定是來自比黑海更遙遠的偏遠之地的野蠻人。

事實上，這個戰俘是雅利安人，關於這個民族的文化，我在後面會做詳細介紹。至於他所說的那種讓克里特紳士感到莫名其妙的語言，實際上正是日後分化成印度語、波斯語、希臘語、拉丁語、德語、英語等當今世界的主要語言的母體語言。

這就是全盛時期的克諾索斯人。他們知識淵博，富於遠見，性格開朗，樂觀向上。不過，在西元前 1400 年，他們的好日子走到了盡頭，災難突然降臨到他們頭上。米諾斯的宮殿被摧毀，再也沒有重建過，那裡因再也沒有人居住而成為一片廢墟。這場災難是如何發生的，無人知道。人們在廢墟裡挖掘出一些遺物，上面殘留著搶劫和火燒的痕跡。人們還在廢墟裡發現了那裡曾遭受過破壞力極大的地震的痕跡。克諾索斯究竟是毀於大自然的力量，還是毀於希臘人的掠奪，或者是地震和希臘人掠奪共同摧毀了這座城市，無人知道。

第 18 章　埃及、巴比倫和亞述

對於閃族人「牧人王朝」的統治，埃及從未俯首帖耳地臣服過。在西元前 1600 年左右，埃及人發動了一次起義推翻了異族的統治，埃及進入全面復興的時期，史稱「新帝國」。這個在「牧人王朝」統治期間一直處於分裂狀態的國家，此時完成了統一。以前的被征服和叛亂，使埃及王具有強烈的軍人精神，成為一個闖勁十足的征服者。他用繳獲的「牧人王朝」的戰車裝備自己的軍隊，然後開始對外開疆拓土。到圖特摩斯三世（Thutmose III）統治時期，埃及的勢力已經擴展到亞洲的幼發拉底河。

接下來我將介紹一場持續了千年之久的戰爭，它發生在兩個毫不相干的文明—美索不達米亞文明和尼羅河文明之間。在戰爭初期，埃及占據著明顯的優勢。在圖特摩斯三世、阿蒙霍特普三世（Amenhotep III）、阿肯那頓（Akhenaten）和哈特謝普蘇特（Hatshepsut）統治的第十七王朝，以及拉美西斯二世（Ramesses II）（有人認為是摩西法老）統治了 67 年之久的第十九王朝，埃及都出現了高度的繁榮，國力強盛。然而，它還是被敘利亞和來自南方的衣索比亞人征服過。在美索不達米亞，先是巴比倫人掌握著統治權，然後是西臺人和大馬士革的敘利亞人掌握統治權。有一段時間，埃及被敘利亞人征服。尼尼微的亞述人的命運起伏不定，時辱時榮，有時他們的城市被征服，他們也只能屈身於異族的統治；有時他們又統治著巴比倫，而且還以征服者的姿態出兵攻打埃及。由於篇幅所限，對埃及人和小亞細亞人、敘利亞人和美索不達米亞的閃族人作戰的情況就不一一詳述了。不過我要說明的是：此時的軍隊中已經裝備了大量的戰車，而馬已經從中亞傳到這些古代文明國家，在戰爭和儀仗中已經廣泛使用。

第18章　埃及、巴比倫和亞述

阿布辛貝神殿

　　那些偉大的征服者，在遠古文明的晨曦中轉瞬即逝，比如征服尼尼微的米坦尼王圖什拉塔（Tushratta），征服巴比倫的亞述王提格拉特帕拉沙爾一世（Tiglath-Pileser I）等等。亞述終於成為當時軍事力量最強大的民族。在西元前745年，亞述王提格拉特帕拉沙爾三世（Tiglath-Pileser III）再次征服巴比倫，建立了史學家所謂的「新亞述帝國」。此時，冶鐵術也從北方傳入文明國家。亞美尼亞人的先驅西臺人首先學會了冶鐵，後來冶鐵術傳到了亞述。薩爾貢二世（Sargon II）──他是亞述的一位篡位者──開始用鐵製兵器武裝自己的軍隊，於是亞述人成了最早信奉鐵血主義的民族。薩爾貢的兒子辛那赫里布（Sennacherib）在率軍進攻埃及時全軍覆沒，不過，他的軍隊不是被埃及軍隊打敗的，而是染上了瘟疫。後來，辛那赫里布的孫子亞述巴尼拔（Ashurbanipal）──歷史上的著名人物，希臘名叫薩達那培拉斯（Sardanapalus）──在西元前670年征服了埃及。不過，此時的埃及本來就是一個被衣索比亞征服的國家，薩達那培拉斯只不過是取代了另一個征服者而已。

　　如果把這長達千餘年的漫長歷史中各國的版圖畫出來，我們會發現，埃及的版圖和顯微鏡下的變形蟲一樣，時大時小。我們還可以看

到，巴比倫人、亞述人、西臺人、敘利亞人等閃族人的命運也時好時壞，他們國家時而出現，時而消失，時而合併，時而分裂。在小亞細亞的西部，有一些愛琴人的小國家，比如以薩第斯為首都的利底亞和卡里亞等等。到了西元前1200年左右，古代文明世界中多了一些從東北和西北進入的新興民族。這是一些使用鐵製兵器和馬拉戰車的野蠻人，他們的到來對愛琴人和閃族人的文明造成劇烈的衝突。他們使用的語言，也是由雅利安語這一母體語分化形成的。

史芬克斯大道，從尼羅河延伸至卡納克神廟

此時，米底人和波斯人來到黑海和裏海北部地區。從當時的歷史紀錄來看，人們把他們和斯基泰人、薩馬提亞人混為一談。此外，亞美尼亞人從東北和西北方向，辛梅里亞人、佛里幾亞人和希臘人也從西北部海岸穿過巴爾幹半島來到這裡。後來，這裡的人被統稱為希臘民族。這些雅利安人無論來自東方還是西方，毫無例外都是侵略者和掠奪者。他們都是血緣相同，以前做過掠奪勾當的民族。以前，雅利安人在東部只是掠奪鄉民，如今他們來到西部地區後就瘋狂地攻打城市，把文明的愛琴人從他們的城市趕走。一部分愛琴人來到尼羅河三角洲地區尋找新的居住地，然而又被埃及人驅逐；另一部分，即埃托利亞人有可能從小亞

第18章 埃及、巴比倫和亞述

細亞渡海來到當時荒無人煙的澳洲,在那裡建立起自己的家園;還有一部分,也就是著名的非利士人,他們在地中海東南海岸建立了自己的城邦。

關於強悍的雅利安人與古代文明的關係,我在後面還要詳細介紹。在這裡我還要強調一下,古代文明時期,這一地區所發生的動亂和變遷,完全是因為西元前1600年到西元前600年之間來自北方森林的雅利安人的不斷侵襲造成的。

下一章我會介紹另一支閃族人——希伯來人。他們居住在腓尼基及菲利斯海岸後面的丘陵地區。到這個時代的末期,他們發展成在世界上占據著重要地位的民族——希伯來族。他們創造了一部對後來歷史影響深遠的重要著作,即希伯來《聖經》。這是一部集歷史、詩歌、箴言和預言為一體的輝煌鉅著。

卡納克神廟大柱廳

雖然美索不達米亞和埃及在西元前600年前後受到雅利安人的侵略,不過他們並沒有發生根本性的改變。埃及人和巴比倫人認為,以前希臘的愛琴人被驅逐、克諾索斯城被夷為平地,這樣的災難永遠不會發生在自己國家。在人類文明的搖籃之地,雖然王朝不斷地更迭,但人類文明始終在緩慢地向著更精細、更複雜的高等階段進步。在埃及,古代所建造的山形建築——金字塔經過了三千多年的歷史,如今吸引了全世界無數遊客前去參觀。後來,這一地區還增添了很多更新、更雄偉的建築,特別是在十七王朝和十九王朝時期,卡納克和盧克索神廟就是在這

個時期建造的。尼尼微城市的神廟、有翅膀的人頭牛身雕像，及國王、戰車、獵獅等浮雕，都是在西元前1600年到西元前600年之間完成的。這個時期也是巴比倫歷史上最光輝燦爛的時期。

高舉奢侈食品的埃及女奴隸

如今，人們在美索不達米亞和埃及兩地發掘出很多重要的歷史紀錄，比如商業帳目、故事、詩篇和私人信件等等。透過這些資料，我們可以了解到這些地方人們的生活狀況。比如，居住在巴比倫和埃及的底比斯城的富人們，他們的生活和如今的富人一樣的奢侈。他們住在裝飾豪華的房屋裡，衣著華麗，隨身佩戴著很多名貴的珠寶。他們時常大擺宴席，舉辦各種慶典，以音樂和舞蹈為消遣。他們周圍有大量的訓練有素的僕人可供使喚，還帶著私人醫生和牙醫。他們不喜歡長途旅行，最喜歡泛船尼羅河和幼發拉底河，特別是在夏天，乘船遊玩是最時髦的娛樂方式。他們以驢代步，馬在當時還只是用來拉戰車和舉辦慶典時作為儀仗使用，騾子則十分罕見。雖然在美索不達米亞有駱駝，但還沒有傳到埃及。在當時，最常用的是銅和青銅器具，鐵製器具幾乎沒有。儘管當時還沒有絲織品，但品質上乘的麻、棉和毛織品已經十分普遍。當時已經出現了小型的、不透明的玻璃製品，有多種漂亮的顏色。雖然有人已經開始鑲金牙，但是還沒有眼鏡，因為當時還沒有透明的玻璃。

古代底比斯人和巴比倫人的生活與現代人的生活最大的不同，在於

第18章　埃及、巴比倫和亞述

他們沒有貨幣。交易的方式主要是以物易物。在財力方面，巴比倫要比埃及更強盛。金和銀要用來交換別的東西，要麼被分成小塊保存起來。雖然貨幣還沒有出現，不過已經有了「資本家」，他們在金塊或銀塊上印上自己的名字和金屬的重量。商人和旅行者出門時都會隨身攜帶寶石，必要時在途中把它賣掉換取生活必需品。大部分的僕人和勞動者都是奴隸，他們沒有工錢，只能得到一些實物。在貨幣出現之後，奴隸制度也隨之瓦解。

位於埃德富的荷魯斯神殿

如果一個現代人走到這些繁華的城市裡，他們會發現市場上缺少兩種如今很常見的兩種食物—雞和雞蛋。所以，一名法國廚師在巴比倫肯定做不出什麼好菜。這兩種食物大概是在亞述帝國末期才從東方傳到這裡。

宗教在這個時期也得到很大的發展。用活人祭獻的做法早已被摒棄，用動物或麵人來代替。不過，腓尼基人，特別是他們在非洲建立移民區——迦太基的市民仍然以活人來祭獻。在古代社會，當一個偉大的領袖死去後，要用他的妻子和奴隸殉葬，也用折斷的弓箭當陪葬品，為的是讓死者在另一個世界也有人服侍和有武器可用。這種如今我們認為很愚昧的做法在埃及也很盛行，埃及人還把房屋、商舖、奴僕和家畜做

成模型來陪葬。後來，人們發掘出的這些模型，它們真實地展示著三千多年以前的古代民族所過的文明而安定的生活。

在雅利安人從北方的森林中走出來之前，古代世界就是這個樣子。印度和中國的文明也經過了類似的發展。在這兩個國家的大河流域，都發展出褐色人種建立城市國家。在印度，這種城市國家相對安定，不像在美索不達米亞和埃及的城邦經歷快速地發展，然後統一，它們更像是古代的蘇美和美洲的馬雅。至於中國的歷史，因為其中融合了大量的神話和傳說，還需要學者加以剔出。不過，這個時期的中國比印度更進步。在埃及的第十七王朝時，中國出現了一個稱為商代的王朝，皇帝兼祭司統治著諸侯。這些古代帝王的首要職責是主持季節性的祭天大典。如今，我們還可以看到商代的青銅器，它們製作得相當精美，使我們有理由相信：在這些精美的青銅器出現以前，中國文明已經存在了許多個世紀。

第 19 章　原始雅利安民族

在 4,000 年以前，也就是西元前 2000 年左右，歐洲中部和東南部以及亞洲的中部比今天更溫暖和潮溼，有大片的森林。從萊茵河到裏海的這一片遼闊地區，生活著一些原始部落。他們大多是碧眼金髮的北歐人種，用從同一母體語言深化而來的語言相互交流著。當時的北歐人種或許還不是一個人口眾多的民族，但他們的存在，早就被漢摩拉比統治下的巴比倫人和飽嘗民族入侵之苦的埃及所深知。

這些北歐民族，注定要在世界歷史中扮演重要的角色。他們最早把森林開闢成可以耕種的田園。最初，他們只有牛沒有馬，每逢遷居時，他們只有把帳篷和其他物品放在簡陋的牛車上。找到新的居住點時，他們用樹枝和泥土蓋起小屋。他們對死人實行火葬，而不是像淺黑人對死人實行土葬。如果死去的是一位重要的首領，他們就把他的骨灰放進甕中，埋在地下，再在上面堆一個圓土堆。這就是在北歐很常見的「圓塚」。淺黑人是把死者以端坐的姿勢埋在地下，他們的墳墓看起來呈長方形，被稱為「長塚」。

雅利安人種植小麥，用牛拉犁耕地，但是他們並沒有因此而過上永久定居的生活，往往在收穫之後就會遷移到下一個居住點。他們已經開始使用青銅器，到了西元前 1500 年左右，他們又有了鐵。他們也可能是冶鐵術的發明者。也許就在這個時期，他們開始用馬來拉東西。與地中海一帶生活安定的民族不同，他們的首領不是祭司，而是領袖。他們的社會秩序不是宗教式的也不是帝王式的，而是貴族式的。從很早的時期開始，有部分家庭就從普通家族中獨立出來，成為高貴的、居於領導地位的家族。

美麗而古老的雙耳瓶，
搭配有馬和其他動物

這個民族善於歌唱。在遷移的過程中，為了帶動大家的情緒，他們常常舉行宴會，飲酒狂歡，並且還有專門的吟唱詩人唱詩助興。在和文明社會接觸前，他們沒有自己的文字，吟唱詩人完全靠記憶來記住歌詞。這種作為娛樂的說唱形式對語言的發展發揮很重要的作用，最後使它成為非常精確優美的表現方式。也正是基於這一原因，後來由雅利安語分化形成的多種語言也具有這樣的優點。雅利安民族以敘事詩、史詩和宗教詩來表現自己民族的傳奇歷史。

雅利安民族的社會生活以部落首領的家為中心。當他們在某處居住時，首領居住的房屋是非常寬敞的木質建築，當然不遠的地方還有牧民居住的小屋和牲口棚。很多時間，雅利安人都聚居在首領居住的房子的大廳裡，舉行宴會，欣賞說唱，參加遊戲或是討論部族事務。首領和家人通常睡在屋裡或廳樓上，一般族民則隨便席地而臥，就像今天的印度家庭一樣。在這些部落中，除了武器、飾品、工具等物品屬於私人所有，其餘財產都屬公有，實際上這些部落就是一個族長制的共產社會。為了共同的利益，族長擁有牲畜和牧場。那時的森林和河流，則無人占為私有。

正當美索不達米亞和尼羅河的偉大文明繁榮興盛之時，雅利安民族也在歐洲中部、亞洲西部的廣闊土地上繁衍生息。從西元前 2000 年開始，他們開始入侵有著「日石文化」的其他民族。他們先後入侵法蘭西、不列顛和西班牙，然後分成兩股勢力向西方推進。其中一股勢力裝備著青銅武器，挺進到不列顛和愛爾蘭。曾經在不列顛島建造了龐大的卡納克石碑，在英格蘭建造了龐大的石柱的民族，在這一股勢力的衝擊之

第 19 章　原始雅利安民族

下，要麼被滅絕，要麼被征服。當他們到達愛爾蘭時，被當地人稱為蓋爾·凱爾特人。另一股勢力可能是血緣相近的民族，不過其中或許也有其他民族的成員，他們把鐵傳到了大不列顛。他們被稱為托尼·凱爾特人。威爾斯人的語言就是以他們的語言為基礎發展起來的。

凱爾特諸民族向南入侵西班牙。不僅與當時在這塊土地上仍然存在的擁有曰石文化的巴斯克人接觸，同時也和在沿海建立殖民地的閃族系腓尼基人往來。與此同時，各部落緊密聯合的義大利人也已經遷到當時還是一片蠻荒的亞平寧半島。當然，他們並不是總以征服者的身分出現。到西元前 8 世紀，羅馬城出現。不過，那裡只是臺伯河畔的一個商業小城，城裡居住著雅利安系的拉丁人，統治者卻是伊特拉斯坎的貴族和王室。

尼普爾城市遺址

有一股雅利安人的勢力曾向南擴張。在西元前 1000 年以前，說梵語的雅利安人就挺進到印度北部，並與那裡的由淺黑膚色人創造的德拉維文明接觸，從中學到不少東西。其他的雅利安民族似乎擴張到中亞地區，勢力範圍遠比今天這個民族的居住範圍廣闊。在東土耳其，至今仍生活著金髮碧眼的北歐種人，不過他們說的是蒙古語。

居住在裏海和黑海之間的古代西臺人，在西元前 1000 年以前就被阿美尼亞人征服，然後全部雅利安化。在亞述和巴比倫的東北部，這一民族正以野蠻的好戰者的姿態崛起，其中，斯基泰人、米底人和波斯人更

是聲名遠播。

不過，雅利安人對舊世界文明造成毀滅性的衝擊，是在他們穿越巴爾幹半島之後。西元前1000年前的若干個世紀，他們就已經南下進入小亞細亞。最先達到這裡的民族中，以佛里幾亞人最有名，隨後，伊奧尼亞人、愛奧尼亞人和多利安希臘人先後到來。到西元前1000年左右，他們把希臘本土和希臘諸島上的愛琴文明全部清除。邁錫尼和梯林斯等城市被摧毀，克諾索斯城從此也逐漸被人們完全遺忘。在西元前1000年前，希臘人就渡海來到克里特島和羅德島定居，並按照腓尼基人沿地中海沿岸建立商業城市的模式，在西西里島和義大利南部建立了許多城市。

就這樣，在提格拉特帕拉沙爾三世、薩爾貢二世和薩達那培拉斯統治亞述，並與巴比倫、敘利亞、埃及等國交戰的年代，雅利安各民族已經學到了文明，並在義大利、希臘和北波斯等地按照自己的需求對這些文明進行了改造。從西元前9世紀往後的600年時間裡，古代世界的歷史主線就是雅利安人如何發展壯大，如何冒險，如何征服閃族人、愛琴人、埃及人等。從表面上看，雅利安人獲得了全勝，不過，雅利安人與埃及人、閃族人在思想和制度上的爭鬥一直持續到他們獲得統治權之後的很久一段時間。說得更確切些，這一爭鬥貫穿了之後人類的整個歷史，一直到今天仍在進行著。

第 20 章　最後的巴比倫帝國和大流士一世帝國

　　在提格拉特帕拉沙爾三世和篡位國王薩爾貢二世的治理下，亞述成為一個軍事力量強大的國家。這點我在前面已經介紹過。這位篡位國王的真名並不叫薩爾貢，他之所以用這個名字，是為了讓被征服的巴比倫人想起在 2,000 年前建立古阿卡德帝國的薩爾貢一世，如此一來，巴比倫人會更容易接受他。此時，巴比倫雖然是一個被征服的國家，但其人口數量和地位都超過了尼尼微，因此，征服者對巴比倫的神馬爾杜克，以及商人和祭司都很尊重。到西元前 8 世紀，曾經到處都是殺戮，血雨腥風的美索不達米亞地區已經告別了野蠻時代，征服者開始使用懷柔策略最終贏得被征服者的心。在這一政策的作用下，新亞述帝國在薩爾貢死後還維持了一個半世紀。後來，亞述巴尼拔（也就是薩達那培拉斯）占領了南部埃及。

　　此後，亞述帝國分裂，國力迅速減弱。而透過奮發圖強而崛起的埃及終於在普薩美提克一世（Psammetichus I）統治時期趕走了亞述侵略者。尼科二世（Necho II）統治時期，他企圖發動一場入侵敘利亞的戰爭征服敘利亞。當時的敘利亞正與鄰國交戰，所以對埃及的入侵只能進行微弱的抵抗。就在這個時候，來自美索不達米亞東南的閃族系的迦勒底人和來自美索不達米亞東北部的雅利安族系的米底人結盟，對尼尼微發動進攻，於西元前 606 年攻下了這座城市。從這一年開始，人類的歷史有了準確的紀年時間表。

　　亞述遭到掠奪和瓜分。在北方，基亞克薩雷斯（Cyaxares）建立了米

底帝國，首都設在埃克巴坦那，領土包括尼尼微在內，東部一直到延伸到印度邊境。在米底帝國以南，是領土呈新月形的迦勒底帝國，也就是「新巴比倫帝國」。在尼布甲尼撒（Nabuchodonosor）的統治下，新巴比倫帝國擁有大量的財富，國力強盛。巴比倫最後一段偉大的歷史──可以說是最偉大的一段歷史──從此開始了。在以後的一段時間，米底帝國和巴比倫帝國和睦相處，基亞克薩雷斯還把自己的女兒嫁給了尼布甲尼撒。

在這期間，尼科二世也順利地征服了敘利亞。之前，也就是在西元前608年，他還在戰役中擊敗了猶大王國，並殺死國王約西亞（Josiah）。然後，他率兵向幼發拉底河出發，目標當然不再是已經衰落的亞述而是日益強盛的巴比倫。但是，尼科二世的軍隊遭到迦勒底人的頑強抵抗，最後被擊敗，狼狽逃回埃及。巴比倫乘機把領土擴張至埃及邊境。

西元前606年到西元前539年，雖然新巴比倫帝國處於並不安定的環境中，但由於和北方那個強大、穩定的米底帝國和平相處，所以國內仍然極為繁榮。在這67年中，巴比倫國內不僅物質豐富，而且文化也高度繁榮。

發現於波斯廢墟之中的波斯君主

即使是在亞述各代帝王的統治下，巴比倫始終都是文化活動的中心，在薩達那培拉斯統治時間這一點特別突出。雖然薩達那培拉斯是亞述人，但已經完全巴比倫化。他建了一座大型圖書館，當然裡面收藏的不是紙質圖書，而是自蘇美時代以來美索不達米亞地區的黏土刻字泥板。如今，他收藏的這些泥板已經挖掘出來，它們可能是世界上最珍貴的歷史資料。巴比倫的最後一位國王那波尼德（Nabonidus）是迦勒底人，他對文學有濃厚的興趣，並

第 20 章　最後的巴比倫帝國和大流士一世帝國

鼓勵研究古書。當他手下的學者研究出薩爾貢一世登基的年代時，他立刻命令把這一史實刻在石碑上加以紀念。在他統治期間，帝國內出現了一些分裂的徵兆，為了加強集權統治，維持帝國的統一，他下令把國內各地的地方神都集中到巴比倫，然後為祂們修建了廟宇。這種做法後來被古羅馬人仿效過，並且獲得了成功。然而在當時的巴比倫，這種做法卻引起了信奉巴比倫的守護神——馬爾杜克的祭司們強烈不滿。他們密謀換掉現在的國王那波尼德，然後請鄰國米底帝國的國王波斯人居魯士（Cyrus the Great）當巴比倫的國王。在這之後，居魯士因為征服了小亞細亞東部富有的利底亞國王克羅伊斯（Croesus）而聲名遠播。在巴比倫國祭司們的操縱下，他率兵進攻巴比倫，僅在城外打了一仗，城門內的人就打開門迎接他入城。就這樣，居魯士在西元前 538 年不費吹灰之力就攻占了這座城市。據《聖經》記載，當時的那波尼德的兒子——伯沙撒（Belshazzar）正在設宴狂歡。突然，一隻手伸了進來，在牆壁上寫下一些神祕的字跡：「彌尼，彌尼，提客勒，烏法珥新」。四大先知之一的但以理[11]（Daniel）翻譯這些隱語，但以理說：「上帝已經算出你帝國的年數已盡，但他在天平上稱出你的分量不夠重，所以把你的帝國分給米底人和波斯人。」那些信奉馬爾杜克的祭司們對牆壁上的字跡的來歷應該知道得一清二楚。據《聖經》記載，伯沙撒當晚就被殺死，那波尼德被關進監獄。由於這次占領並未大動干戈，所以人們對馬爾杜克的祭典照常進行。

巴比倫帝國和米底帝國就這樣統一起來。居魯士的兒子坎比塞斯（Cambyses）後來又征服了埃及，不過，他自己則由於發瘋而死於非命。在他死後，居魯士的寵臣希斯塔斯佩斯（Hystaspes）的兒子、米底人大流士繼位，他就是大流士一世（Darius the Great）。

---

[11] 但以理，四大先知之一，另外三個是以賽亞（Isaiah）、耶利米（Jeremiah）、以西結（Ezekiel）。
　　——編者註

波斯廢墟。波斯帝國的帝都，被亞歷山大大帝燒毀

位於波斯波利斯的薛西斯大走廊

　　大流士一世統治的波斯帝國，是古代文明史上最早的新雅利安帝國，也是版圖超過以前任何國家的帝國，它的領土包括小亞細亞和敘利亞，原亞述帝國，巴比倫帝國，還擁有埃及、高加索和裏海地區，經及米底和波斯等地，領土一直延伸到印度河。這樣一個龐大的帝國之所以能建立起來，與當時的客觀條件——馬匹、騎兵、戰車和寬闊的大道——分不開。在以前，驢、牛、駱駝是最方便的交通工具，如今，波斯的統治者為了管理新的帝國，建築了許多寬闊、平坦的大道。驛站裡準備著很多驛馬，以供帝國的信使或其他得到官方許可的旅行者使用。

101

第 20 章 最後的巴比倫帝國和大流士一世帝國

鑄幣開始出現，極大地推動了貿易的發展。不過，這個繁榮的大帝國的首都已不再是巴比倫，儘管巴比倫仍是帝國的一個重要城市，但開始日漸衰落。波斯波利斯、蘇薩和埃克巴坦那成為帝國新崛起的重要城市，蘇薩還成為帝國的新首都。尼尼微已被人們棄置，後來成為一片廢墟。所以從結果來看，那些信奉馬爾杜克的祭司們的背叛並沒有得到多少好處。

第 21 章　早期的猶太人

現在,我們來談談希伯來人,它是閃族系的民族。這個民族在當時的重要性,遠遠不如它對後世的影響。在西元前 1000 年之前,希伯來人就定居在猶太,首都一直是耶路撒冷。希伯來人的歷史和埃及、敘利亞、亞述和巴比倫等周圍各大帝國的歷史緊密相連,他們的國土是北方各國通往埃及的必經之地。

希伯來人之所以世界歷史上如此有名,是因為他們創造了一部不朽的文字作品。它是集世界史、法律、紀年學和讚美詩為一體,又是融箴言、詩歌、小說和政治議論為一爐的偉大作品。後來,這部著作被基督徒稱為《舊約》,即希伯來《聖經》。它出現的時間在西元前 4 世紀或西元前 5 世紀。

《舊約》的首次編寫或許是在巴比倫整理完成的。前面已經講過,當埃及法老尼科二世入侵亞述帝國時,亞述正竭力與米底人、波斯人和迦勒底人作戰。猶大國王約西亞率眾反抗尼科二世,於西元前 608 年被殺死,從此,猶大國成為埃及的附屬國。後來,巴比倫的迦勒底國王尼布甲尼撒把尼科二世趕回了埃及,他計劃在耶路撒冷安排一個傀儡國王,不過他的這一計畫沒有實現,猶太人把巴比倫派來的所有官吏全部殺死了。所以,尼布甲尼撒決定把這個隔在埃及和北方帝國中間的小國徹底滅掉。於是,在西元前 587 年,耶路撒冷遭到掠奪和焚燒,倖存的猶太人被當成戰俘押回巴比倫。

這些猶太人一直被關在巴比倫,直到西元前 538 年居魯士攻下巴比倫,這些猶太人才被釋放回歸故國,然後,他們在耶路撒冷重建聖殿。

第 21 章　早期的猶太人

在此之前，猶太人似乎並不是一個非常開化而團結的民族，能讀會寫的人寥寥無幾。從他們自己的歷史來判斷，沒有一個人讀過《聖經》，哪怕是前幾篇。一直到約西亞時代的歷史才提到這本書。成為巴比倫囚徒的恥辱既讓他們更加開化，也讓他們更加團結。回到耶路撒冷之後，他們真正意識到本國文學的重要，並逐漸成為有敏銳頭腦和政治才能的優秀民族。

當時，《聖經》只有前五卷，也就是我們所知的《舊約》開頭的五篇。除此之外，還有一些獨立的篇章，比如編年史、讚美詩和箴言，他們後來和前五卷一起收入希伯來《聖經》裡。

《聖經》以創世、亞當和夏娃、大洪水的故事為開頭，和巴比倫的傳說幾乎完全一樣，這些似乎是所有閃族人共同信仰的一部分。關於摩西（Moses）和參孫（Samson）的傳說，也與蘇美、巴比倫的傳說如出一轍。不過，關於亞伯拉罕（Abraham）的傳說和之後的內容，則明顯帶著猶太民族自己的特色。

亞伯拉罕很可能生活在漢摩拉比統治時期的巴比倫，他是族長制朝代的閃族牧民。在《聖經·創世紀》一篇中，介紹了關於他漂泊的故事，他的兒子和孫子故事，以及他們成為埃及人俘虜的故事。《聖經》中記載，當亞伯拉罕漂泊到迦南時，上帝把這塊有著繁榮城市的土地賜給了他和他的子孫。

亞伯拉罕的後代在埃及居住了很多時間，後來，他們在摩西的率領下在外漂泊了整整 50 年，期間，由於人口不斷增多，他們分成了 12 個部族。後來，他們經過阿拉伯沙漠向迦南挺進，此事可能發生在西元前 1600 年到西元前 1300 年之間的某一個時間。關於摩西和當時的迦南，埃及的歷史資料中沒有任何有用的紀錄。不過，可以肯定的是，除了占領迦南的一些丘陵地帶外，此次入侵沒有獲得實質性成功。在當時，地

中海沿岸一帶並沒有掌握在迦南人手中，而是被新來的愛琴人和非利士人控制著，並且建立了加沙、加多、阿什杜德和喬帕等城市。希伯來人向這些城市發起進攻，不過這些城市都沒有被他們攻占。所以，希伯來人一直居住在丘陵地帶，始終是一個毫不起眼的民族。他們不斷地與非利士人以及與其同種的摩押人和米底人發生爭戰。讀者可以在《舊約‧士師記》中讀到他們在這期間的失敗和不幸。從某種程度上來說，《士師記》[12]就是希伯來人不幸和失敗的最真實的紀錄。

在這一時期的大部分時間，希伯來人都是由長者們挑選出來的類似祭司的士師來管理。後來，在西元前1000年，他們選出了第一個國王，他的名字掃羅（Saul），由他作為戰爭的領袖。然而，掃羅的領導才能並不比士師出色，他自己也在吉爾布亞山的戰役中被非利士人用箭射死，他所穿的盔甲被送到非利士人的維納斯神廟裡被供奉起來，他的屍體則被放到貝塞香的城牆上。

掃羅的繼承人大衛（David）比掃羅更有策略，獲得了更大的成功。在大衛統治時期，希伯來人迎來第一次空前繁榮，其根本原因在於和腓尼基的泰爾城結成聯盟。泰爾城的國王希蘭（Hiram I）既有宏大的抱負，又善於勵精圖治，他計劃開闢一條途經希伯來人居住的丘陵地帶直通紅海的貿易通道。在當時，腓尼基商人要到紅海做貿易，必須經過動盪不安的埃及，加之沿途還有其他種種障礙，所以，希蘭就與大衛以及大衛的兒子也就是王位繼承人建立了非常友好的關係。在希蘭的幫助下，耶路撒冷建起了城牆、宮殿和神殿。作為回報，腓尼基商人得到希伯來人的保護。於是，南來北往的大規模商業貿易就在此蓬勃發展起來。所羅門（Solomon）也帶領希伯來民族走向了空前的繁榮，他自己還娶了埃及法老的女兒為妻。

---

[12]《士師記》是《舊約聖經》中的一卷，其內容主要記述鬼魔的宗教如何纏繞為害以色列人民，以及耶和華怎樣憐憫和拯救悔改的百姓們。——編者注

第 21 章　早期的猶太人

不過,即使是耶路撒冷的繁榮達到巔峰,它仍然是一個小城邦。所羅門王的權威並沒有長久存在,而是如曇花一現。在他死後沒有過幾年,耶路撒冷就被埃及第二十三王朝第一任法老攻陷,所有財富都被洗劫一空。對《舊約》的《列王記》和《歷王記》所描繪的所羅門的富貴繁華,很多現代的評論家曾給予置疑,認為那不過是後人出於愛國心理而加以誇張的粉飾。不過,如果仔細

巴比倫山丘,
山丘下面是偉大的宮殿尼布甲尼撒的遺址

閱讀《聖經》的記載,又會發現所羅門王國的豪華程度並沒有首次閱讀時那樣讓人驚嘆。所羅門的宮殿的規模和郊區的小教堂相當。如果我們從亞述人紀念碑上得知,所羅門的繼承人曾派遣一支 2,000 人的軍隊和亞述軍隊交戰,那麼對於所羅門有 1,400 輛戰車就不再感到驚訝了。《聖經》上還說,所羅門王愛慕虛榮,在他統治時期,百姓承擔著沉重的賦稅和勞役。所羅門王死後,王國的北部地區便從耶路撒冷分裂出去,成為獨立的以色列王國。不過,耶路撒冷仍然是猶太國的都城。

希伯來人的繁榮並沒有長久維持下去。在希蘭死後,耶路撒冷失去了泰爾城的幫助。不久之後,埃及再次興盛起來。於是以色列和猶太國的歷史就成了夾在強國之間的兩個小國的歷史,北方先是敘利亞,然後是亞述,後來是巴比倫,南方是新崛起的埃及。這段歷史充滿了兵災人禍,不過是野蠻的國王統治野蠻民族的歷史。西元前 721 年,以色列王

國遭到亞述進攻並被攻占，所有人都成為俘虜，以色列的歷史到此結束。猶大王國則堅持戰鬥，直到西元前 604 年才被攻陷。《聖經》中所記載的自「士師」時代[13]以來的希伯來歷史，除某些細節有批評和探討的餘地外，大體上都是明確和真實的。這已經被那些從上個世紀在埃及、亞述和巴比倫發掘的歷史遺跡所證明。

伊絲塔城門，位於巴比倫城的入口。牆磚燒出了色彩斑斕的公牛浮雕

　　希伯來人是被關押在巴比倫期間開始整理自己的歷史，並發揚民族傳統。當他們被居魯士釋放回國時，無論是精神上還是知識上，都和被俘虜時大不相同。他們已經成為文明人。在此，我要特別提及在希伯來人民族性的發展中發揮著重要作用的群體——先知。先知的出現，代表著在人類社會的發展過程中，一種全新的、明顯的力量已經形成。

---

[13]「士師」時代（西元前 13 世紀—西元前 1030 年），以色列猶太人所處在的部落聯盟時代。——編者注

第 22 章　猶太的祭司和先知

　　亞述和巴比倫的衰落，僅僅是即將降臨到閃族人頭上的一系列災難的開始。在西元前 7 世紀，幾乎整個文明世界都被閃族人控制。他們統治著龐大的亞述帝國，並征服了埃及，亞述、巴比倫和敘利亞全都是閃族系人統治的國家。世界的貿易也基本全掌握在閃族人手中。他們在腓尼基的海岸建立了一大批城市，如泰爾、西頓等，此外，他們還在西班牙、西西里島和非洲建立的殖民地的人口甚至超過了本土。西元前 800 年建立的迦太基城，此時的人口已經超過 100 萬，在相當長的一段時間內，它都是世界上最大的城市。從這裡出發的航海船經常駛向不列顛，有時還向遙遠的大西洋航行，甚至曾到達過馬德拉島。在希蘭和所羅門為了發展和阿拉伯及印度的貿易時，曾經在紅海合作建造海船。在尼科王統治時期，曾有一支腓尼基探險船隊繞非洲航行了一周。

　　在那個時候，雅利安各族還未開化，只有希臘人在過去的廢墟上建立新的文明，此時的米底人，正如一塊亞述碑文上所記載的那樣，已逐漸成為中亞地區一個「難以對應」的部落。西元前 800 年，誰也不會預想到，到西元前 3 世紀，雅利安人竟會取代所有閃族人的統治，還迫使閃族人稱臣進貢，甚至被四處驅散。除了生活在阿拉伯北部沙漠的閃族系貝都因人沒有被雅利安人征服，依然過著薩爾貢一世和他統治的阿卡德人出征蘇美爾以前的游牧生活方式外，其他各處的閃族人都被征服了。

　　在這戰火不斷的 500 年間，閃族人不斷遭受迫害，其文明也被嚴重破壞。只有一個閃族系民族始終緊密團結，保留著其古老的傳統，它就是被居魯士釋放回到耶路撒冷的猶太人。他們之所以能做到這一點，根

本原因是他們在巴比倫時編寫的那部文獻——《聖經》。所以說，與其說是猶太人創造了《聖經》，還不如說是《聖經》創造了新的猶太人。整部《聖經》所展現的，是一種與其他民族大不相同的民族精神——奮進和忍耐。在 2,500 年的艱苦、冒險和被壓迫的生活，讓他們執著地堅持這種精神。

猶太精神的堅固基石，在於他們的上帝是遙遠的而不可見的。他們的上帝並非居住在用手建造的廟宇中，而是全世界的正義之神。其他各民族也有自己信奉的神，但是他們都被物化為廟宇裡的神像，一旦廟宇和神像被摧毀，他們對神的信仰也隨之消失。然而猶太人的上帝住在天國，超越一切祭司的犧牲，這是一種全新的宗教觀念。猶太人始終堅信，亞伯拉罕選擇他們作為子民，是要讓他們復興耶路撒冷，使之成為全世界的真理和正義之城。猶太民族依靠這種共同的命運意識，最終實現崛起。這種意識，自他們從巴比倫返回耶路撒冷那一刻起，就已經根植於他們的靈魂深處。

在那個充滿征服和顛覆的時代裡，大批講著相同的語言，有著相同的風俗、癖好和傳統的巴比倫人、敘利亞人和後來的腓尼基人，都被這種精神所折服，紛紛要求加入這一民族，並履行承諾。這難道是某種神蹟嗎？在泰爾、西頓、迦太基以及西班牙的其他腓尼基人建造的城市衰亡後，腓尼基人突然從歷史上消失了。不過，我們同時也發現，不只是耶路撒冷，還有西班牙、非洲、埃及、阿拉伯以及世界的東方，哪裡有腓尼基人的足跡，哪裡就有猶太人的團體。他們透過閱讀《聖經》而團聚在一起。從某種意義上說，耶路撒冷只是猶太人名義上的首都，他們真正的首都是《聖經》。這是一種全新的歷史現象，它的根源可以追溯到蘇美人用現代文字取代楔形文字時。猶太民族是一個與眾不同的民族，他們沒有國王，沒有廟宇，而是依靠《聖經》中的文字產生的偉大力量緊密團結在一起。

第 22 章　猶太的祭司和先知

　　猶太民族這種精神上的團結，絕不是哪個祭司或國王有計畫、有預想促成的。隨著猶太民族的發展，在人類歷史上不僅出現了一種新的民族，而且還產生了一種新類型的人。那些以廟宇為中心的民族，被祭司的智慧所操縱，被國王的野心所驅使。讀者們從《聖經》中可看出來，這種新類型的人——先知，的確是存在的。

薩爾瑪那薩爾二世（Shalmaneser II）的黑色方尖碑，亞述王時期的方尖碑（現藏大英博物館），飾有楔形文字，展示了「以色列國王耶戶（Jehu）稱臣進貢」的情景

　　希伯來人的分裂越嚴重，先知的重要性就越明顯。

　　那麼，這些先知到底從何而來呢？他們的出生並不一樣。比如，先知伊齊基爾（Ezekiel）出生於祭司階層，先知阿摩司（ʾĀmôs）則身穿羊皮襖，出生於牧羊人家庭。但是，不管出生如何，他們都有一個共同點：把忠誠獻給代表真理的主，直接與民眾對話。

　　先知從不需要經過任何人的許可和任命。「神的旨意降臨在我身上」就是成為先知的任命形式。他們有著強烈的政治熱情，鼓勵人們反抗埃及，因為它是「折斷的蘆葦」（比喻邪惡和不可靠），同時也鼓勵人們反抗亞述和巴比倫。他們譴責懶惰，抨擊祭司階層，聲討國王的暴虐。他們之中的一些人，致力於我們今天所說的「社會改革」。他們透過宣傳讓人們知道：富人正在壓榨窮人；生活奢侈的人正在浪費孩子們的麵包；有

權勢的人正與異族人勾結,並學習民族的享樂之風和其他惡習。這一切都是上帝耶和華所憎惡的。這些人所在的國家一定會受到上帝的懲罰。

另一組黑色方尖碑,俘虜首領正在朝拜薩爾瑪那薩爾二世

這些痛斥被記錄下來,警示世人。凡是猶太人居住的地方,先知都會出現。先知們到處宣傳這種新的宗教精神,告誡人們遠離祭司和神廟,遠離宮殿和國王,引導人們追尋正義和真理,這是先知在人類歷史上所發揮的最重要的作用。在約書亞[14](Joshua)的偉大演說中,先知的聲音昇華成一個美好的預言:全世界將在唯一的真主的庇護下走向和平及統一。猶太人的預言,在此達到了巔峰。

當然,並不是所有的先知都堅持和約書亞一樣的主張,他們所寫的書中充滿著仇恨、偏見以及對如今的人仍然有害的言論。儘管如此,我們也應該承認:正是從巴比倫釋放的先知們,象徵著人類出現了一股新的力量。它呼籲自我和自由意志,把人們從偶像崇拜和奴隸式的愚忠的束縛中解救了出來。

---

[14] 約書亞,是嫩(Nūn)的兒子,是《舊約聖經》記載的一個希伯來人領袖。——編者注

第 23 章　希臘文明

所羅門的統治結束之後[15]，分裂的以色列王國和猶大王國遭到破壞，人們遭到驅逐。就在關押巴比倫的猶太人發展自己的民族傳統時，另一種主宰人類精神的力量──希臘傳統也發展起來了。也就是說，在希伯來的先知致力於人民與永恆的正義和真理之神之間一種新的、直接的連繫時，希臘的哲學家正在用另一種全新的方法，訓練人們的頭腦，開啟人類的知識和智慧。

前面已講過，希臘人本是雅利安人的一個分支，他們是在西元前1000年以前移居到愛琴海附近的一些城市和島嶼上。有可能在埃及法老圖特摩斯在他征服的幼發拉底河對岸獵殺大象之前，希臘人就已經在那裡居住了。當時，美索不達米亞有大象，而希臘只有獅子。

攻打並焚燒克諾索斯城，有可能是希臘人做的。不過，儘管希臘神話中關於米諾斯及其迷宮的傳說，關於克里特島的能工巧匠的傳說，但沒有關於這次征戰勝利的傳說。

希臘人和其他大多數雅利安民族一樣，他們也有歌手和吟唱詩人，並且，他們把這些表演當成是一種重要的社交方式。在還沒有完全開化的階段，希臘民族就已經有了兩部非常偉大的史詩。其中一部是《伊里亞德》(*Iliad*)，講述的是希臘城邦聯軍包圍、攻占和掠奪小亞細亞的特洛伊城的故事；另一部是《奧德塞》[16]（*Odyssey*），講述的是希臘人的領袖奧德賽從特洛伊返回自己的國家的途中所經歷的冒險。這兩部史詩

---

[15] 西元前 960 年。──編者注
[16] 《伊里亞德》和《奧德賽》是由盲人詩人荷馬（西元前 800 年—前 600 年）所作，統稱為《荷馬史詩》，是古希臘重要的文學作品，也是整個西方的經典著作之一。──編者注

是在西元前 8 世紀到西元前 7 世紀之間寫成的，也正是在這個時期，希臘人從比他們更開化的城邦那裡學會了書寫字母。不過，據推測，這兩個故事的流傳時間，要比成書時間早很多。很多人認為，這兩部詩是由天才般盲詩人荷馬（Homer）寫成的，認為荷馬也像米爾頓（John Milton）寫《失樂園》(*Paradise Lost*)那樣，坐在家裡寫出來這兩部偉大的史詩。至於是否真有荷馬這個人，究竟是他原創了這兩部史詩，還是僅僅把它們記錄下來，歷來都是歷史大家爭論不休的問題。我們不必在這個問題做過多的糾纏。我認為知道希臘人在西元前 8 世紀就有了自己民族的史詩，這一點更重要。這兩部史詩屬於希臘各部族共同所有，它們已成為連繫各部族的紐帶，當希臘遭到外族入侵時，它們還能夠激發全體希臘人一致對外的意識。事實上，希臘民族本來就是一些親緣部族結合在一起形成的。最初，他們透過共同的語言，然後透過共有的史詩緊密連繫在一起。所有希臘人都有著相同的關於勇氣和品格的觀念。

荷馬（雕像）

根據史詩得知，當時的希臘人是一個沒有鐵、沒有文字，也沒有建立城市的野蠻民族。最初，他們居住在零散分布的村落裡。這些村落就位於被他們摧毀的愛琴人的城市廢墟周圍，小屋圍著首領居住的大屋。後來，他們開始修建城牆，還從被他們征服的民族那裡學會了建造神廟。據說，原始文明的城市是以部族神的祭壇為中心建立起來的，城牆最後才修建。但是，希臘人的城市卻是先修建城牆，然後再建造神廟。後來，希臘人開始發展貿易，並向外派出移民。到西元前 7 世紀，大大小小的城市在希臘的盆地和島嶼上建立起來。早期的愛琴人的

第 23 章　希臘文明

城市和文明已逐漸被希臘文明所替代。這些新建的城市中，以雅典、斯巴達、科林斯、底比斯、薩姆斯和米洛斯最有名。此外，希臘人還在義大利的西西里島、黑海沿岸建立了殖民地。靴子狀的義大利半島的「鞋跟」與「鞋尖」部分被稱為「大希臘」。他們還在以前腓尼基人的殖民地的舊址上建立了一座城市——馬賽。

這個時期，那些位於同一個大平原的國家，或是位於同一條大河沿岸——比如位於幼發拉底河或尼羅河沿岸——的國家，逐步走向了統一。比如，埃及和蘇美的一些城邦，都逐漸聚攏在一個政府的統治之下。但是，希臘各部族都分布在眾多的多山島嶼和山谷裡，它們各自為政，無論是小希臘[17]還是大希臘[18]都是這樣。所以，當希臘人首次出現在歷史上的時候，希臘還是眾多分散的獨立小城邦，還沒有聯合起來的跡象，甚至連種族也並不完全相同。這些城邦的居民主要有愛奧尼亞族人、伊奧尼亞族人和多利安族人。另外有一些城邦的居民，是希臘人和前希臘「地中海」部族的混血後代。還有一些城邦的居民，是純希臘種系的自由人，他們把被征服的人當成奴隸對待，比如在斯巴達。這些城邦的政治體制也大不相同，有些城邦處於由原有的統治者雅利安家族形成的貴族統治之下，有些城邦又實行全部雅利安市參與執政的民主政治，有一些城邦透過選舉產生或由世襲產生國王，有一些城邦則是被篡位的奪權者或暴君統治著。

希臘各城邦相互獨立和彼此不同的地理條件，使得這些城邦保持著很小的規模。即使是希臘最大的城邦，和美國的其他州比起來也如芝麻比西瓜。沒有人口超過 30 萬的城邦，就連人口達到 5 萬的城邦也很罕見。各城邦之間雖然因有相同的興趣和共同的利益而形成的邦交，但

---

[17] 小希臘是指希臘本土。——編者注
[18] 大希臘是指西元前 8 世紀—前 6 世紀，古代希臘人在義大利半島南部建立的一系列城市的總稱。——編者注

沒有真正意義上的聯合。隨著貿易的日益頻繁，各城邦之間開始結成聯盟，小城邦也尋求大城邦作為庇護者。但是，促使希臘各個城邦在情感上形成一個整體的，是這兩個原因：一是史詩，二是每過四年在奧林匹亞舉行一次的運動會。它們雖然沒有完全阻止城邦之間發生戰爭，但至少在一定程度上緩和了各城邦之間的對立。在運動會期間，為了保護觀看比賽的旅客，正在交戰的城邦必須休戰。後來，因這一傳統激發的情感越來越強烈，有越來越多的城邦參加奧林匹亞運動會，最後，除了希臘人之外，連那些有著親緣關係的北方國家，如埃爾比斯和馬其頓也派運動員參加比賽。

海王星（海神）宮殿，位於西西里島的帕埃斯圖姆

隨著城邦的貿易不斷發展，這些城邦的重要性也日漸增加。到西元前 7 世紀至西元前 6 世紀，希臘文明表現出一些新的特徵。希臘人的社會生活出現了與愛琴文明、大河流域文明不同的有趣變化。雖然他們也建造了宏偉的神廟，但是祭司並代表偉大的傳統。而在古代城市裡，祭司是一切知識的泉源，一切思想的寶庫。在希臘有首領和貴族，但是沒有被層層嚴密的組織所包圍的神聖國王。說得更準確些，希臘的政治組

第23章　希臘文明

織是貴族統治，占據統治地位的貴族之間保持著密切的關聯。因此，即使希臘有所謂的「民主政治」，事實上也不是貴族式的民主。在希臘，雖然每一個市民都有參與公共事務，參加民主集會的權利，但並不是每一個希臘人都是市民。希臘的民主政治與如今我們所說的「民主政治」——每個人都有投票選舉權的民主政治——完全不同，它一方面賦予了幾百或幾千市民民主權利，另一方面又剝奪了數以萬計的奴隸的自由和選舉的權利。通常而言，希臘的政事都由少數有權勢的人組成的集團操控，同樣，他們的統治者都是由貴族推選出來的，或是透過篡位而來的，這一點與埃及法老、克里特王、美索不達米亞王都是由賢能的、德高望重的人擔任明顯不同。所以，無論是政治上還是精神上，希臘文明都缺乏以往文明的自由。希臘人把在北方草原上過著游牧生活裡形成的積極主動的精神帶進了城市生活中，他們是歷史上最早的共產主義者。

我們發現，當希臘人從野蠻的戰爭中脫離出來後，在他們身上表現出了一種理智生活的傾向。我們還發現，那些並不是祭司的普通希臘人也開始探索並記錄知識，並思考生命和存在的意義。我們知道，在這以前，這些行為都還是祭司們的特權，也是獨立享有的消遣方式。在西元前6世紀時，也就是約書亞發表著名的演說的時期，希臘就出現了像米利都的泰利斯[19]（Thales of Miletus）、阿那克西曼德[20]（Anaximander）以及以弗所的赫拉克利特[21]（Heraclitus）這樣一些用我們今天的話來說是「獨立的精神紳士」這樣的一些人。他們對我們居住的世界進行了深入的思考，然後提出了一系列深刻的問題：世界真正的本質是什麼？世界從何而來，又要到哪裡去？他們摒棄了那些世俗的模稜兩可的答案。關於希臘人提出的一系列關於宇宙的疑問，我們在本書的後面部分還會進一

---

[19] 泰利斯，希臘最早的哲學學派——米利都學派的創始人，古希臘時期的思想家、科學家、哲學家。——編者注
[20] 阿那克西曼德，古希臘唯物主義哲學家，泰利斯的學生。——編者注
[21] 赫拉克利特，古希臘哲學家，是以弗所學派的代表人物。——編者注

步講述。這些在西元前 7 世紀開始引起人們關注的希臘學者，他們是世界上最早的哲學家，被稱為「智者」。

　　我們應該注意到，這一時期在人類歷史上是一個多麼重要的時期。在這一時期，希臘哲學家開始探索宇宙和人在宇宙中的位置的問題，約書亞把猶太人的預言提升到最高的水準，釋迦牟尼也在印度布道，中國的孔子和老子也在講學。這些在後面我都會進一步做介紹。從雅典到太平洋，人類的精神文明發生了極大的變化。

第 24 章　波希戰爭

　　正當希臘、義大利南部和小亞細亞的希臘城邦中的希臘人自由的探索理智，當巴比倫和耶路撒冷的最後一批先知為人類創造自由意識的時候，米底人和波斯人這兩個富有冒險精神的雅利安民族建立了一個規模空前龐大的波斯帝國。在居魯士統治時間，巴比倫和富庶的利底亞併入波斯版圖。地中海東海岸的所有腓尼基人建立的城市和小亞細亞的所有希臘人的城邦都必須向波斯進貢。此外，波斯王坎比塞斯已征服埃及。這樣，當波斯的第三位統治者──米底人大流士一世──統治波斯時，他已把自己看成是全世界的主宰。他的信使帶著他的命令從達達尼爾海峽到印度河，從埃及到中亞的廣闊土地上縱馬馳騁。居住在歐洲的希臘人，比如說那些居住在義大利、迦太基、西西里島和位於西班牙的腓尼基殖民地上的希臘人，雖然沒有被波斯帝國直接統治，但他們對波斯帝國都表示友善和敬意。唯一和波斯帝國硬碰硬的是雅利安系的斯基泰人，他們的祖先是南俄和中亞地區的游牧民族，他們不斷侵犯波斯的北部和東北部邊境。

　　當然如此龐大的波斯帝國，其臣民當然不會全都是波斯人，波斯人只是少數的處於統治地位的征服者，而其他民族，在波斯人到來之前就已經在這片土地上生活了，他們被強制使用波斯語言。帝國的大部分貿易和財政仍由閃族人控制，泰爾和西頓仍是兩個重要的港口，閃族人仍駕著船在大海上航行。長期在外奔走的閃族商人和實業家慢慢地從希伯來傳統和希伯來《聖經》中發現了一些有益的互相融通的歷史。後來，在波斯帝國境內，希臘人大量增加。他們逐漸成為閃族人在海上的強大競

爭對手。此外，希臘人不偏不倚的處事風格和充滿生氣的知識結構，也使他們成為帝國能幹、公正的政府官員。

精美的雅典陶器碎片，以雕像的形式展示了希臘商船上的帆和槳

大流士一世入侵歐洲，主要是因為前面已講過的斯基泰人的緣故。他企圖藉懲罰斯基泰人之機，征服俄羅斯南部──騎術高超的斯基泰人的故鄉。他建立了一支軍隊，然後率軍渡過博斯普魯斯海峽，再穿過保加利亞，最後抵達多瑙河。他命令士兵把船連起來建了一座浮橋，渡過多瑙河後向北方挺進。在行軍過程中，他的士兵吃盡了苦頭。因為他的士兵大部分都是步兵，斯基泰人的騎兵經常繞到他們的後方，偷襲押運糧草的軍隊，卻不肯與他們正面交戰。後來，因為大部分糧草被毀，大流士一世被迫撤退。

大流士本人回到蘇薩，他把軍隊駐紮在色雷斯和馬其頓。緊接著這次出征的失敗，亞洲的希臘城邦發動了叛亂，歐洲的希臘城邦也隨之響應。大流士決定先平息歐洲希臘人的叛亂。他認為憑著自己手中的腓尼基艦隊，把希臘諸島一個一個征服並不困難。西元前 490 年，他下令向雅典發起進攻。一支規模龐大的艦隊，從小亞細亞和地中海沿岸各港口出發了。當艦隊雅典北部的馬拉松靠岸時，遭到希臘人的猛烈攻擊，大流士的艦隊遭到慘敗。

在這次戰役中，發生了一件很特別的事情。當時，雅典的主要競爭

第24章 波希戰爭

對手是斯巴達，但為了抵抗共同的敵人，他們決定聯合起來。在大流士的艦隊逼近雅典時，雅典派了一名長跑運動員當信使，到斯巴達求援。這個信使用了不到兩天的時間，就跑完了100多英里的崎嶇不平的山路（這也是現在馬拉松比賽的起源），斯巴達人得到請求後，立即決定出兵支援雅典。但是，三天以後，當斯巴達軍隊到達馬拉松時，除了戰場上橫七豎八躺著的波斯軍隊的屍體外，戰場上的一切都已歸於平靜，波斯艦隊已經退回亞洲去了。波斯人對希臘的第一次遠征，就這樣以失敗結束。

大流士聽到他的艦隊在馬拉松被打敗的消息後不久就死去了。在之後四年時，大流士的兒子薛西斯（Xerxes I）繼位，他為了再次遠征希臘而精心準備了四年時間。在這期間，共同的危險讓希臘各民族緊密團結起來。毫無疑問，薛西斯的軍隊是當時世界上規模最大的軍隊，但是它又是各種人拼湊起來的烏合之眾。西元前480年，這支遠征大軍出發了，他們造船渡過了達達尼爾海峽。這支軍隊的補給由一支拼湊起來的艦隊負責

偉大的科林斯神廟的遺址

運送，他們沿海岸前進。當薛西斯的遠征大軍到達狹窄的塞爾比雷甬道時，遭到由斯巴達國王列奧尼達（Leonidas I）親自率領的一支1,400人的軍隊的頑強抵抗。在這場戰役中，斯巴達人全部陣亡，但是他們也重創了薛西斯的軍隊。接著，薛西斯的軍隊帶著強烈的復仇的怒火直撲底比斯和雅典。底比斯投降，雅典人放棄了雅典，跳出城外。雅典城被薛西斯的軍隊燒毀。

此時，在這場希臘和波斯的戰爭中，希臘似乎已經失敗。但是，後來戰爭的局勢又迅速逆轉，勝利重新偏向希臘一方。雖然希臘人的戰艦在數量上不及波斯艦隊的三分之一，但是在薩拉米斯海戰中擊敗了龐大的負責運送糧草的波斯艦隊。當薛西斯及他的大軍失去補給後，只好率領一半的軍隊退回亞洲。而留下的一半軍隊，在西元前479年的普拉提亞戰役中又被打敗。同時，殘餘的波斯艦隊在小亞細亞的米卡勒被全部殲滅。

位於蘇尼伊角的海王星（海神）宮殿

此外，波斯的威脅終於告一個段落，亞洲大部分的希臘城邦獲得了自由。希臘的歷史學家希羅多德（Herodotus）把戰爭的整個過程記錄下來，寫成《歷史》（*Histories*）一書，書中還配著大量精美的插圖。希羅多德於西元前484年出生在小亞細亞的伊奧尼亞人的城邦哈利卡那索斯。為了收集史料，了解戰爭的細節，他曾遊歷了巴比倫和埃及。

在米卡勒一役戰敗後，波斯國內出現了爭奪權力的混亂局面。西元前465年，薛西斯被刺身亡。埃及、敘利亞和米提爾相繼脫離波斯的統治，強大的波斯帝國至此終於瓦解。希羅多德撰寫《歷史》一書的目的，就是為了揭示出波斯帝國看來強大，實則虛弱的本質。正如今天人們所

第 24 章　波希戰爭

說的那樣，這本書事實上是一本宣傳品，它鼓勵希臘人不要懼怕波斯軍隊，要勇於去征服波斯。他透過在書中創造的一個名叫阿里斯塔格拉斯（Aristagoras）的人物表達出這一目的。阿里斯塔格拉斯指著當時的世界地圖向斯巴達人說：「這些野蠻人（指波斯軍隊）並不擅長作戰，而你卻個個精通戰術……世界上沒有哪一個國家擁有這麼多金、銀、青銅和刺繡衣服，還有牲畜和奴隸。只要你們想要，這些東西都是你們的。」

第 25 章　繁榮的希臘

在波斯戰敗後的一個半世紀，儘管以雅典為首的提洛同盟和以斯巴達為首的伯羅奔尼撒同盟為了爭奪在希臘的霸權爆發了持續 27 年的伯羅奔尼撒戰爭[22]，使希臘一度處於四分五裂的狀態，然而這一時期仍然是希臘文明大放光彩的時候。到西元前 338 年，希臘實際統治權落到馬其頓人手中。即使如此，並沒有妨礙希臘人的思想、創造和藝術達到相當高的水準。後來的歷史經常把這一時期希臘人所獲得的成就，看成是人類智慧的泉源。

雅典成為這一精神活動的中心，因為在西元前 428 年到西元前 466 年，雅典一直由偉大的政治家伯里克里斯[23]（Pericles）治理，他決定在被波斯人焚毀的雅典廢墟上重建雅典城。如今我們看到的雅典城廢墟，就是當時偉大工程的遺跡。伯里克里斯不僅重建了雅典城，還重建了雅典人的精神世界。他不僅召集了眾多的建築師和雕刻家重建雅典城，還召集了大量的詩人、戲劇家、哲學家和教育家來到雅典。西元前 438 年，希羅多德[24]就曾到雅典傳授他的歷史著作。天文學家阿那克薩哥拉（Anaxagoras）也把他對太陽的星辰的最新研究成果帶到雅典。艾斯奇勒斯（Aeschylus）、索福克里斯（Sophocles）和尤里比底斯（Euripides）[25]也相繼來到雅典，在他們的推動下，希臘戲劇達到了美與崇高的最高境界。

---

[22] 伯羅奔尼撒戰爭（西元前 431 年—前 404 年），是以雅典為首的提洛同盟與以斯巴達為首的伯羅奔尼撒聯盟之間的一場戰爭，最終斯巴達獲得勝利。這場戰爭具有重大的意義，它結束了雅典的經典時代，也結束了希臘的民主時代。——編者注

[23] 伯里克里斯（約西元前 495 年—前 429 年）古希臘奴隸主民主政治的傑出的代表者，古代世界著名的政治家之一。——編者注

[24] 希羅多德（約西元前 484 年—前 425 年）古希臘歷史學家，著有《歷史》一書，該書一向被認為是西方最早的歷史著作。——編者注

[25] 艾斯奇勒斯、索福克里斯和尤里比底斯一起被稱為古希臘最偉大的悲劇作家。——編者注

第 25 章　繁榮的希臘

位於雅典的著名帕德嫩神廟中的部分裝飾，
一個以最佳展現形式出現的希臘雕塑樣本，顯示藝術的進步

伯里克里斯對雅典人的精神促進作用一直延續到他死後，雖然後來因伯羅奔尼撒戰爭使希臘的繁榮和平安遭到破壞。這場為爭奪權力而爆發的、消耗龐大的戰爭導致的各種政治上的短暫的黑暗並沒有阻止希臘人探索的腳步，反而激發了更大的熱情。

雅典衛城，一個奇妙的組合，神殿和在伯里克里斯激勵下建造的紀念碑

在伯里克里斯時代以前，由於希臘寬鬆的言論環境，辯論已經發展成一門重要的學問。很多重要的決定，都不是由哪個國王或祭司直接下

令，而是透過市民和統治階層在公共集會上的辯論形成的。所以，當時能言善辯成為人們追求的才能，而專門向年輕人傳授辯論技巧的一種職業——雄辯家便應時而生。不過，一切辯論都要以事實為根據，才能正確地推理，這激發了人們追求知識的興趣。在這些雄辯家的影響下，人們更在意談吐的風度、思考的方法和辯論的效果等。在伯里克里斯死後，一代雄辯家蘇格拉底[26]（Socrates）以他過人的機智、淵博的學識駁斥了以往雄辯家所傳授的辯論，他也因此成為一個傑出人物。有大批優秀的年輕人崇拜他，聚集在他的周圍。不過，在西元前399年，他卻被法庭以侮辱雅典神和腐蝕年輕人思想為名處以死刑。他選擇了當時比較「高尚的」死法：在眾多親朋好友的注視下，他喝下了毒藥。然而，蘇格拉底的學說沒有因為他的死而終結，反而被他的弟子們繼續發揚光大。

蘇格拉底（雕像）

在他的弟子中，最有名的是柏拉圖（Plato）（西元前427年——前347年）。他建立了「雅典學院」，講授哲學知識。他的學說分為兩個主幹，其一是考察人類思考的本質和方法，其二是考察政治制度。他最早提出了「烏托邦」，這是一種與以往社會全然不同、更加美好的社會假想。他的這一思想在批判人們盲目接受社會傳統和習俗而從不懷疑的問題上，表現出極大的勇氣。他曾大膽向民眾疾呼：「讓你們深受其害的大多數政治弊端，都是由你們自己造

---

[26] 蘇格拉底（西元前469年—前399年），古希臘著名的思想家、哲學家、教育家，他和他的學生柏拉圖，以及柏拉圖的學生亞里斯多德被並稱為「古希臘三賢」，也被後人廣泛稱為是西方哲學的奠基者。——編者注

第 25 章 繁榮的希臘

成的,你們應該有意願和勇氣去改變它們。如果你們付諸行動,那麼,你們完全可以生活在另一種更加美好的社會中。你們應該意識到自己的力量!」這對如今的知識分子來說,這仍是一個高遠的、充滿冒險的教導。在柏拉圖的早期著作中,有一本《理想國》(Republic),表達了一位共和主義者的夢想。他最後的一本著作叫《法律篇》(Laws),勾勒了一個烏托邦國家的模式,可惜並沒有寫完。

柏拉圖死後,他的學生亞里斯多德(Aristotle)繼續對當時的思考方式和國家體制進行批判。亞里斯多德來自馬其頓的斯塔基拉城,父親是馬其頓國王的宮廷御醫。亞里斯多德曾是馬其頓國王亞歷山大(Alexander the Great)的老師。亞歷山大一生建立了一番豐功偉業,這在後面會介紹到。亞里斯多德對思考方法的貢獻,是把邏輯學提升到一個新的水準,一直保持了一千五百多年。到中世紀,經院派學者又回歸到由蘇格拉底開創,由亞里斯多德發揚的問答法上。亞里斯多德沒有柏拉圖的烏托邦思想,也認為人類只有掌握了越來越多的知識,才能做到像柏拉圖所說的那樣真正掌握自己的命運。於是,亞里斯多德對知識進行了系統的整理,還派出探險隊去收集第一手資料。他是自然史研究的開創者,是政治學的奠基人。在呂刻昂學院,他的學生曾對比、研究過 158 個不同國家的政治體制。

在西元前 4 世紀,的確已經出現了一些「近代思想家」。他們所倡導的針對生活的、經過訓練的、具有批判性的思考方法,已經取代了傳統

柏拉圖

的、幼稚的、幻想式的思考方法。醜陋的、像怪物一樣的象徵主義、關於神和魔鬼的幻想主義，以及以前不准任何人深思的禁忌等都被通通拋棄。自由的、正確的、系統性的思考方式被人們廣泛接納。這些來自北方森林的，有著自由、無畏的精神氣質的新來者，闖進了幽暗的聖殿，他們的理性照亮了周圍的一切。

厄瑞克忒翁神廟的女像柱，古代雅典衛城的避難所

第 26 章　亞歷山大帝國

　　西元前 431 年到西元前 404 年發生的伯羅奔尼撒戰爭，極大地消耗了希臘的國力。在此期間，希臘北方的馬其頓慢慢崛起，達到了一定的文明水準。馬其頓人的語言和希臘語很相似，他們也多次參加奧林匹亞運動會。西元前 359 年，一位很有才能又有宏圖大略的人當了這個小國的國王，他就是腓力二世（Philip II of Macedon）。腓力二世年少時曾在希臘作為多年人質，因此他接受的是純希臘式教育。或許他早就接受了由希羅多德提出，後來又被哲學家伊索克拉底（Isocrates）詳細闡述過的思想：希臘人只要聯合起來，必定可以征服亞洲。

　　腓力二世首先擴張了自己王國的領土，並改編了軍隊。在這之前的 1,000 多年，在戰場上決定勝負的主要是戰車和步兵，當時雖然也有騎兵參加，不過都是一些沒有組織、未經過訓練的散兵游勇。腓力二世首先訓練他的步兵在作戰時要保持嚴密的隊形，也就是著名的馬其頓方陣；然後對那些騎馬作戰的紳士──爵士和他們的隨從也進行編隊，使其在作戰時保持一定的隊形，這就是最初的騎兵方陣。他在戰場上充分發揮了騎兵靈活、快速突擊的作用，這也被他的兒子亞歷山大所採用。在交戰時，由步兵方陣和敵軍展開正面作戰，然後派騎兵從兩翼和背後攻擊敵人，同時派弓箭手射殺敵人的戰馬，使戰車失去作用。

　　腓力二世率領一種新型的部隊開疆擴土，邊界穿過色薩利抵達希臘邊界。西元前 338 年，在喀羅尼亞戰役中，他擊敗了雅典聯軍，從而一舉征服了整個希臘。隨後，希臘各城邦召開議會，任命腓力二世為希臘──馬其頓聯軍的最高統帥。腓力二世的下一個作戰對手是波斯帝

國。西元前 336 年，一支聯軍的先頭部隊終於到達亞洲，腓力二世蓄謀已久的征服波斯的計畫正式開始了。不過，他本人再也不能馳騁沙場，因為他被暗殺了。所以說，這次暗殺行動是腓力二世的第一個妻子奧林匹亞絲（Olympias）——亞歷山大的母親——一手策劃的，她因為腓力二世娶了第二個妻子而心生醋意。

為了教育好兒子們，腓力二世付出了很大的心血。他不惜聘請當時最偉大的哲學家當兒子們的老師，還把自己的思想，多年征戰累積的軍事經驗傳授給孩子們。在喀羅尼亞戰役中，年僅 18 歲的亞歷山大已經成為一名騎兵指揮官。有了這樣的磨礪，年僅 20 歲的亞歷山大繼承了父親的王位，最後成功征服了波斯。

亞歷山大即位後，用了兩年時間來鞏固自己在馬其頓和希臘的統治地位。隨後，在西元前 334 年，他率軍東渡亞洲，在格拉尼庫斯河戰役中擊敗了一支波斯軍隊，攻占了小亞細亞的一些城市。他沿岸推進，所向披靡。當時，由於波斯軍隊仍掌握著泰爾和西頓的艦隊，並掌握著海上交戰的主動權，所以亞歷山大在每攻下一座城市後都必須留下一部分軍隊駐守。因為如果自己的身後有敵人的城市，波斯艦隊就會登陸，然後切斷自己的補給線。西元前 333 年，亞歷山大在伊蘇斯戰役中擊敗了由大流士三世（Darius III）率領的龐大軍隊。此時大流士的軍隊和一個半世紀前渡過達達尼爾海峽的薛西斯的軍隊一樣，也是東拼西湊起來的烏合之眾。此外，他還隨軍帶了大量的官吏、嬪妃以及侍從等非常作戰人員，這也是導致失敗的原因之一。西頓向亞歷山大投降，但泰爾卻負隅頑抗。亞歷山大率軍向泰爾發起進攻，很快就攻下了這座城市，然後把城市的財富洗劫一空。加薩城的命運也是這樣。西元前 332 年，亞歷山大向埃及發起進攻，最後終於把這座城市從波斯人手裡奪了回來。

第 26 章　亞歷山大帝國

亞歷山大

亞歷山大在伊蘇斯大勝波斯人。
左邊發號施令的是亞歷山大，右邊站在馬車上的是大流士

　　亞歷山大在埃及建了一些以「亞歷山卓」命名的城市，並修建了前往這些城市的寬闊的道路，以防止他們叛亂。不久之後，這些城市就成為腓尼基人的貿易中心，地中海沿岸的腓尼基人很快就消失了。同時，在亞歷山卓等新興的貿易城市裡，很快就有猶太人到來。

　　西元前 331 年，和以前的托多梅斯、萊梅斯和尼科一樣，他也從埃及出發征討巴比倫，不過不同的是，他決定繞道泰爾。在位於尼尼微這座早已被人遺忘的廢墟城市不遠的艾比爾，亞歷山大和大流士展開了決戰。在交戰軍中，波斯的戰車首先遭到重挫，然後馬其頓騎兵乘勝出擊，加上步兵方陣的穩紮穩打，終於把波斯的雜牌軍打得一敗塗地。大流士帶著殘兵敗將逃到北方的米底地區。在占領了當時仍然非常繁華的巴比倫後，亞歷山大再接再厲，一舉攻下蘇薩和波斯波利斯。在蘇薩，亞歷山大舉行了盛大的慶功宴會，然後放火燒了「王中之王」大流士的宮殿。

　　隨後，亞歷山大在中亞建立軍事大本營，並一直挺進到波斯帝國的邊境。起初，他率軍北上，是為了追擊大流士。大流士在黎明時分被希

臘先頭部隊追上，不過，此時的大流士遭到部下暗算，正躺在戰車上奄奄一息。當亞歷山大趕到時，他已經斷了氣。然後，亞歷山大率領軍隊沿著裏海繼續行進，然後翻過土耳其西部的山區，穿過赫拉特城、喀布林和開伯爾山口，到達印度。在印度河邊，亞歷山大與印度國王波羅斯（Porus）展開激戰。雖然亞歷山大的軍隊首次和大象兵團作戰，但最後仍將其擊敗。接下來，他命令軍隊建造船隻，然後順流而下，航行至印度河口，再沿著海岸往回航行。西元前334年，在出征6年之後，大流士率軍回到了蘇薩。此後，亞歷山大才開始經營他打下的這個龐大的帝國。為了贏得被征服地的民心，他披上了波斯王的長袍，頭上戴著波斯王的頭巾。不過，此舉引起馬其頓將領的不悅，並產生了不少的麻煩。他提倡「東西通婚」，在他的促成下，有好幾位馬其頓官員和波斯、巴比倫女人共結連理。不過，亞歷山大最終還沒有實現自己的統一大業，因為在西元前323年，他在巴比倫的一次宴會中突然身亡。

亞歷山大死後，龐大的馬其頓帝國一分為三：他原來手下的一位得力的將領塞琉古（Seleucus I）奪得了從印度到埃菲索斯這一片原波斯帝國的領土；另一位將領托勒密（Ptolemy I）奪得埃及；安提柯（Antigonus I）則占據了馬其頓。這些冒險家們你爭我奪，戰亂長久不息。後來，野蠻部族從北方入侵，侵占了越來越多的土地，勢力越來越大。最後，一個新的國家──羅馬共和國出現了。它逐步征服了這些國家，建立了一個統一的，持續時間更長的新帝國。之後，我將作詳細的介紹。

第 27 章　亞歷山卓的科學

在亞歷山大征服波斯之前，來自希臘的商人、藝術家、官員和僱傭兵已出現在大部分波斯土地上。在薛西斯死後發生了幾次為奪權而爆發的戰爭中，由色諾芬（Xenophanes）率領的一支由一萬多希臘僱傭兵組成的軍團發揮了重要的作用。在色諾芬撰寫的《長征記》（Anabasis）中，詳細記述了這個僱傭兵軍團從巴比倫撤回希臘的亞洲部分的經過。這是第一部由親歷戰場的將領所寫的戰爭小說。亞歷山大的遠征，以及他的帝國被屬下將領瓜分的事實，進一步刺激了希臘人向古代世界傳播他們的語言、風俗和文明。這種傳播的痕跡，在遙遠的中亞和印度都能找到。希臘文明深深地影響著印度藝術的發展。

數百來以來，雅典始終占據著藝術和文化的中心位置。雅典的學院一直延續到西元後的 529 年，也就是說，它開創了近 1,000 年的歷史。但這個時代，世界精神活動的中心終於從雅典穿過地中海，來到了位於埃及的亞歷山卓這座新興的城市。此時，亞歷山大原來的一位將領托勒密當了埃及的國王，圍繞在他周圍的是一群說希臘語的宮廷官員。托勒密和亞歷山大私交甚篤，他也崇信亞歷山大的老師——亞里斯多德的思想。他有過人的精力和卓越的學識，致力於研究和傳播知識。他還曾寫了一本關於亞歷山大遠征的書，可惜後來已經失傳。

亞歷山大在世時，曾對亞里斯多德的學術研究提供大量的研究經費。托勒密在世界歷史上首次建立長期的科學研究基金。他在亞歷山卓建立了一座形式上是獻給繆斯神的建築——亞歷山卓博物館，事實上這是一個科學研究基地。在之後兩、三代人的時間裡，亞歷山卓博物館

獲得了可喜的科學研究成果。這裡曾湧現出歐幾里德[27]（Euclid）、埃拉托斯特尼[28]（Eratosthenes），以及著有圓錐曲線專著的阿波羅尼奧斯（Apollonius），首次繪製出星象圖和星象表的喜帕恰斯（Hipparchus），還有最早設計出蒸汽機的海龍（Hero of Alexandria）等科學先驅。這些人無一不是科學研究歷史中熠熠生輝的明星。阿基米德（Archimedes）也曾到亞歷山卓博物館學習。當時，希臘最偉大的解剖學家希羅菲盧斯（Herophilos）也在亞歷山卓，相傳曾在那裡做過活體解剖實驗。

在托勒密一世到托勒密二世（Ptolemy II）的數十年間，亞歷山卓出現了一個知識和發現的繁榮期。這樣的繁榮期，直到之後的 16 世紀前都沒有再出現過。可惜的是，這段繁榮期沒有長久持續下去。導致其衰落的原因固然很多，不過據已故的馬哈菲教授說，其中最主要的原因是亞歷山卓博物館為「皇家」學院，裡面的教授的工作人員均為埃及法老任命和發薪資。在托勒密一世統治期間，博物館的一切研究都正常進行，因為他崇信亞里斯多德的思想。但是，托勒密之後的各代國王越來越埃及化，博物館的研究逐漸被祭司和宗教勢力控制，他們扼殺了原本自由的探索精神，導致研究工作無法繼續。所以，在博物館成立 100 年以後，再也沒有獲得任何科學研究成果。

托勒密一世不僅倡導以最先進的思想去指導研究和探索新的知識，而且還計劃建立一座百科全書式的圖書館，它就是亞歷山卓圖書館。圖書館不僅僅是存放書本的倉庫，而且還是複製圖書和交易圖書的地方。有一大批圖書抄寫員在那裡複寫出大量的圖書抄本。

此時，我們今天所謂的知識傳播才明確開始；此時，我們才對已有的知識進行了系統性的整理和分類。亞歷山卓博物館和亞歷山卓圖書館

---

[27] 歐幾里德，古希臘數學家，因數學鉅著《幾何原本》（Stoicheia）而被稱為「幾何之父」。——編者注

[28] 埃拉托斯特尼，計算出的地球直徑和實際的地球直徑僅差 50 英里。——編者注

第 27 章　亞歷山卓的科學

的建立象徵著人類歷史進入了一個新紀元，代表著「近代歷史」從此真正開始了。

　　知識的研究和傳播在當時遇到了極大的阻礙，其中最大的要數隔在科學家和工匠之間的鴻溝。當時，已有大量的製作玻璃製品和金屬製品的工人，但是他們與科學家毫無精神交流。玻璃製品工匠主要生產各種漂亮的彩色飾物和瓶罐，但他們從來不生產用於實驗的試管和透鏡。他們對透明的玻璃似乎沒有絲毫興趣。金屬製品工匠只會製造武器和用具，從不會製造用來做化學實驗的天平。科學家們則一味地鑽研事物的原子和本質，對上釉、上色和製藥等實際操作過程則一竅不通。正是因為他們不擅長實際操作，所以在亞歷山卓博物館繁榮的一百多年裡，沒有發明顯微鏡，也沒有產生化學。雖然海龍設計出蒸汽機，但並沒有製造出實物安裝在幫浦上或安裝在船上發揮實際的作用。除在醫學領域之外，當時的科學研究並沒有產生實際的作用。由於沒有實際作用的效益和興趣，也沒有刺激和推動科學研究進一步發展。所以，在托勒密一世和托勒密二世之後，除了好奇心，再也沒有什麼可以推動科學研究的力量了。博物館時的科學研究成果，僅僅被記錄在終年不見天日的手稿上。直到文藝復興時，這些成果再引起人們的注意。

　　同樣，亞歷山卓圖書館也並沒有對圖書的製作做出有益的改進。古代，還沒有發明用紙漿壓製成的大小相同的紙張。造紙術是由中國人發明的，直到西元前 9 世紀才傳到西方國家。當時，人們做書用的是羊皮或用紙莎草一片一片拼成的「紙」。由於用紙莎草做的書要捲起來，因此無論是閱讀還是查詢起來都不方便，同時還阻礙了印刷和裝訂技術的發展。關於印刷知識，人類早在舊石器時代就已經知曉，古代蘇美人使用的簽名圖章就是證據。但是，如果沒有大量價格低廉的紙，印刷圖書就會無利可圖。而且這樣做還會受到圖書抄寫員的反對和抵制，因為這會讓他們失

業。雖然亞歷山卓圖書館的抄寫員謄寫了很多書，但它們價格都昂貴，除了有權、有錢的階層可以擁有外，普通人根本就沒有機會讀書。

　　正是因為如此，托勒密一世和托勒密二世統治時間的耀眼的知識的光輝並沒有照亮科學家這個小圈子之外大量的普通人。猶如一盞黑暗中的燈，燈光所及的地方，一切都很光亮，超出燈光之外的地方，仍然漆黑一團。那些被排除在科學光環之外的普通人，全然不知終將徹底改變世界的科學種子已經播下。不久之後，亞歷山卓又被頑固的黑暗所籠罩，一直延續了 1,000 多年。亞里斯多德播下的科學的種子也被淹沒在這漫長的黑暗裡。但是，這顆種子後來終於甦醒，開始發芽，在之後的幾個世紀中，它所蘊含的科學精神得到了最廣泛的研究和傳播，最終形成了改變人類生活的知識和思想。

西元前 3 世紀，當時的精神活動中心並非只有埃及的亞歷山卓。在亞歷山大帝國分裂後，出現了許多展現出豐富的精神生活的城邦，比如希臘人在西西里建立的城市敘拉古，那裡的科學和思想繁榮了近兩個世紀；比又如小亞細亞的佩加蒙，那裡建了一座大型圖書館。不過，這些輝煌燦爛的希臘人的精神生活世界，後來被來自北方的野蠻人摧毀。新興的蠻族——北歐的高盧人，沿著希臘人、佛里幾亞人和馬其頓人祖先走過的路線，向這些地方氣勢洶洶地撲來。每到一處，他們就燒殺搶掠，大肆破壞。高盧人之後，另一個充滿征服慾望的民族——羅馬人接著又來了，他們從義大利出發，步步為營，征服了大流士和亞歷山大兩個龐大帝國的西半部土地。羅馬民族是

亞里斯多德

第 27 章　亞歷山卓的科學

一個很有才幹的民族，但是把規則和利益看得高於科學和藝術，是一個缺乏想像力的民族。與此同時，另一個侵略民族從中亞趕來，他們征服了塞琉古王朝，並切斷了印度和西方的連繫。這個善騎善射的民族就是帕提亞人，他們在西元前 3 世紀對待希臘化波斯的裴爾塞波里斯和蘇薩兩城的方法，和西元前 7 世紀米底人和波斯人的做法如出一轍。還有一個從北方趕來的侵略民族，他們不是長著金髮碧眼、說雅利安語的北歐民族，而是黑髮、黃皮膚、說蒙古語的蒙古族。在後面的章節，我會詳細介紹他們。

第 28 章　釋迦牟尼

現在讓我們後退 3 個世紀，來談一談一位偉大的精神導師的故事，他幾乎使全亞洲人的宗教觀念和對宗教的感情發生了根本性的改變。他就是釋迦牟尼（Siddhartha Gautama）。大約與約書亞發表著名的預言演說，赫拉克利特[29]在以弗所研究事物本質的同一時期，釋迦牟尼也在印度的瓦拉納西地區布道。儘管這三個人都生活在西元前 6 世紀，但他們誰也不知道誰。

西元前 6 世紀是整個人類歷史上極為重要的階段。此時，世界上的每一個國家——包括即將介紹的中國——人們的精神面貌都煥然一新。人類的思想從皇權、祭司和血淋淋的祭獻中覺醒，提出一系列關於人類精神的尖銳問題。可以這樣說，人類經過兩萬多年的「童年時期」，已開始走向「青年時期」。

關於印度的早期歷史，至今仍不明確。據推測，大約在西元前 2000 年，有一支雅利安語系民族，從西北方向一次或多次侵入印度，他們的語言和傳統也傳播到了北印度。梵語其實就是雅利安語的一個變種。這些入侵者發現，在印度河和恆河流域居住著一個淺黑膚色的民族，他們擁有更精細複雜的文化，但缺少毅力。這個民族似乎不與周圍的其他民族融合而是選擇獨居，這一特徵與希臘人和波斯人明顯不同。當印度過去的歷史開始顯現出大致輪廓的時候，印度社會已經分成若干個等級，每個等級又細分成若干個等級。不同的等級禁止在一起用餐，禁止通婚，禁止相互來往。這種等級制度後來演化成種姓制度，貫穿了整個印

---

[29] 赫拉克利特（約西元前 530 年—前 470 年）是一位富傳奇色彩的哲學家，是以弗所學派的代表人物。——編者注

第28章　釋迦牟尼

度歷史，導致印度民族形成一個與可以自由通婚的歐洲人和蒙古人完全不同的社會，它在人類諸多社會中顯得與眾不同。

釋迦牟尼是喜馬拉雅山腳下一個小國國王的兒子。在他19歲時，娶了自己漂亮的表妹為妻。他喜歡在自己的領土上打獵，遊玩和自由散步。後來，這種閒逸的生活逐漸讓他感到厭倦和不滿，他希望過一種有意義、有追求的生活。因為他覺得自己的生活根本不是真正的生活，而是在度假。

對病與死的感受、對各種快樂、不安和不滿足的感受，縈繞在釋迦牟尼的心頭。正當他整日沉浸在這樣的感受中時，他遇到了一位四處漂泊的苦行僧。在當時的印度，有很多這樣的苦行僧。他們奉行著嚴格的戒律，成天深思反省和探討宗教的真諦，他們以尋求人生更深刻的意義為生活的目的。釋迦牟尼此時內心所嚮往的就是這樣一種生活。

據說，當釋迦牟尼正在野外思考生活的意義時，他的妻子為他生下了第一個兒子。他聽到消息後說：「我又多了一個新的束縛。」他的親朋好友們為了慶祝這個「新的束縛」的誕生，舉辦了隆重的宴會和表演。釋迦牟尼在一片歡愉的氣氛和祝福聲中回到家。晚上，熟睡中的他突然被某種龐大的痛苦驚醒，就像一個人忽然得知他家的房子著火了一樣。他下決定拋棄這個雖然幸福但沒有追求目標的生活。他無聲無息地來到妻子的房門，藉著低暗的燈光，他看到妻子和懷裡剛出生不久的嬰兒睡得正甜，床的四周擺放著漂亮的鮮花。突然，他產生了一種強烈的想抱抱兒子的衝動，但是又擔心會吵醒妻子。最後，他終於咬著牙轉過身，走出家門，騎著自己的馬離開了。

他馬不停蹄地趕路，到第二天黎明時分，他已經走出了自己部族的領地。他來到河邊，下了馬，然後用劍剃了頭髮，取下了身上所有的飾品，把它們和劍包在一起放在馬背上，讓馬馱著回家。他繼續向前走，

然後遇到一個穿著破舊的人,他用自己的衣服換下了對方的衣服。就這樣,釋迦牟尼割斷了與世俗的一切牽絆,從此一心一意探索人生的意義。他朝著南方走,來到溫迪亞山上一個非常險峻的地方,那裡居住著隱士和賢人。在一處狹窄的山洞裡,他遇到了幾位賢人,他們靠著外出乞討維生。當有人來訪的時候,就向來者口授一些哲理。在此之前,釋迦牟尼已經精通當時全部的哲學派別,以當時他的聰慧程度來說,他並不能從這些人的口中得到他要想的答案。

印度人堅信,透過苦行、絕食、不睡覺和自我折磨,就可以獲得知識和能力。釋迦牟尼決定嘗試一番。他和另外五個決定修行的人來到森林裡,開始絕食和苦行。從此,釋迦牟尼這個名字就像天空中的鐘聲一樣遠颺。不過,他發現這樣做並不能獲得真理。有一天,在他極度飢餓的時候仍然一邊徘徊一邊思索,突然他暈倒在地。當他醒來時,猛然領悟到靠這種近乎迷信的方式來獲得真理,真是荒謬至極。

他開始正常進食,並且不再進行苦行。他的做法讓同行的人非常吃驚。他領悟到無論追求什麼樣的真理,都必須要有健康的身體和充沛的精力。這種看法在當時的印度無異於「異端邪說」。釋迦牟尼的追隨者離開了他,他只好一個人繼續他的求索。

一個重大而複雜的問題,解決過程總是緩慢的,往往在答案即將浮現之前仍然看不到一個苗頭。釋迦牟尼正是如此。有一天,當他在一棵樹下吃飯時,他感覺自己突然獲

彌勒佛雕像:未來的釋迦牟尼,現藏於印度博物館

第28章 釋迦牟尼

得了頓悟，突然明白了生命的意義。相傳，此後，釋迦牟尼整日整夜端坐在樹下，不停地思考著。後來，他終於站了起來，他要把自己領悟到的人生真諦傳播給其他人。

他來到瓦拉納西，找到了當初的5位追隨者，然後把自己的教義講給他們聽，重新獲得了他們的信任。他們在瓦拉納西的鹿苑蓋起了住所，還為那些來此尋訪真理的人建立了一所學校。

他的教義從他自身的經歷引發出來的：「作為一個幸運的人，我為什麼不能徹底快樂地生活？」這是一個自省問題，它不同於泰利斯和赫拉克利特只專注於研究宇宙而忽略自身的好奇心，也完全不同於希伯來先知給猶太人精神上帶來的道德負擔。這位印度的精神導師，他不忘自我，沉浸於自我和消滅自我的探索之中。他認為，所有的痛苦都是由於自由的貪慾引起的。除非一個能夠克制自己的慾望，否則他的一生必須多難，結局必須悲慘。他把人類的貪慾分成三種：第一種是食慾、財慾和各種感官的慾望；第二種是個人的、利己的、貪生的慾望；第三種是個人的成功慾和名利慾。這三種慾望都是罪惡的。如果要避免生活中的種種苦難，就必須克制這三種慾望。如果克制了自己的慾望，消滅了自我，那麼靈魂就會得到安寧，就會達到涅槃的境界。

這就是他的教義的主旨，一種形上學的，非常微妙的道理。比起希臘人無畏、公正地去看、去思想的訓導，希伯來人敬畏上帝、行使正義的指示，釋迦牟尼的教義理解起來要困難得多。即使是釋迦牟尼的親傳弟子，也不能徹悟其中的真義。所以，當他個人的影響力直接消失之後，他的教義就遭到曲解。在印度，當時普遍流傳著這樣一種說法：每過很久一段時間就有一位智者出世，它就是佛陀的化身。釋迦牟尼的弟子們認為他就是佛陀轉世，並且是最後一位佛陀。當然，並沒有任何證據表示釋迦牟尼接受了「佛陀」這一稱呼。當他在世的時候，一系列關於他的神奇傳說已經

廣為流傳。這些充滿奇蹟的傳說比宗教教義有趣多了，因為更容易被人們記住。就這樣，釋迦牟尼逐漸成了盡善盡美的化身。

獅子支柱。阿育王時期，獅子支柱矗立於鹿園，是釋迦牟尼第一次布道的地方

儘管如此，釋迦牟尼仍然為人們留下了一些實質性的東西。如果說涅槃對一般人來說確實太過玄妙而虛幻，如果說印度人把釋迦牟尼簡單的生平編造成神話過於衝動，那麼，人們至少還是抓住了釋迦牟尼所倡導的「八正道」的真實含義。它包括：正直的精神、正確的目標、正確的語言、正確的行為、正確的觀念和誠實的態度，還包括積極上進的意識和高尚忘我的目的。

第 29 章　阿育王

　　釋迦牟尼在人類歷史上第一次明確地提出人類最高的善就是克制自己的慾望，這種深刻而神聖的教義在他去世後的幾代人時間裡，也沒有得到廣泛的普及。不過，後來它卻征服了世界上有史以來一位偉大帝王的心。

　　前面已講過，當亞歷山大遠征到達印度時，曾在印度河畔與印度國王波羅斯展開激戰。有一種說法在希臘歷史學家們中間流傳，說當時有個名叫旃陀羅笈多（Chandragupta Maurya）的人來觀見亞歷山大，意在說服他率軍向恆河挺進，進而征服整個印度。由於馬其頓人不願意繼續向一個全然無知的國家深入，所以亞歷山大拒絕了他的建議。西元前 321 年，旃陀羅笈多得到了許多山地部族的支持，在沒有希臘人的支持下，他在印度北部建立了一個國家。之後的西元前 303 年，旃陀羅笈多又對旁遮普地區塞琉古一世發兵，把殘留在印度境內的希臘人趕出了印度。這個新帝國的疆域在旃陀羅笈多的兒子繼位時得到進一步擴大。到西元前 264 年，也就是旃陀羅笈多的孫子——阿育王（Ashoka）——繼位時，帝國的邊界已經從阿富汗延伸到馬德拉斯。

　　起初，阿育王也計劃像他的父親和祖父那樣，使用武力征服整個印度半島。西元前 255 年，他首次發兵攻打馬德拉斯東岸的羯陵伽。雖然他獲得了戰爭的勝利，但是當他親身經歷了戰爭的殘酷和血腥後，他沒有像其他的征服者那樣發動更多的戰爭，而是決定放棄戰爭。他接受了佛教宣傳和平的教義，宣布從今往後他的征服不再是獲得土地，而是用宗教征服人心。

橫頂的阿育王法院

阿育王在位的 28 年，成了人類戰火綿延的歷史上最為輝煌的時間。他在印度組織人們挖井、種樹、保護森林；他建了很多醫院、公園和草藥種植園；他建立了保護印度土著和隸屬民族的政府機構；他制定了婦女接受教育的制度；他撥了鉅額專款用來支持佛教布道者，鼓勵他們整理、研究和批判收集的經書，因為由佛祖傳下的簡潔、純粹的教義，在當時已經摻雜了很多迷信和邪妄的內容；他還派出傳教士到喀什米爾、波斯、錫蘭及亞歷山卓傳播佛教。

出自帕魯德雕刻的阿育王

這就是偉大的阿育王。他比自己身處的那個時代更加進步。讓人遺憾的是，由於他沒有兒子，當時印度也沒有其他團體可以繼承他開創的開明盛世，在他死後不到 100 年時間，印度就已經出現了分裂、衰落的局面。

在印度的種姓制度中，婆羅門是最有權勢、最高階的階層，他們一

第 29 章 阿育王

貫堅決反對佛教宣傳的正直、公平的教義。在阿育王之後,他們想方設法削弱佛教的影響。印度古代流傳下來的那些怪神教、印度教又開始興盛起來。印度社會的階層分化日益嚴重和複雜。在一段時間裡,佛教和婆羅門並存,並且都達到了一定程度的繁榮。不過後來,佛教逐漸被各種形式的婆羅門教所替代。儘管如此,佛教還是廣泛地傳播到了印度的邊疆地區和印度以外的一些國家,比如中國、暹邏、緬甸和日本等。在這些國家,時至今日,佛教仍然占據著重要的地位。

第 30 章　中國的兩位偉大聖人──孔子和老子

　　我再介紹兩位偉大的聖人，他們是中國的孔子和老子。他們也生活在人類歷史上輝煌燦爛的西元前 6 世紀──人類歷史上的「青春期」。

　　本書直到現在都還沒有介紹中國早期的歷史，因為它至今仍然模糊不清。我們對今天成長起來的探險家和考古學家寄予厚望，希望他們能夠像歐洲的考古學家和人類學家理清歐洲的古代歷史那樣理清中國的古代歷史。在過去十分遙遠的時期，最原始的中國文明起源於黃河流域。和埃及文明及蘇美文明一樣，中國文明也擁有「日石文化」[30] 的一般特徵。原始的中國人以部族的祭壇為中心，祭司的君主在祭壇上主持季節性的犧牲祭獻。中國最早的城市生活，大概和六、七千年前的埃及人和蘇美人，以及一千多年以前的馬雅人的生活差不多。

　　中國人在舉行祭典時也有用活人祭獻的傳統，不過，在有史以前就已經改成用活的動物來祭獻了。在西元前 1000 年以前[31]，中國人就已經發明了象形文字。就像歐洲的西亞的文明經常遭受來自沙漠和北方的游牧民族的侵襲一樣，原始的中國文明不斷受到北方游牧民族的入侵。這些游牧民族的語言和生活方式非常相似，按他們出現的先後順序依次被稱為匈奴人、蒙古人、土耳其人和韃靼人。他們不停地分化、融合，再分化、再融合……就像北歐和中亞的日耳曼人一樣。不過，這大多只是名稱上的變化，在本質上並沒有什麼不同。

---

[30] 日石文化，即崇拜太陽及建築石柵之文化。──編者注
[31] 根據最新的考古發現證明，早在西元前 2000 多年的夏商之交就出現了象形文字。──編者注

第 30 章　中國的兩位偉大聖人—孔子和老子

　　這些蒙古種系的游牧民族比日耳曼人更早使用馬。在西元前 100 年，他們就可能在阿爾泰山一帶發現了鐵礦。東方的這些游牧民族也多少獲得政治上的統一，並以征服者、統治者或復興者的身分定居在文明地區。

孔子周遊列國

　　歐洲和西亞最早的文明並非日耳曼人和閃族人的文明，中國最早的文明可能也不是蒙古人的文明。據推測，中國最早的文明可能是淺黑色人種的文明，這與最早的埃及文明、蘇美文明、德拉維文明如出一轍。據最早的歷史記載，中國文明在剛開始的時候，就經歷了征服和融合。到西元前 1750 年前後，中國就已經出現了由諸侯和城邦國家組成的龐大的國家體系。所有的諸侯都服從於既是國王又是祭司的天子，並向他進獻貢品。商王朝於西元前 1125 年滅亡，然後周朝興起。儘管周朝的統治力量並不強大，但仍然維持著一個統一的中國。這種局面一直維持到印度的阿育王統治時期和埃及的托勒密統治時期。經過周朝這個漫長的歷史階段，中國開始分裂，各諸侯拒絕再向天子稱臣和納貢，他們各自為政，大大小小的諸侯國先後興起。匈奴人從北方不斷入侵，並建立了自己的統治。據某位中國歷史界的權威人士說，到西元前 6 世紀，中國大大小小的諸侯國大概有五、六千個。這一時期是中國歷史上的「春秋戰國時期」。

戰亂時期各國之間的紛爭並不妨礙文化交流活動的進行，也並不妨礙許多區域性的藝術和文明生活中心的出現。在進一步了解中國歷史後，我們會發現：在中國也有米利都、雅典、佩加蒙和馬其頓這樣的精神生活中心城市。由於我們在這方面了解的知識確實有限，所以不能整理出一個完整的線索，只能做一個大概模糊的說明。

長城

就像分裂後的希臘出現了哲學家，失去耶路撒冷被擄往巴比倫的猶太人中間出現了先知一樣，處在戰亂中的中國也出現了哲學家和精神導師。或許正是這種動盪不安、戰火綿延的環境，激發了這些傑出人物的智慧。孔子出生在一個貴族家庭，他曾在魯國做官。他創辦過一所學校，向年輕人傳授知識。當時，中國無秩序、缺規則的社會現實讓他感覺很困惑。對於政治和生活，他有自己完美的構想。為了找到一個能採納他的

中國早期的青銅鐘

意見，在政治和教育上實施他的主張的國君，他周遊了各個諸侯國。然而，他沒有找到這樣一位開明的國君。雖然他也曾遇到過有望實現自己的理由和抱負的君主，但那位君主太容易相信讒言，致使孔子的改革建

第30章　中國的兩位偉大聖人—孔子和老子

議被否決。有趣的是，在一個半世紀之後，希臘的柏拉圖則幸運地遇到了一位開明君主，他就是西西里島敘拉古國王大狄奧尼西奧斯 (Dionysius the Elder)。柏拉圖當了他的施政顧問。

孔子一生懷才不遇、窮困潦倒，在悲鬱中死去。他曾非常悲痛地說：「把我當成老師的賢明君主還沒有出生，我卻就要死了。」然後，他的教誨和主張，在他死後的中國人的精神生活中爆發出強大的力量，成為中華民族精神的重要根源。孔教是中國人所說的「三教」之一，另外兩教，除了前面已經介紹過的佛教外，還有一教是道教——老子的學說。

孔子的學說，主要是宣揚聖人君子之道。他重視個人的精神修為，就像釋迦牟尼對於無我的追求，希臘人對客觀知識的篤信，猶太人對真理的執著一樣。在人類所有導師之中，孔子最注重公共精神。他為世界的紛亂和人民承受的苦難而憂心。為了讓世界變得更加有序和美好，他主張每個人都應該加強自身的人格修養。他教導人們要克制自己的行為，建議統治者在生活的各個方面都要建立完善的規則。他認為一個完美的君子應該具有這些特質：言行有禮、大公無私和嚴於律己。君子的形象被永恆地流傳下來，成為一代一代中國人克己修身的目標。

孔子像

老子曾在周朝的國家圖書館任職。和孔子的學說相比，老子的學說則是玄妙的、含糊的和讓人難以領會的。其學說的中心意旨，似乎是要

讓人們對世俗的快樂的權力保持冷淡——就像斯多葛主義[32]一樣——去追求沉迷於想像的簡單的生活。老子的著作文字簡潔,但晦澀難懂,就像讀謎語一樣。在老子死後,他的學說也像釋迦牟尼的學說一樣,因被後人曲解,逐漸蒙上了神祕的色彩,變成教條和迷信。人類童年時期神祕的原始思想和光怪陸離的傳說總是和新的思想作對,最後往往在新思想上加上某些奇特的、不合理的、古老的儀式,在印度是這樣,在中國也不例外。在今天的中國,佛教和道教都是一樣具有僧侶、寺廟、祭司和犧牲祭獻的宗教。即使不是在精神上,也在形式上展現出埃及、蘇美的舊宗教的古老風格。孔教與此不同,因為它清晰、明確、直接,因此在流傳過程中不易被後人曲解。在中國,信奉孔教和道教的有著地域區分。中國北部,也就是黃河流域,一般信奉孔教;中國南部,也就是長江流域,一般信奉道教。這種現在形成兩種精神的衝突,也就是北方精神和南方精神、北京和南京、北方人的官僚氣質、方正、守舊和南方人的浪漫、懷疑、鬆散之間的衝突。

西元前6世紀,中國的分裂達到了最嚴重的程度,周朝國勢衰落、國威蕩然無存,老子辭去了在周朝的官職,從此過上了隱居的生活。

在當時的三大強國中,齊國和秦國在北方,楚國在長江流域,他們都有向外擴張的軍事力量。後來,齊、秦結盟進攻楚國,楚國戰敗,被迫簽訂條約,解除武裝,實現了和平。後來,秦國的軍事力量越來越強大,大約在印度阿育王統治時期,他奪得了周朝的大鼎[33],也就是奪取了周朝正統的統治大權。莊襄王的兒子秦始皇[34],成為中國歷史上第一個統一天下的皇帝。

---

[32] 斯多葛學派是古希臘的四大哲學學派之一,也是古希臘流行時間最長的哲學學派之一。西元前3世紀季蒂昂的芝諾(Zeno of Citium)創立,歷經500年之久。——編者注
[33] 大鼎,周天子是當時唯一合法的天子,鼎是立國的重器,是政權的象徵。——譯者注
[34] 秦始皇,西元前246年登基,西元前220年稱帝,統一中國。——譯者注

第 30 章　中國的兩位偉大聖人─孔子和老子

與亞歷山大相比,秦始皇要幸運得多。他統治時間長達 36 年。在他強而有力的統治之下,中華民族民族迎來一個統一、繁榮的新時期。秦始皇在位期間,他不斷地和北方的匈奴人作戰。後來,他投入了全中國的力量,修築了雄偉的萬里長城。

第 31 章　羅馬的興起

　　雖然上述國家被印度西北邊境和中亞的一座座高山隔開，但我們仍然可以發現這些國家的文明具有相似性。數千年以來，古代的日石文化廣泛地傳播於溫暖、富庶的各大河流域，發展出一系列以奉獻犧牲為主的廟宇制度和祭司統治。這一文化的創始者，就是我們已經介紹過的暗白人種。游牧民族出現後，他們隨季節在不同的草場之間遷移，於是原始文明中又融入了他們的語言和他們的特徵。他們征服和同化了原始文明，並透過不斷地創新，促使其向著新的階段發展。為促進各種文明發展作出貢獻的是，在美索不達米亞地區先是伊拉姆人和閃族人，然後是北歐系的米底人、波斯人和希臘人；在愛琴海地區，是希臘人；在印度，是雅利安系民族。在埃及，由於祭司制度根深蒂固，所以外來入侵者的影響較小。在中國，由於在不同時期遭受不同匈奴人的入侵，所以受到多種外來文明的影響。就像希臘和印度北部被雅利安化，美索不達米亞地區被閃族化一樣，中國也被蒙古化。游牧民族的血液裡全都流淌著野蠻、破壞的基因，他們每入侵一個地方就大肆破壞，但是也把自由探索和道德革新的精神帶到那裡。他們質疑古代的廟宇信仰，把光明帶進了廟宇之中。他們有自己的領袖，但不是神和祭司，而是族群裡德高望重的賢人。

　　在西元 6 世紀之後的幾百年中，古代傳統出現了大崩潰。同時，追求道德和探索新知識的新精神出現在人類偉大的前進運動中。此後，閱讀和書寫不再是祭司們展現自己特權的祕密武器，它們已成為統治階級和富有階層普遍而容易獲得的才能。馬匹的使用範圍擴大，大量的道路

第 31 章　羅馬的興起

被修築出來，不僅為旅行的人提供了方便，也促進了道路運輸的發展。為了讓貿易能以一種更便利的方式進行，人們開始鑄造貨幣。

現在，我們把目光從東方文明古國——中國，轉移到地中海西部。這裡出現了一個新的城邦，它注定要在人類歷史中扮演非常重要的角色。這個城邦就是羅馬。

至此，我講的故事還很少涉及義大利。西元前 1000 年時，義大利還是一個多山、多森林而人口稀少的國家。雅利安語系部族來到這個半島後，在那裡建起了一些小的城市。在半島的一端，還有希臘人建立的稀散的殖民地。裴斯茨姆城的廢墟向人們訴說著昔日希臘人的種種暴行。此時，在義大利中部還生活著一種與愛琴人相近的非雅利安系民族，他們是伊特拉斯坎人。他們征服了一個又一個的雅利安系民族。當羅馬在歷史上出現時，它只是臺伯河畔的一個小型商業城市，城裡的居民屬拉丁語民族，受伊特拉斯坎人國王統治。根據古代的紀年表記載，羅馬城市建立於西元前 753 年，比腓尼基人建立迦太基的時間要晚半個世紀，比舉辦第一屆奧林匹亞運動會晚 23 年。但是，後來人們在羅馬廣場的遺址中，挖掘出伊特拉斯坎人的墳墓，它們的建造時間遠在西元前 753 年以前。

西元前 510 年，伊特拉斯坎人的國王被羅馬人趕走，羅馬成為由貴族統治平民的貴族制共和國。除了羅馬人講拉丁語之外，這個貴族制共和國和許多希臘的貴族制共和國並沒有什麼大的不同。

此後幾個世紀的羅馬歷史，就是平民階層為了爭取自由和參政的權利和貴族階層不停爭鬥的歷史。在希臘歷史中也出現過這樣的爭鬥，當時的希臘人把它稱為貴族政治和平民政治的爭鬥。最終，羅馬的平民階層爭取到大部分以前由貴族專享的權利，贏得了平等的地位。他們還排除了舊有的排外思想，擴大了羅馬公民的範圍，使得越來越多的外來人

成為羅馬公民。儘管當時的羅馬內部存在著各種爭鬥，但它對外擴張的腳步從未停下。

從西元前 5 世紀開始，羅馬軍隊就開始開疆擴土。然而，羅馬對伊特拉斯坎人的入侵並沒有獲得明顯的戰果，甚至連距離羅馬不過數英里的伊特拉斯坎人的城堡也久攻不下。不過，到了西元前 474 年，伊特拉斯坎人開始走厄運，他們的艦隊被西西里島的敘拉古的希臘人殲滅。與此同時，北歐系的高盧人也從北方向伊特拉斯坎人發動進攻，在羅馬人和高盧人的夾擊之下，伊特拉斯坎人被徹底打敗，從此在歷史上消失。後來，羅馬人占領了威伊。不久之後，也就是在西元前 390 年，高盧人入侵羅馬，羅馬軍隊戰敗，羅馬城遭到洗劫。高盧人撤走時在全城放火，導致古羅馬城早期的建築及文件資料、文物書籍大多被燒毀。

但是，羅馬並沒有因高盧人的入侵而一蹶不振，相反，它變得更加強大。在西元前 3 世紀，羅馬征服並同化了伊特拉斯坎人，把疆土從阿爾諾擴張到拿坡里的所有義大利中部地區。羅馬人征服義大利，和腓力二世入侵馬其頓和希臘，以及亞歷山大入侵埃及和印度處在於一個時期。到亞歷山大帝國即將崩潰之時，羅馬人已經成為東西文明世界裡一個萬眾矚目的民族。

羅馬帝國的北邊是高盧人部落，南邊是希臘人在西西里島和義大利的「腳跟」和「鞋尖」處建立的殖民地。為了防禦勇敢、好戰的高盧人，羅馬人在邊界上修建了很多要塞和堡壘。以塔蘭托姆（今塔蘭托）和西西里島上的敘拉古為代表的希臘南方城市，與其說他們威脅羅馬，還不如說受羅馬威脅。他們到處尋找援助，以抵抗羅馬這個新崛起的征服者。

前面，我已經介紹了亞歷山大帝國和衰落後被瓜分的情況。在這些瓜分者中，有一個名叫皮洛士（Pyrrhus）的人，他是亞歷山大的近親。他後來建立了一個跨越亞得里亞海，一直延伸到義大利半島「腳跟」處的伊

第 31 章　羅馬的興起

庇魯斯帝國。皮洛士野心很大,他計劃征服泰坦圖姆和敘拉古,然後建立馬其頓亞歷山大征服馬格納格雷西亞(南義大利)那樣的功業。當時,他擁有一支戰鬥力極強的軍隊:不僅有裝備精良的步兵,還有色薩利人組成的騎兵──他們和當初馬其頓騎兵一樣的能征善戰──以及 20 多頭戰象。他侵入義大利,並在西元前 280 年的赫拉克利亞戰役和西元前 279 年的奧斯庫盧姆戰役中打敗羅馬軍隊,把他們趕到了義大利北部。接下來,他集中兵力準備進攻西西里島。

不過,這一次他面對的敵人要比羅馬軍隊強大得多。由於西西里島和腓尼基的貿易城市迦太基近在咫尺,因此皮洛士的這次行動引起了迦太基人的強烈反感。此外,迦太基人對母城泰爾的遭遇一直耿耿於懷,他們擔心如果再出現一個亞歷山大式的人占領西西里,自己城市的命運肯定堪憂。於是,迦太基人聯合羅馬軍隊共同抵抗皮洛士,另一方面派出艦隊截斷了皮洛士的海上交通。羅馬軍隊捲土重來,這一次他們在位於拿坡里和羅馬之間的貝尼溫陀戰役中把皮洛士打敗。

此時,皮洛士又收到從伊庇魯斯傳來的消息,要他火速回國,因為高盧人開始入侵國土南境。由於羅馬邊境的防線太牢固,所以這一次高盧人沒有入侵義大利,而是穿過伊利亞(今天的塞爾維亞和阿爾巴尼亞),向伊庇魯斯和馬其頓一起進攻。此時的皮洛士,在與羅馬人的戰爭中被打敗,在與迦太基的海上戰爭中也失利,自己國家又正遭到高盧人入侵,他不得不放棄自己征服西西里的計畫,於西元前 275 年後回到伊庇魯斯。羅馬的勢力趁機擴張到美西納海峽。

希臘城市墨西拿位於海峽一邊的西西里島上,此時正被海盜控制。當時,迦太基人實際上是西西里島的真正統治者,他們與島上的另一座城市敘拉古結成同盟,於西元前 270 年把海盜趕出了墨西拿。隨後,迦太基人在墨西拿駐紮了軍隊。被打敗的海盜向羅馬求援,對迦太基累積

起來的忌妒和懼怕使得羅馬人決定去幫助海盜。於是，具有雄厚經濟實力的迦太基和新興的羅馬，隔著美西納海峽形成對峙，直到西元前264年戰爭爆發。

第 32 章　羅馬和迦太基

西元前 264 年，第一次布匿戰爭爆發——因羅馬人稱腓尼基人為布匿人而得名。這一年，印度的阿育王剛剛在貝哈爾繼位；中國的秦始皇還只是一個孩子；亞歷山卓博物館的科學家正在積極從事科學研究；野蠻的高盧人正在小亞細亞向佩加蒙人索取貢品。當時，世界上的各個國家被遙遠的空間距離完全隔開。因此，當時的民族對於這場閃族人與雅利安語系的新崛起者之間、持續時間長達半個世紀，波及西班牙、義大利、北非和地中海以西廣大地區的戰爭，或許從未聽說，或只能說有模糊的印象。

這場戰爭為當今世界出現的一些紛爭埋下了伏筆。在這場戰爭中，羅馬固然戰勝了迦太基，但是由此引發的雅利安語系民族和閃族系民族敵對情緒，後來演變成為猶太人和非猶太人之間的衝突。本書馬上就要講述這樣一個事件，它的結果及人們對它的曲解，在今天的衝突和論點中應該有著陰魂不散的影響力。

第一場布匿戰爭在西元前 264 年爆發，導火線是墨西拿海盜事件。隨後，戰爭逐步更新，除了希臘的敘拉古，整個西西里島都捲入了這場戰爭。最後，迦太基擁有明顯的海上作戰的優勢，他們有一支由五層槳戰艦組成的龐大艦隊。這種戰艦有著龐大的撞角。在兩個世紀之前的撒拉米斯戰役中，當時的主力戰艦也只有三層槳。雖然羅馬人開始進入戰爭的時候還沒有這樣的戰艦，也缺乏海上作戰的經驗，但是他們獲得了一艘擱淺的迦太基戰艦，然後憑著自己的膽量和智慧，在兩個月裡他們建造了 100 艘五層槳戰艦和 30 艘三層槳戰艦，組成一支龐大的艦隊。羅

馬人的戰艦上配備了擅長航海的水手，此外，他們針對迦太基人戰艦的特點，發明了一種被稱為烏鴉的吊橋。當迦太基人的戰艦企圖用撞角撞擊羅馬的戰艦時，羅馬人就放下這種吊橋，然後衝到敵方戰艦的甲板上和敵人貼身肉搏——這是羅馬人最擅長的作戰方式。像這樣簡單的設計卻證明是完全成功的，它改變了戰爭的過程和世界的命運。西元前260年，雙方爆發了米勒海戰，羅馬人獲得了第一次海戰的勝利，俘獲或摧毀了敵方戰艦50艘。西元前256年，埃克諾穆斯角海戰爆發。這場海戰被稱為是「古代最大的海戰」，有七、八百艘戰艦投入戰鬥。迦太基人的表現證明他們並沒有從過去的慘敗中學到什麼教訓。本來，他們的謀略是勝過羅馬人的，本應把羅馬人打敗，但是羅馬人用烏鴉吊橋[35]把他們打敗了，共損失戰艦94艘。此後，戰爭繼續下去，勝負變動很大，但是不斷地顯示出羅馬人的活力、團結和主動。埃克諾穆斯角海戰之後，羅馬人從海上入侵非洲，並派出一支裝備不足的支援軍隊，他們獲得了多場戰役的勝利，並攻下了突尼西亞（距迦太基不到10英里）。後來，一場暴風雨使羅馬人失去了海上優勢，但是他們在三個月內就建造了220艘戰艦的第二艦隊，重新獲得海上優勢。西元前251年，他們攻占了巴勒莫，在那裡打敗了一支迦太基軍隊，俘獲戰象104頭。後來，這些戰象在羅馬軍隊凱旋時，被當成前所未見的戰利品在羅馬廣場上炫耀。後來，羅馬人圍攻西西里島上迦太基殘存的要塞利利貝烏姆，沒有獲得成功。西元前249年，羅馬人在德雷帕努姆的一次大海戰中被擊敗，喪失了他們的第二艦隊，損失了210艘戰艦中的180艘；同年，第三艦隊中的120艘戰艦和800艘運輸船部分在戰鬥中被摧毀，部分在暴風雨中被摧毀。

---

[35] 烏鴉吊橋，又稱為接舷吊橋，是羅馬海軍在第一次布匿戰爭對抗迦太基時在戰船上所設的一種裝置。——編者注

第32章　羅馬和迦太基

位於迦太基的古羅馬水池遺址

　　有七年之久，瀕於精疲力竭的交戰雙方可以說是在繼續戰爭，不過是一種虛張聲勢的襲擊和圍攻，在這期間，迦太基人占據著海上優勢。西元前241年，羅馬人做出最後努力建立了一支由200艘戰艦組成的艦隊，並在西西里島以西的埃加迪群島附近殲滅了迦太基最後的海軍力量，迦太基無力再戰，被迫於西元前240年向羅馬求和。根據迦太基人求和的條件，西西里島的統治權歸屬羅馬，於是，除敘拉古王的領土外，整個西西里島都歸於羅馬的統治之下。在那裡沒有像在義大利曾經實施過的那樣進行同化的過程；西西里島成為一個被羅馬征服的行省，像其他較老的帝國行省一樣向羅馬交納貢品和上交收益。除此之外，迦太基必須在10年內付清一筆3,200塔蘭同[36]的戰爭賠款。

　　之後，由於羅馬和迦太基兩國都遇到了一些內部的麻煩，所以雙方維持了22年的和平。但是，這是沒有繁榮的和平。在義大利，羅馬南部再次被高盧人入侵，羅馬人陷入了一種「把活人當成犧牲來祭獻神靈」的恐懼之中。最後，這批入侵的高盧人在特拉蒙被殲滅，羅馬人趁機把勢

---

[36]3,200塔蘭同，約2,300萬美元。——譯者注

力範圍擴張到阿爾卑斯山腳下，最後進一步把領土擴張到伊利里亞。而迦太基一方，則內亂四起，科西嘉島和薩丁尼亞島相繼發生叛亂，羅馬人趁機向這兩個島發起進攻並吞併了它們。

第一次布匿戰爭考驗並顯示了羅馬和迦太基實力的對比。任何一方稍微明智一些，羅馬方面的氣量稍微大一些，就絕不會再挑起戰爭。但是，羅馬人是粗野的征服者，他們沒有正當的理由就侵占了科西嘉島和薩丁尼亞島，並且還把戰爭賠款增加了 1,200 塔蘭同。當時，西班牙境內埃布羅河以北的地區被迦太基人控制。羅馬人以河為界，告誡迦太基人：「任何迦太基人，只要渡過埃布羅河，就被視為向羅馬宣戰。」迦太基有一個由漢諾（Hanno）領導的強大黨派願意和羅馬和解，但是很自然地許多迦太基人都寧願以一種絕望的仇恨來看待他們天生的對手。西元前 218 年，迦太基人終於被羅馬人的挑釁激怒，他們在年輕的漢尼拔（Hannibal）將軍的率領下，渡過埃布羅河。他們從西班牙出發，翻過阿爾卑斯山，進入義大利境內，同時他還說服高盧人一起抗擊羅馬。長達 15 年之久的第二次布匿戰爭就這樣在義大利境內爆發。他在特拉西美諾湖和坎尼等地，把前來迎戰的羅馬軍隊打得落花流水。可以說，在義大利境內，沒有一支羅馬人的軍隊可以戰勝他的軍隊。但是，羅馬人派了一支軍隊在馬賽登陸，切斷了漢尼拔和西班牙的連繫，使漢尼拔的軍隊得不到攻城器械，從而沒能攻下羅馬城。後來，迦太基國內的米底人叛亂，漢尼拔不得不從羅馬撤軍，去保衛迦太基在非洲的城市。後來，羅馬將領西庇阿（Scipio）率領一支羅馬軍隊來到非洲，在扎馬之戰中打敗了漢尼拔。第二次布匿戰爭至此結束。迦太基投降，羅馬接管了迦太基在西班牙的統治。迦太基賠付羅馬鉅額戰爭賠款，並許諾把漢尼拔交給羅馬人。漢尼拔被迫離開迦太基，逃到亞洲。在那裡，他煽動亞歷山大的後繼者們聯合起來對付羅馬，失敗後他不願落入羅馬人之手，服毒自盡。

第32章　羅馬和迦太基

之後的 56 年，羅馬和迦太基這個戰敗的城市之間沒有爆發新的戰爭。這期間，羅馬把自己的勢力擴大到希臘全境，並入侵小亞細亞，還在利奇亞的馬格尼西打敗了塞琉古王朝的安條克三世（Antiochus III）。此外，羅馬還用武力強迫當時被托勒密王朝統治的埃及、佩加蒙以及小亞細亞的一些小國家成為自己的「盟國」。用今天的話來說，就是成為被羅馬保護的國家。

現藏於拿坡里國家博物館的漢尼拔將軍半身像

雖然迦太基在第二次布匿戰爭中被打敗，極大地削弱了國力，但是到了這個時期，它又悄悄地恢復了以前的繁榮。這引起了羅馬人的警惕和猜忌。此外，羅馬人還念念不忘在二次布匿戰爭的時候，迦太基差點攻入羅馬城。於是，羅馬人要求迦太基人放棄迦太基這座港口城市，搬入北非內陸地區居住。在這一要求遭到迦太基人拒絕之後，羅馬人於西元前 149 年又一次向迦太基發起進攻。這一次，羅馬人完全包圍了迦太基，儘管迦太基人頑強抵抗，但仍然無法改變迦太基城被攻破的命運。西元前 146 年，迦太基城被攻破，接下來，迦太基人和羅馬人展開巷戰。迦太基人遭到羅馬人的殘酷屠殺，當迦太基城被羅馬人全部占領

時，城裡的人口數量由原來的 50 萬人銳減到不足 5 萬人。這些倖存者被賣為奴隸。羅馬人放火燒了這座城市，然後在廢墟上還用犁翻過以示最後的毀滅，並且極其嚴肅地詛咒說，任何人要是企圖重建這個城市一定會遭到天譴。第三次布匿戰爭至此結束。

500 年前曾聞名於世的閃族人建立的國家和城邦中，至此只剩下一個小國 —— 猶太王國。此時，猶太人已經從塞琉古王朝的統治下獲得自由，在本民族的馬加比家族（Maccabees）的統治下過著自由的生活。此時，他們已基本完成了《聖經》的編寫，並發展出了我們所說的獨特的猶太傳統。迦太基人、腓尼基人以及其他分布在世界各地的親緣民族，由於語言相通，所以很自然地會從這部充滿勇氣和希望的著作中，發現一些共同的連繫。在某種程度上，這些民族的人仍以商人和旅行家身分分布在世界各地。因此，與其說閃族人的世界消失了，還不如說它已融入到人類的整個世界中。

耶路撒冷一直都是猶太教的象徵，而不僅是它的中心。西元前 63 年，羅馬人占領耶路撒冷，他們驅逐了城內的猶太人。西元 70 年，耶路撒冷再次遭到羅馬人的圍攻，城中的建築和寺廟遭到嚴重毀壞。西元 132 年，耶路撒冷城爆發起義，整座城市被徹底毀滅。後來，羅馬人在廢墟上重建了耶路撒冷，在原本耶和華聖殿的舊址上興建了羅馬神朱庇特（Jupiter）神廟，並禁止猶太人在城市中居住。

第 33 章　崛起的羅馬帝國

　　西元前 2 世紀到西元前 1 世紀新崛起的羅馬帝國，如今成了整個西方世界的主宰。它在許多方面與之前主宰這個文明世界的名大帝國都不一樣。首先，它不是君主制國家，因為它不是由任何一個偉大的征服者所建立；其次，它也不是第一次共和政體的帝國。因為早在雅典的伯里克里斯時代，雅典就統治著一批同盟國和附屬國。迦太基在與羅馬進行布匿戰爭之前，也已經控制著薩丁尼亞、科西嘉、摩洛哥、阿爾及利亞、突尼西亞，還有西班牙和西西里島的大部分地區。但是，羅馬在這些共和政體國家中是第一個免於滅亡，且不斷向前發展的國家。

　　以往那些共和政體國家的中心一般位於美索不達米亞或埃及的大河流域，但羅馬帝國的中心位置更靠西一些。中心位置的西移，使得羅馬可以把更多地區和更多民族帶入文明世界。此時，羅馬的勢力已經擴張到摩洛哥、西班牙，今天的法國、比利時、英國、匈牙利，以及俄羅斯南部地區。由於中亞、波斯等地距離羅馬太遙遠，所以羅馬並沒有在這些地方建立自己的統治。因此，雖然羅馬帝國統治著大量的北歐雅利安語系民族，統治著當時世界上幾乎所有的希臘民族，但是它統治的哈姆特人和閃族人比以往任何帝國都要少。

　　在接下來的幾個世紀，羅馬帝國並沒有像希臘帝國、波斯帝國那樣逐漸走向衰落，相反，它不斷地發展，變得越來越強大。米底系和波斯系統治者在傳位一代之後就被巴比倫化，而且王冠、神廟和祭司之職都會落到巴比倫人手裡；亞歷山大和他的繼任者也十分輕易地就被同化；塞琉古王朝的宮廷結構和尼布甲尼撒統治時期完全一樣，統治方式也大

多和尼布甲尼撒相同；托勒密在成了埃及國王後更加被埃及化了。這些征服者被同化，和閃族人在征服了蘇美人之後被完全同化一樣。但羅馬征服者完全不同，他們統治異族的城市長達幾個世紀，卻始終堅守著自己的法律和規則。在西元2世紀或西元3世紀之前，對羅馬人的文化產生過某些影響的只有一個民族，就是與羅馬人有親緣關係的希臘族。

從本質上講，羅馬帝國是第一個試著用雅利安傳統統治領土的國家。這是歷史上出現的一個全新的統治模式，羅馬帝國也可以說是一個擴大化的雅利安共和國。那種依靠個人征服，然後圍繞供奉豐收之神的廟宇興建城市的統治方法，並不適合羅馬帝國。羅馬人所信奉的神，他們大多是半人半獸式的、永恆的、神聖的貴族。羅馬人在祭神時的犧牲也是血淋淋的，遇到特殊情況也會用活人來祭獻，這種傳統可能是從殘忍的伊特拉斯坎人那裡學來的。不過，直到羅馬的鼎盛時期已經成為遙遠過去的時期，祭司和神廟在羅馬的統治中也沒有成為重要角色。

羅馬帝國的發展，並沒有經過事先的縝密計劃，羅馬人在自己都沒有意識到的情況下做了一項偉大的行政管理實驗。這一實驗並沒有成功，羅馬帝國最後仍然全面崩潰。羅馬帝國的組織形式和統治方式都比以往帝國發生了重大的變化。它在100年之間發生的變化，甚至比孟加拉、美索不達米亞、埃及等國家在1,000年之間的變化還要大。羅馬帝國始終處於變化之中，它從未按一個固定的模式在發展。

剛才已經說了，這個實驗失敗了，不過，也可以說這個實驗還沒有完成。因為今天的歐洲和美國，仍在致力於探索羅馬帝國最早遇到的、世界性的行政管理難題的答案。

我們應該牢牢記住：在羅馬帝國的整個統治時間，不僅是政治方面發生的極大的變化，而且還包括社會和道德方面。那種認為羅馬的政治是完整的、穩定的、牢固的、美好的、神聖的和具有決定性意義的這種

第33章 崛起的羅馬帝國

想法，是有失偏頗，不全面的。比如，英國政治家、歷史學家托馬斯·巴賓頓·麥考利[37]（Thomas Babington Macaulay）在《古羅馬之歌》（*Lays of Ancient Rome*）中，就把老加圖（Cato Maior）、西庇阿、凱撒（Iulius Caesar）、戴克里先（Diocletian）、君士坦丁大帝（Constantine the Great）以及凱旋、演講、角鬥和殉道的基督徒融合起來，描繪出充滿高尚、殘酷、尊嚴的畫面。事實上，把這些題材拼湊在一起非常不恰當，因為這些題材之間的差別，比威廉一世（William I）時的倫敦和如今的倫敦之間的差別還要大。

我們可以把羅馬帝國的擴張歷史簡要地分成四個階段。第一個階段從西元前390年高盧人入侵羅馬開始到西元前240年第一次布匿戰爭結束。這一階段被稱為同化的共和階段。或許，這個階段是羅馬歷史上最美好、最特別的階段。在這期間，繼續多年貴族和平民之間的衝突基本結束，伊特拉斯坎人的威脅也已經消除。雖然此時的羅馬人不會太富裕，但也沒有窮苦不堪。絕大部分羅馬人都有強烈的公民意識。此時的羅馬還是一個自由農民占主體的共和國，它和1,900年以前的南部非洲的布林共和國很像，或許與1800年到1805年的美利堅合眾國北方的各州有很多共同點。在這一階段的早期，羅馬的版圖方圓不超過30英里。此時，它與周圍那些比自己強大但有著親緣關係的國家發動戰爭的目的，並不是要去摧毀這些國家，而是謀求與它們聯合。長達數個世紀的國內紛爭，培養了羅馬人妥協和忍讓的精神。那些被征服的城市，有些成為受羅馬統治的城市，擁有政治上投票的權利；有些則成為一些自治的城市，但擁有在羅馬經商或結婚的權利。羅馬軍隊被派駐到各個策略要塞。羅馬人還在新被征服的地方建立殖民地，羅馬人在那裡擁有各種特權。通往各屬地的寬闊的大路也被修築起來。在羅馬勢力的影響下，

---

[37] 托馬斯·巴賓頓·麥考利（西元1800年—1859年），當時英國著名的政治家、歷史學家，著有《古羅馬之歌》、《英國史》（*The History Of England*）。——編者注

整個義大利不可避免地被羅馬化了。到西元前 89 年，義大利的全部市民都成為羅馬市民。整個羅馬帝國就像一個擴大化的羅馬城市。到西元 212 年，羅馬帝國範圍內的每一個市民都擁有市民權，也就是說它們在羅馬市民會議中都有投票表決的權力。

羅馬統治的遺跡，體育館的廢墟位於突尼西亞

那些易於管理的城市被先賦予了市民權力，然後再擴展到全國，依靠這種獨特的做法，羅馬人打破了以往征服者被被征服者同化的慣例，而是把被征服者同化了。

位於泰西封巴格達附近的羅馬鬥獸場

第33章　崛起的羅馬帝國

　　不過，在第一次布匿戰爭結束並統治西西里島之後，雖然羅馬原本的同化政策依然還在使用，但同時也採用了其他新的辦法。比如，西西里島被當成戰利品，成為羅馬民族的財產，那裡富饒的土地和勤勞的人民被分配給羅馬貴族和平民階層中有影響力的人。此外，羅馬人還把戰俘當成奴隸押回羅馬。在第一次布匿戰爭之前，羅馬的絕大部分居民都有市民權，入伍是他們的義務和權利。在他們服役期間，他們的農田荒廢了，農業趁機發展起來。當他們服完兵役回家時，才發現自己生產的農產品無法和來自西西里島和新占領國的奴隸生產的農產品競爭。羅馬共和國的性質隨時代慢慢地發生了變化。在羅馬獲得西西里島的統治權後，羅馬民眾也被富有的債主和競爭者控制起來。羅馬共和國進入了第二階段，也就是富人興起的共和階段。

　　農民出生的羅馬士兵為了獲得自由，為了獲得參與國家政治的權利，前前後後爭鬥了兩百年，但他們只享受到一百年的權力。第一次布匿戰爭不僅讓他們的身心遭受重創，還剝奪了他們已經爭取到的一切權利。

　　他們的選舉權慢慢變得徒有虛名。羅馬共和國的政權實體分成兩個部分。其一是羅馬元老院，它是最重要的政權實體。最初，羅馬元老院是一個貴族團體，後來變成由掌握實權的執政官或監察官召集所有有影響力的人——大地主、政治家、富商等——組成的團體。和英國的上院及美國的議院比起來，羅馬元老院更像前者。在布匿戰爭之後的三個世紀裡，元老院成為羅馬政治思想和精神意志的中心。另一個是平民會議，它的參與者是全體羅馬市民。當羅馬還是一個方圓不超過30英里的小國家，舉行平民會議是能夠做到的，但是，當羅馬的市民權擴大到整個義大利甚至以外的範圍後，舉行平民會議就不可能做到了。這種原來透過吹響設在朱庇特神廟或羅馬城牆上的號角來召集市民的平民會議，

後來變成一些政客或市井無賴的集會。在西元前 4 世紀，平民會議還能牽制元老院，代表全體市民的權利和要求。但是在布匿戰爭結束後，平民會議的使命已經宣告終結，成為被壓迫平民的遺物，對權勢人物已經沒有任何約束力量了。

　　羅馬共和國從未實行過代議制度，也沒有人設想過透過選舉選出市民代表來為市民代言。這一點對研究羅馬歷史非常重要。平民會議和英國的上院以及美國的眾院從一開始就是完全不同的機構。從字面上看，它包括了全體平民，而事實上，它沒有任何意義。

　　所以，在第二次布匿戰爭之後，羅馬的普通市民的生活非常可憐。有些人陷入貧困，有些人失去土地，有些人因從事的行業有大量的奴隸參與而無利可圖，然而最糟糕的是，他們再也沒有扭轉這一政治權利。他們只能透過罷工和暴動來表達自己的意願，因為其他一切表達政見的權利都被剝奪。西元前 2 世紀到西元前 1 世紀，羅馬人為了權利爆發了多次革命暴動，但收效不大。

　　由於本書的篇幅所限，我不可能一一詳述當時非常複雜的、目的不同的抗爭，比如，企圖分裂羅馬領土，企圖把土地還給農民，企圖廢除部分或全部債務等等。我只是要說明，當時的起義和暴動此起彼伏。西元前 73 年，義大利的局勢因斯巴達克斯（Spartacus）領導的起義而更加惡化。發生在義大利的奴隸起義往往讓羅馬政府感到非常棘手，因為參加起義的奴隸大部分都是角鬥士，他們有著強大的戰鬥力。斯巴達克斯的起義軍在維蘇威火山[38]上堅守了兩年，最後被羅馬軍隊血腥鎮壓下去。被捕的六千名斯巴達戰士，全被活活釘死在從羅馬通過阿比斯的道路兩旁邊的十字架上。

---

[38] 維蘇威火山，當時維蘇威火山是死火山。——編者注

第33章 崛起的羅馬帝國

羅馬的圖拉真柱,展示征服了達契亞和其他地方

羅馬平民始終沒有戰勝壓迫他們、奴役他們的勢力。那些壓迫平民的富裕階層,在自己和平民之後還扶植了一個新的勢力——軍隊。

在第二次布匿戰爭之前,羅馬實行徵兵制,兵員都是從有財產的公民中徵集而來。他們要麼騎馬,要麼步行前往戰場。對近距離的戰爭來說,這是一支非常有戰鬥力的軍隊,但是它不適合遠距離作戰。隨著戰線的延伸,羅馬軍隊出現了兵源不足的情況。此時,一個名叫馬略 (Gaius Marius) 的統帥對軍隊進行了改革,他放棄徵召有產公民服役的公民兵制,改為募兵制,凡志願又符合服役條件的公民無論財產等級皆可應募入伍。在迦太基文明沒落後,北非成為一個半開化的王國——努米底亞王國。朱古達 (Jugurtha) 在篡奪努米底亞王國的王位後,煽動當地人對羅馬人的仇恨,並殺死了基爾塔城的所有羅馬人。為了維護在北非的權力,羅馬對努米底亞王國宣戰。不過,在征服努米底亞王國的過程中,羅馬軍隊屢次失利。為了打贏這場戰爭,馬略被推舉為執政官,獲得全權指揮軍隊的權力。馬略在北非十分嚴格地訓練軍隊,提高軍隊在當地酷熱、缺水的條件下的戰鬥力。最終,羅馬打敗了努米底亞王國。朱古達被俘,用鐵鏈鎖著押到羅馬,後來死於羅馬獄中。馬略在執政官

任期滿後，在軍隊的支持下拒絕退位，此時，已經沒有力量可以與他相抗衡了。

從馬略執政開始，羅馬進入了第三個階段——軍事共和時期。隨後，羅馬國內開始了軍官爭奪最高統治權的爭鬥。馬略的競爭對手是蘇拉（Sulla），在遠征北非時，他曾是馬略的部下。他們不惜利用血腥手段來打敗政敵，有數千人被驅逐或被處死，他們的田地則被拍賣。在雙方血腥的爭鬥和慘無人道地鎮壓斯巴達克斯起義之後，出現了由盧庫魯斯（Lucullus）、龐培（Pompey）、克拉蘇（Crassus）和凱撒等人把持軍政大權的時代。克拉蘇鎮壓了斯巴達克斯起義之後，又率軍入侵波斯，在與安息人的交戰中陣亡；盧庫魯斯征服了小亞細亞，然後又入侵了亞美尼亞，在搶掠了大量財富後歸隱；龐培在與凱撒的爭鬥中失敗，於西元前48年被殺死。最後只剩下凱撒，成為羅馬帝國唯一的統治者。

後來，凱撒在人們心中成為傳說人物和羅馬的象徵。在我們看來，凱撒最重要的功績是把羅馬從軍事共和時期帶進了第四個階段——向外擴張的時期。當時的羅馬，雖然經濟衰落，政治腐敗，內戰四起，但羅馬帝國對外擴張的腳步從未停下。在西元前100年，羅馬帝國的軍事擴張達到高峰。在第二次布匿戰爭的危機時期，羅馬的對外擴張處於低迷階段；在馬略進行軍事改革之前，羅馬的活力也明顯減弱；斯巴達克斯起義，讓羅馬再次陷入危機。凱撒征服的高盧地區——當今法國和比利時——主要居住著凱爾特系高盧人，他們曾占據義大利北部，入侵小亞細亞，然後在高盧地區定居。透過征服高盧地區，凱撒確立了自己的軍事領袖的地位。然後，他打敗了入侵高盧的日耳曼人，使高盧成為羅馬帝國的一部分。在西元前55年和西元前54年，他曾兩次渡過多佛海峽，入侵不列顛，最後都因為遭到頑強抵抗而未能完成征服計畫。就是在這個時期，龐培在東至黑海的羅馬各征服地區鞏固了自己的勢力。

第33章　崛起的羅馬帝國

西元前1世紀中期，元老院在名義上仍然是羅馬的權力中心，擁有任命執政官的授予權利的權力。當時，有許多政治家——以西塞羅（Cicero）最有名——為了維持羅馬共和國的偉大傳統，維護法律的尊嚴而不惜犧牲自己的性命。後來，這種市民權利的要求，隨著自由農民的大量減少而最終在義大利消失。羅馬的奴隸和窮人，既不理睬自由，也不要求得到自由。在當時，元老院中那些共和國的領袖並沒有什麼依靠力量，而讓領袖們忌憚和意欲控制的冒險家背後卻擁有強大的軍隊作後盾。所以，克拉蘇、龐培和凱撒等軍事領袖瓜分了帝國的統治權力，他們被稱為「三大廠」。五年後，克拉蘇在卡爾戰役中被帕提亞人所殺，龐培則與凱撒公開決裂。龐培透過其控制的元老院以凱撒破壞羅馬法律，不服從元老院的命令為由，通過了要求凱撒交出軍權，回羅馬受審的法案。

當時，如果將領把軍隊帶出自己的領土之外，就違背了羅馬法律。凱撒的領地和義大利的分界線是一條名叫盧比孔的河。西元前49年，凱撒宣稱「事已至此，已無退路」，公開向元老院和龐培宣戰，然後率領軍隊越過盧比孔河，向羅馬挺進。

當時，羅馬有這樣的慣例：在國家遭遇危機時，元老院會推舉一位擁有無限權力的獨裁官，直到解除危機。在打敗龐培後，凱撒在西元前46年被任命為任期十年的獨裁官，並且在西元前45年他又被任命為終身獨裁官。當時也有人勸凱撒當羅馬的國王，但自從西元前5世紀羅馬人趕走羅馬的最後一位國王塔克文（Lucius Tarquinius Superbus）之後，羅馬再也沒有國王，羅馬人對國王一直很反感。於是，凱撒拒絕當羅馬的國王，但事實上他已經像國王那樣掌握了國家的一切權力。為了徹底消滅龐培的勢力，凱撒率兵遠征龐培藏身的埃及，並愛上了美豔的埃及女王克麗奧佩脫拉（Cleopatra VII Philopator）。正是因為她，凱撒接受了神兼

國王的思想。在回到羅馬後，凱撒的雕像被放進了神廟，上面刻著「獻給無敵的神」。但是，被凱撒扼殺的共和精神仍然進行著最後的反抗。在元老院裡凱撒的政敵龐培的雕像下面，凱撒遭到暗殺。這一天是西元前 44 年 3 月 15 日。

在隨後的 13 年時，雷比達（Lepidus）、安東尼（Marcus Antonius）及凱撒的養子屋大維（Octavian）進行爭權奪勢，形成「後三頭政治時代」。雷比達占據著那塊帶著宿怨的難啃的骨頭 —— 迦太基的非洲，他似乎是一個有著善良傳統的好人，致力於迦太基的重建，而不是追尋財富或個人虛榮；安東尼占據著繁榮的東部。克麗奧佩脫拉，她的思想臣服於古代的神王思想，正是這種思想使凱撒的思想發生了根本性的變化。和克麗奧佩脫拉在一起，他沉湎於情慾、逸樂和摩世浮華的美夢中。和凱撒一樣，屋大維占據著貧窮而動盪的西部行省，他組織了一支精銳軍團，鞏固了自己的實力。

西元前 32 年，屋大維誘使元老院免去了安東尼統帥東方的職務，並開始進攻他。西元前 31 年，雙方在亞克興角的愛奧尼亞海海域爆發了一場大規模的海戰。在交戰期間，克麗奧佩脫拉突然帶著 60 艘戰艦離去，從而使這場戰爭的勝負顯而易見。我們現在很難斷定這是有預謀的背叛還是出於這個風流女人一時的任性。屋大維打敗了他唯一的對手安東尼，成為羅馬帝國的統治者。但屋大維的做法和凱撒完全不同，他既不想當神也不想當國王，他也不需要美豔的皇后當自己的情人，他辭去了羅馬獨裁官，把軍事、政治和外交的決定都交還給元老院和羅馬人民。屋大維放棄了集於一身的特權，得到了共和體制下的羅馬元老院的讚賞，被授予「元首」和「奧古斯都」的稱號，成為羅馬帝國的第一位皇帝「奧古斯都・凱撒[39]」（Imperator Caesar divi filius Augustus）。

---

[39] 奧古斯都・凱撒，在位期間，西元前 27 年到西元 14 年。——編者注

第33章　崛起的羅馬帝國

　　奧古斯都·凱撒之後的繼任者依次是提比略·凱撒（Tiberius Julius Caesar Augustus）、卡利古拉（Caligula）、克勞狄烏斯（Claudius）和尼祿（Nero），然後是圖拉真（Trajan）、哈德良（Hadrianus）、畢尤（Antoninus Pius）和奧理略（Marcus Aurelius）。他們都是出身行伍之間，受士兵們擁立而登上皇帝的寶座，有的最後也被士兵們殺害。元老院漸漸從羅馬歷史上消失，然後由皇帝和各級官吏取代。羅馬的疆域不斷擴大，後來不列顛的大部分土地都被羅馬占據；外西凡尼亞成為羅馬的一個行省——達契亞；圖拉真大帝入侵了幼發拉底河以東的土地。哈德良也在不列顛境內修築了長城，以抵禦北方的野蠻人。這讓我們不得不想到中國的皇帝——秦始皇。同時，為了抵禦日耳曼人的入侵，他還在萊茵河上游和多瑙河上游修建了一道長城。與此同時，他還放棄了圖拉真所設立的亞述省和美索不達米亞省。

　　到此時，羅馬帝國的領土擴張宣告結束。

第 34 章　羅馬和中國

　　西元前 2 世紀到西元前 1 世紀，是人類世界上一個嶄新的階段。此時，美索不達米亞和地中海地區，也不再是歷史學家們關注的焦點。雖然此間的美索不達米亞和埃及仍然物產豐富，人口眾多，貿易繁榮，但已不再是世界文明的中心。此時，支配著世界局勢的是兩個強大的帝國，一個是新興的羅馬帝國，另一個是中國的漢朝。羅馬的版圖一度擴張到幼發拉底河東岸，然後再也沒有新的擴張。以前由塞琉古王朝和波斯帝國統治的印度，此時已經改朝換代。在中國，秦朝滅亡後，取而代之的是漢朝。它的國土跨過西藏，穿過帕米爾草原，抵達土耳其西部邊界。

　　在這個時期，中國是世界上版圖最大、組織最嚴密的國家，也是最文明的國家。它的版圖面積和人口數量越過了處於鼎盛時期的羅馬。然而，羅馬和中國這兩個在同一個世界、同一個時代繁榮起來的強大國家，卻互不相識。這在當時的條件下是完全有可能的，無論是當時的水路還是陸路，交通條件都不足以讓這兩個國家有發生連繫或者發生衝突的可能。

　　但是，我們要注意的是，兩國仍以某種方式相互影響，並影響了處於兩國的中間地帶上的那些國家，如中亞和印度。兩國之間的貿易，以一種非常小的規模進行著。有時是一支穿過波斯的駱駝商隊，有時是一支經過印度和紅海沿岸的貿易船隊。西元前 66 年，龐培曾率軍沿亞歷山大當年的征服路線，到達黑海東岸。西元 102 年，中國的班超率領遠征軍也到達黑海東岸，並派人了解羅馬的實力。不過，歐洲和東亞兩大世界相互了解並建立直接的通道，則是在幾個世紀之後。

第34章　羅馬和中國

中國綠釉陶器的蓋罐

在這兩大帝國的北方，依然存在著未開化的荒野。今天的德國，當時還覆蓋著大片的森林，這些森林一直延伸到俄羅斯。森林中有一種和象一樣大小的野牛。在亞洲群山的北邊，是沙漠和大草原。再往北，則是森林和凍土帶。亞洲高山的東邊山腳下，是一片叫滿洲的三角形區域。俄國南部、土耳其和滿洲三者之間的大片土地，氣候一直複雜多變。那裡的降雨非常稀少，人類很難開發利用這樣的地區。有一個時期，那裡牧草豐美，宜於耕作，不過之後降水量驟然減少，致命的乾旱籠罩在這片土地上。

從德國的森林地帶到俄羅斯南部和土耳其，從哥特蘭島到阿爾卑斯山的這片未開化的土地西邊，就是北歐各民族及雅利安語系各族的發源地；東部的草原和沙漠地帶，則是匈奴人、蒙古人、韃靼人和土耳其人的發源地。這些民族，從語言、人種和生活方式上看都有很多相同之處。就像北歐各族不斷從自己的發源地向南方的美索不達米亞和地中海及地中海沿岸入侵一樣，匈奴人各部族也以流浪者、征服者或侵略者的身分出現在中國。當風調雨順時，這些北方野蠻人就大量繁衍人口，遇到災荒連年，牧草不足，或者因疾病而喪失大量畜產時，他們就大舉南下侵犯中國。

歷史上終於出現了這樣一個時期：世界上同時存在著兩個強大的國家，他們不僅制服了蠻族的入侵，而且還把自己的版圖平穩向外擴張。中國的漢朝從北部邊疆向蒙古族發動了猛烈而持久的進攻，中國居民來到長城以外。在士兵身後，扛著鋤頭的農民，他們開墾草地，占據季節草場。雖然蒙古人對待這些移民的方式十分殘忍，但仍舊擋不住來自中國的移民潮。這些游牧民族只有兩種選擇：一種是定居下來作為一個農耕民族向中國進貢，一是向別處遷移尋找新的草場。一部分蒙古人選擇了留下，他們被中國文化同化；一部分蒙古人則翻過東方和南北方向的高山，流入土耳其境內。

　　從西元前 200 年起，蒙古牧民開始持續不斷地入侵西方。這種入侵對雅利安各族造成強烈的壓力，迫使他們湧向羅馬邊境，並尋找防守薄弱之處伺機進攻。西元前 1 世紀，明顯有著蒙古族血統的帕提亞人入侵小亞細亞，與東征的龐培展開激戰；他們還擊敗過克拉蘇率領的軍隊，並殺死克拉蘇；他們推翻了波斯的塞琉古王朝，建立了帕提亞人自己的王朝。

　　當時，無論是東方還是西方，都對這些野蠻的游牧民的入侵進行了猛烈的反擊。因此，他們只好穿過中亞，翻越東南方向的開伯爾山口，入侵印度。事實上，在中國和羅馬都處於強盛的幾個世紀裡，印度屢遭蒙古人入侵。這些蠻族入侵者一次一次地洗劫印度平原，大肆燒殺破壞，導致阿育王國衰落，印度歷史進入了一個非常黑暗的時期。當時，在這些侵略民族有一個名叫「印度-斯基泰人」的部落建立了貴霜帝國，一度統治了印度北部地區，曾維持了幾個世紀。在西元 5 世紀期間，印度多次遭到雅利安系白色匈奴人的侵襲，他們向印度的小諸侯強徵貢稅。這些白色匈奴人夏天在土耳其西部放牧牛羊，入秋之後便入侵印度，燒殺搶掠。

第 34 章　羅馬和中國

　　西元 2 世紀，羅馬帝國和中國漢朝在對抗蠻族入侵時都表現得有些力不從心，因為這兩個國家都爆發了瘟疫。在中國，瘟疫蔓延了 11 年，整個社會組織遭受嚴重破壞。漢朝衰落後，中國又出現了四分五裂、戰亂不斷的局面。中國的下一次復興，是西元 7 世紀時大唐王朝的建立。

　　瘟疫從亞洲傳到了歐洲。西元 164 年到 180 年，這種瘟疫蔓延了整個羅馬帝國，嚴重地削弱了帝國的組織和實力，導致人口急遽減少，組織的活力和統治效率明顯下降。此時，羅馬的邊界防禦不再是堅不可摧，而是漏洞百出。此時，最早居住在瑞典哥德蘭島的北歐哥德人正在崛起，他們穿過俄羅斯，在伏爾加地區和黑海沿岸居住下來，當起了海盜。西元 2 世紀末期，他們受到匈奴人西侵的威脅。西元 247 年，他們渡過多瑙河，瘋狂入侵其他國家，在今日的塞爾維亞地區挑起一場大戰，打敗並殺死德西烏斯（Decius）皇帝。在此之前的西元 236 年，居住在萊茵河北部法蘭西亞地區的日耳曼人部落——法蘭克人曾突破萊茵河下游的邊境，日耳曼系阿勒曼尼人也大舉入侵亞爾薩斯。在高盧地區，儘管羅馬軍隊擊退了入侵者，但是巴爾幹半島上的哥德人仍不停地入侵，最後，羅馬帝國放棄了達契亞省。

　　羅馬帝國喪失了往日的驕傲和自信。在奧勒良（Aurelian）皇帝統治期間（西元 270 年到西元 275 年），為了防禦蠻族入侵羅馬城，他下令在羅馬城四圍建起了城牆，此舉結束了羅馬城在過去 300 年開放不設防的歷史。

第 35 章　早期羅馬帝國的平民生活

　　建於西元前 2 世紀，從奧古斯都・凱撒統治時期開始維持了 200 年繁榮和安定的羅馬帝國，後來終於陷入了混亂，最終滅亡。在此，我們不談這一切是如何發生的，我們要談的是這個大帝國廣闊土地上的平民的日常生活。現在，讓我們的目光回到距今 2,000 年以前的那個時代。文明人的生活，不管是羅馬帝國的和平時期還是中國漢朝的繁榮時期，都和今天文明人的生活越來越接近。

　　此時，在西方世界，錢幣已經普遍流通。許多既非官員又非祭司的人都擁有了私人財產。寬闊的道路和旅館大量出現，為人們自由地旅行提供了方便。與西元前 5 世紀之前相比，人民的生活更加自由和隨意。以前，由於受某種傳統的約束，普通的文明人總是被限制在一個地區或一個國家，始終生活在狹隘的環境中，只有游牧民族才能自由地貿易或旅行。

　　但是，無論是羅馬帝國還是中國漢朝，其統治下的廣大區域的文明都不完全相同。事實上，一個地方的文化與另一個地方的文化往往存在著極大的差異，就像今天英國統治下的印度一樣。羅馬的駐軍和殖民地廣泛分布在其統治下的廣袤土地上，這些地方的人信奉羅馬神，講拉丁語。不過，那些在羅馬入侵之前就存在的城市和城鎮，那裡的人雖然受羅馬統治，但他們仍然自己管理自己的事情，至少在一段時期內，他們以自己的習俗供奉自己的神。在希臘、小亞細亞、埃及以及希臘化的東方地區，拉丁語從來沒有流行過，希臘語始終保持著霸主地位。塔爾蘇斯人掃羅（Saul of Tarsus），後來成為使徒保羅（Paul the Apostle），既是猶太人，也是羅馬市民，但他用希臘語交談和寫作，而不是用希伯來

第 35 章　早期羅馬帝國的平民生活

語。甚至推翻希臘塞琉古王朝的帕提亞王朝，雖然距羅馬帝國的邊界遙遠，但那裡依然流行講希臘語。在西班牙及北非的某些地方，雖然迦太基已滅亡，但迦太基語仍沿用了很長時間。又比如說像塞維利亞城，它在羅馬這個名字問世之前曾是一座富裕的城市，儘管它距離義大利的一處羅馬老兵營地只有幾英里遠，但其居民仍世代信奉閃族的女神，用閃族語交談。西元 193 年到 211 年在位的羅馬皇帝塞維魯斯（Septimius Severus），一直以迦太基語作為母語，後來才把拉丁語作為一門外國語言來學習。據說，他的姐姐從來都沒有學過拉丁語，在對家裡的羅馬僕人下令時，一直使用腓尼基語。

羅馬競技場

但是，羅馬帝國把許多以前沒有大型城市、廟宇和文化的地方都拉丁化了，比如高盧、不列顛等國家，以及達契亞（如今大致是羅馬尼亞）、龐若里亞（多瑙河以南的匈牙利）等行省，它使這些地方首先得到開化。羅馬帝國在這些地方建立了城鎮，並推廣拉丁語，隨後又供奉羅馬的神，盛行羅馬風俗和風尚。羅馬尼亞語、義大利語、法語、西班牙語等，都由拉丁語改變和進化而來，這提醒我們，當時拉丁語和羅馬習俗是多麼普及。最後，非洲西北部的大部分地區也都使用拉丁語，但是

埃及、希臘以及其他東方帝國從未被拉丁化。他們仍然保留著埃及和希臘的文化和精神，甚至在羅馬，受過良好教育的人也把希臘語當做紳士語言來學習，希臘文學和知識比拉丁文學與拉丁知識更受人重視。

競技場的內景

在這個複雜的帝國裡，生產方式和貿易方式也十分複雜。在定居社會裡，農業是最主要的產業。我們前面已經講過，在義大利，自由農民曾經是早期羅馬共和國的支柱，但自從布匿戰爭之後，他們逐漸被奴隸所取代。希臘世界有多種耕種方式，從阿卡迪亞所有自由市民都參加勞動，到斯巴達人認為勞動是可恥的行為，從而驅使特殊的奴隸階級——希洛人從事農業勞動。然而，這一切都已成為古老的歷史，在大多數希臘化國家，等級制度和奴隸階層已經風行。有些農耕奴是戰俘，他們說著不同的語言，所以不能彼此理解；有些則是由奴隸所生，他們沒有反抗壓迫的團結精神，沒有爭取權利的傳統，也沒有知識，因為他們不能讀書也不能寫字。雖然他們占了國家人口的大多數，但他們的起義從未成功過。西元前1世紀爆發的斯巴達克斯奴隸起義，是一次經過特殊訓練的角鬥士爆發的起義。在羅馬共和國末期及羅馬帝國初期，義大利的

第 35 章　早期羅馬帝國的平民生活

農奴遭受了可怕的虐待。他們在晚上被鐵鏈鎖起來，以防逃走；頭髮也被剃去半邊，就算逃走也難以藏身。他們沒有自己的妻子。他們受盡主人的虐待，有的被砍掉手足，有的甚至被殘忍殺死；主人可以把他們的奴隸賣到競技場與野獸搏鬥。如果一個奴隸殺了他的主人，那麼奴隸主人家的所有奴隸都會被釘死在十字架上。在希臘的一些地方，尤其是雅典，奴隸的命運雖不至於如此悲慘，但依然十分可憐。對這些奴隸來說，後來突破羅馬軍隊防線的野蠻侵略者成了他們的解救者而不是他們的敵人。

當時，奴隸勞動已經擴散到大多數行業和各種需要團體合作的工作中，開礦、冶金、划船、修路及修建大型建築等都是奴隸從事的工作。一切服務工作也都由奴隸去做。在城市和農村，貧窮的自由民和被釋放的人為自己，或為工錢工作。他們是工匠、監工等等，作為一種新的領取薪資的勞動階級，他們與奴隸工人形成競爭，但是，我們不知道他們在羅馬總人口中所占的比例。在不同的地方和不同的時期，這個比例可能相差很大。此外，奴隸制度也有多種類型，從夜間用鏈子鎖住，白天用皮鞭驅趕到農場或採石場勞動，到後來像自由民一樣耕種，做手工藝，娶妻生子，只需要按時向主人交租。

還有武裝奴隸。西元前 264 年，也就是布匿戰爭初期，伊特拉斯坎人強迫奴隸互相格鬥的消遣方式在羅馬流行起來，並迅速成為一種時尚。很快，每個羅馬大富翁都擁有了由角鬥士組成的隨從。他們有時在角鬥場角鬥，但更主要的任務是保護主人。此外，有些奴隸是受過教育的。羅馬共和國後期的征服者，在征服了高度文明的希臘、北非及小亞細亞後，帶回很多受過良好教育的俘虜回到羅馬。在羅馬上流社會家庭中，孩子的家庭教師通常由這些奴隸擔任。富人們經常買希臘奴隸擔任家庭圖書管理員、祕書，或者是家養的學者。在當時富人們的眼裡，養

一個奴隸學者就像養一隻會表演的狗。在這種奴隸制的氛圍中，現代文學批評的傳統，即吹毛求疵的風氣發展了起來。有些人買下聰明的幼奴，讓他們接受教育，再高價賣給富人，從中牟取利益。很多奴隸都被訓練成抄寫員、珠寶匠以及各種技術精湛的工人。

不過，從富人統治下的羅馬共和國時期到瘟疫肆虐從而導致大崩潰的 400 年間，奴隸的地位發生了重大的改變。西元前 2 世紀，戰俘成群，社會風氣粗俗不堪。奴隸沒有任何權利，讀者很難想到的所有暴行幾乎都殘酷地施加在他們頭上。但是到了西元 1 世紀，羅馬文明對奴隸制度的態度出現了顯著的改善。戰俘數量明顯減少，奴隸的身價也大幅度提高。奴隸主開始意識到，善待這些不幸的奴隸，可以獲得更多的利益，也可以讓自己的生活過得更舒適。同時，社會的道德輿論也開始興起，正義感開始發揮作用。高尚的希臘精神使得古羅馬的殘酷得到了緩減，暴行受到限制，奴隸主人再也不能任意把奴隸賣到競技場與野獸搏鬥。奴隸擁有了「財產私有權」，並有權獲得作為獎勵和刺激的薪資。而且，某種形式的奴隸婚姻也得到了承認。很多形式的農業都不需要集體勞動，或只在某些特定的季節裡才需要集體勞動，在以這些農業形式為主的地區，奴隸成為農奴，他們只需把自己收穫糧食的一部分繳給奴隸主人，或在某個季節為奴隸主人勞動。

當我們現在知道，在西元前 2 世紀到西元前 1 世紀，這個使用拉丁語和希臘語的偉大羅馬帝國本質上是一個奴隸制國家，而且只有極少數一部分人享有尊嚴和自由，我們就不難了解它衰落和崩潰的原因。在當時的羅馬帝國，很少有所謂的家庭生活，進行活躍思考和學習的家庭非常罕見。學校或學院很少，而且距離遙遠。自由意志和自由精神無處可尋。儘管羅馬帝國留下了寬闊的道路，宏偉建築的遺跡，以及威嚴的法律和權力傳統，但這一切都建立在受挫的意志、扼殺的智力以及殘酷和

第35章　早期羅馬帝國的平民生活

變態的慾望之上。即使那些統治著這片廣大土地的少數征服者——他們強迫奴隸勞動——在他們的靈魂中也充滿著不安和不幸。藝術、文學、科學和哲學，這些由自由和快樂的心境結出的果實，在這種氛圍中遭到毀滅。那裡充斥著抄襲與模仿，有著多如牛毛的藝術工匠，有著大量奴顏婢膝的迂腐學者，但是整個羅馬帝國在400年間沒有產生任何東西，可以和小城市雅典在100年間透過大膽和高尚的理性活動所表現出的偉大相比。在羅馬的統治下，雅典衰落了，亞歷山卓的科學研究也衰落了，甚至那個時代人們的精神似乎也正一天天地衰落下去。

第 36 章　羅馬帝國時代的宗教

　　在基督教產生的最初兩個世紀，拉丁語系和希臘語系帝國統治下的人民的靈魂是憂慮和沮喪的。那時，壓迫和暴行統治著一切，到處都是驕傲和炫耀，幾乎沒有忠誠，也沒有平靜和安定的幸福。不幸的人備受歧視，只能痛苦地呻吟。幸運的人充滿躁動，狂熱地尋求著刺激。在許多城市裡，人們最喜歡做的事情就是觀看競技場裡的血腥表演。那裡，角鬥士和野獸搏鬥，或相互搏鬥，他們遭受著折磨和殘殺。在羅馬城的大量建築遺址中，最有特色的是圓形競技場。羅馬人的生活以這種基調繼續著。他們內心的不安，在宗教的動盪中深切地反映出來。

　　從雅利安游牧部落入侵古文明開始，有著廟宇和祭司的舊神不可避免地要被改造或自行消失。在幾百代人的歷史過程中，暗白文明的農業民族已經形成了以廟宇為中心的思想和生活。祭祀儀式、恐怖、犧牲以及神祕主義控制著人們的思想。以我們現代的思想來看，他們的神靈似乎是荒謬的、不合邏輯的，但對那些古老的民族來說，這些神靈曾出現在他們的夢裡，所以深信不疑。在蘇美地區或古埃及，如果一個城邦國家被征服，其男神或女神要麼改頭換面，要麼改成另一個名字，但崇拜的形式和精神卻完整地停留下來，其本質特徵並沒有改變。儘管夢中的神像改變了，但夢仍像以前一樣繼續著。比如，閃族系征服者與蘇美人並無多大差異，他們繼承了蘇美人征服的但未加根本改變的宗教。埃及也從未進行過真正的宗教改革。在托勒密和凱撒統治時期，埃及的廟宇、祭壇和祭司在本質上仍舊保持著埃及的特色。

　　如果征服發生在社會習俗和宗教習俗相似的兩個民族之間，那麼兩地神廟或神靈的衝突很可能透過結合或同化的方式來化解。如果兩個神

第36章 羅馬帝國時代的宗教

祇是名字不同,而在本質上相同,那麼祭司和群眾就認為祂們是同一個神。這種多神結合的現象被稱為「泛神崇拜」。西元前1000年前後就是泛神崇拜時代。在廣大的地域中,某個共同的神靈取代了各個地方的神靈。當後來巴比倫的希伯來先知們宣稱世界上只有一個神——正義之神上帝時,人們已經有了接受這種說法的心理準備。

然而,有時多種神靈之間的差異實在太大,無法自然同化,人們便編造一些看似合理的關係把祂們結合起來。比如,在希臘人到來之間的愛琴海地區所供奉的女神被安排嫁給了一個男神;動物神或星宿神被人格化,或把動物或星象,如蛇、太陽、星星等,當成裝飾或成為某種象徵。此外,被征服民族的神靈,通常會被看成是與征服民族神靈相對的邪惡之神等等。在神學史上,隨處都可以找到這種地方神靈之間相互對應,互相合併,或是被人為地合理化的現象。

當埃及由許多城邦國家發展成一個統一的國家時,泛神崇拜非常盛行。當時人們供奉的主神是歐西里斯(Osiris),他是豐收之神,人們認為法老就是祂在人間的化身。據說,歐西里斯多次死而復生,所以他不僅是掌管種子和收穫的神,還很自然地被人們看成是不死之神。人們用埋卵復活的甲蟲,也用落而復升的太陽來比喻歐西里斯。後來,歐西里斯與神牛亞匹斯(Apis (god))合而為一。他的妻子是女神伊西斯(Isis),伊西斯也被稱作哈斯奧,原本是母牛神,其象徵是新月和海上的星辰。歐西里斯死後,伊西斯生下了兒子荷魯斯(Horus)。荷魯斯被認為是鷹和黎明之神,他長大成人後,再次成為歐西里斯。伊西斯的雕像刻劃的是她抱著嬰兒荷魯斯站在新月上。這些神話之間沒有符合邏輯的關聯,它們是在人類還沒有發展出嚴密而系統的思考之前,依靠想像流傳了下來。在這三神之下還有其他的神,比如黑暗之神、邪惡之神、胡狼頭神阿努比斯(Anubis)——他象徵著黑夜,吃人或其他神,是諸神和人的敵人。

密特拉（Mithras）獻祭公牛

一切宗教制度都必須使自己對應人類靈魂的需求。毫無疑問，這些不合邏輯的，甚至粗俗的象徵，埃及人卻對它們充滿真正的熱愛並得到心靈的慰藉。埃及人堅信靈魂不死，所以埃及人的宗教都以追求永生為目的。和以前的宗教相比，埃及的宗教更突出地追求永生。尤其是後來在埃及遭受外族入侵，埃及神靈失去了重要的政治意義後，埃及人追求在來世獲得補償的願望也變得非常強烈。

埃及被希臘征服後，新建立的亞歷山卓成為宗教生活的中心，實際上也成為整個希臘世界的宗教生活中心。托勒密一世興建了一座宏偉的神廟——塞拉比斯神廟，裡面供奉著一個三位一體的神，即塞拉比斯[40]、伊西斯與荷魯斯。他不是被看成一個單獨的神，而是一個神的三種面貌。塞拉比斯還被認為是希臘的宙斯，羅馬的朱庇特以及波斯的太陽神。這種崇拜擴展到希臘的全部勢力範圍內，甚至還傳至印度北部和中國西部。靈魂不滅的觀念，在來世得到補償和幸福的想法，在貧苦人民陷於絕望中時特別流行。塞拉比斯被尊稱為「拯救靈魂的人」。當時的頌歌中有一句是這樣：「當死神降臨，我們仍然受到塞拉比斯的庇佑。」伊西斯擁有眾多信徒，被尊稱為「天之女王」。在伊西斯的神廟中，雕塑

---

[40] 塞拉比斯，歐西里斯與阿匹斯合起來的名字。——譯者注

第 36 章　羅馬帝國時代的宗教

著她懷抱著兒子荷魯斯的雕像。她雕像前燃燒著蠟燭，擺放著貢品，剃掉頭髮的祭司們終身侍奉她的祭壇。

羅馬帝國崛起後，開啟了西歐世界的大門並帶去了這種處於上升趨勢的神靈崇拜。塞拉比斯——伊西斯的廟宇、祭司的頌歌、永生的希望，隨著羅馬的軍旗傳到了蘇格蘭和荷蘭。但是，也有一些和塞拉比斯——伊西斯相對立的宗教，其中最突出的是太陽神崇拜教。這個教派源於波斯，其祭品是神聖而仁慈的牛，以許多如今已經失傳的神祕儀式為主要內容。太陽神崇拜教似乎比塞拉比斯——伊西斯崇拜還要更原始，它使我們聯想到人類歷史上日石文化的血祭場面。太陽神崇拜教的遺跡上有一頭神牛，牠腹部有一個傷口，正往外流出鮮血。太陽神崇拜教的信徒相信，新生命就是誕生於這些鮮血之中。此教的信徒經常用作為犧牲的牛的血澆在自己身上。當有新教信徒入教時，他們就站在祭壇下面，這樣，牛血就能淋到他們身上。

這兩種宗教，和早期羅馬皇帝統治時期所宣傳的宗教——有著相同的儀式，以向奴隸和臣民宣揚忠順為目的一樣，它們都是個人宗教。這些宗教的目的在於拯救個人和得到永生。但是那些更古老的宗教卻不是個人的，而是社會的。古老的宗教信奉的男神或女神，他們首先是屬於城邦或國家，然後才屬於個人；奉獻犧牲是公共事務，而不是個人的職責；宗教活動關乎這個世界的集體實際需求。但是，先是希臘人，如

伊西斯正在對荷魯斯哺乳

今則是羅馬人，已經把宗教活動從政治中剝離出來。在埃及傳統的引導下，宗教又重新回到私人世界。

以宣傳永生為目的的新興宗教，雖然奪走了舊的國家宗教的忠誠與熱情，但事實上無法取代古代宗教。在早期羅馬皇帝統治下的典型城市中，無疑有著供奉各種神靈的神廟，其中肯定有供奉羅馬神朱庇特的神廟，同時肯定也有供奉著凱撒的神廟，因為凱撒已經從埃及法老那裡學會了如何做一個神。在這些神廟中，冷峻而莊嚴的祭拜儀式有著深刻的政治意義，人們到那裡祭拜是為了表達自己的忠誠。然而，人們到可親可敬的「天之女王」伊西斯的神廟裡，則是向女神訴說自己悲慘的命運，並乞求女神給予幫助。

可能當時還有地方神和古怪的神。例如，塞爾維亞人長時期以來就一直信奉著古迦太基人信奉的維納斯女神。在山洞中或在地下的神廟中，肯定還有由羅馬士兵和奴隸設立的供奉太陽神的祭壇。此外，或許還有過猶太教堂，猶太人聚集在那裡誦讀《聖經》，讚頌他們所信奉的用肉眼看不到的世界之主。

猶太人信奉的宗教與羅馬政府和國家宗教發生衝突，因為猶太人信奉的神不允許偶像崇拜，所以他們拒絕為羅馬皇帝祈禱，甚至因為忌諱偶像崇拜而拒絕向羅馬軍旗致敬。

在釋迦牟尼出世以前很久，東方就已有了男、女苦行僧。他們拋棄人生的享樂，拋棄了婚姻和財產，靠禁慾、苦行、獨處來尋求精神力量，企圖避開人世間的壓迫和煩惱。儘管釋迦牟尼本人反對極端的苦行，但是他的絕大多數弟子都過著極其嚴格的修行生活。在希臘也有這種類似的無名的宗教，有的甚至以自殘為修行。禁慾主義最早出現於西元前 1 世紀時猶太城和亞歷山卓的猶太人的社會。一些人遠離社會生活，過著嚴肅而神祕的冥思生活，例如，艾賽尼教派就是如此。在整個

第 36 章　羅馬帝國時代的宗教

西元 1 世紀和西元 2 世紀之間,全世界幾乎都在流行這種排斥俗世快樂以求解脫現實苦難的思想。建立秩序的舊意識,依靠祭司、神廟、法律和習俗建立起的舊有的信仰已經消失。面對當時的奴隸制度、虐待、恐懼、焦慮、浪費、炫耀和無節制的享樂時,人們內心就會產生自我厭惡和精神不安,很多人為了尋求內心的平靜,不惜以克己或苦行為代價。正是因為如此,伊西斯神廟中才擠滿了哭訴懺悔的人,也正因為如此,很多人才改變信仰,來到黑暗、血腥的地下洞穴。

第 37 章　耶穌與基督教

在羅馬的第一位皇帝奧古斯都‧凱撒統治羅馬的那一年，基督教的救世主耶穌（Jesus）在猶太出生了。那個以基督的名字命名的宗教，注定要成為羅馬帝國的官方宗教。

把歷史和神學分開研究，從整體上來說會更方便。很大一部分基督徒都認為，耶穌就是猶太人最早認可的「世界之神」的化身。一個歷史學家，如果他現在仍然是歷史學家，那麼他可以既不接受也不拒絕這種觀點。耶穌以人的樣子出現，歷史學家肯定要把他當成人並和他打交道。

耶穌最早出現在提比略統治時期。他是一個先知，遵循著以前猶太人先知的方式傳教。他大約 30 歲時開始傳教。關於他傳教之前的生活經歷，我們一無所知。

關於耶穌其人的資料來源，我們幾乎全是從四福音書中得到的。這四本書肯定是在他死後的數十年內已經存在，也有來自早期基督徒布道的書信中針對耶穌的一生而提到的故事。許多人設想，《馬太》、《馬可》和《路加》這前三本福音書是來自一些更早的文獻；《約翰福音》經過強烈的希臘式神學的渲染，因而具有更多的特徵。學者們更傾向於認為，《約翰福音》是耶穌人格和真實言辭最可靠的記載。這四部福音書一起為我們勾勒了一個十分清晰的人物形象，儘管書中增添了一些荒誕不稽、難以置信的事情，不過讀了這些書的人仍不得不說：「這裡曾經有過這個人。這部分故事不可能是捏造出來的。」

第 37 章　耶穌與基督教

就像釋迦牟尼的人格被後來佛教的鍍金嚴肅盤坐偶像扭曲而模糊了一樣,耶穌瘦削的樣子和不屈的人格,實際上也是由於在現代的基督教藝術中因對其過分的崇敬而塑造出的失真的形象。事實上,耶穌只是一個身無分文的教師。他風塵僕僕,走遍了烈日當空的猶太國土,靠別人的施捨餬口。然而,在後人畫的耶穌像中,我們看到耶穌頭髮整齊、皮膚光潔、服飾講究、身姿挺拔,並且靜止不動,彷彿他是在空中飄然而行。僅就這一點來說,就使得許多不能把忠實的核心和愚昧地崇敬所裝飾和妄加的故事辨別開來的人們,認為耶穌是不真實的、不可信的人。

耶穌

假如我們把耶穌身上那些不可信的粉飾清除掉,我們看到就是一個富有人情味、非常誠懇和熱情,有時也會勃然大怒的人物形象。他宣傳著一種全新的、簡單而又深奧的道理:上帝是普天之下的慈父,天國即將來臨。用通俗的話來說,他分明是一位具有強烈的個人吸引力的人。他吸引了眾多的追隨者,使他們充滿了仁愛和勇敢。他的出現,讓患病和弱者重新獲得生活的勇氣。然而,他可能是一個體質瘦弱的人,因為在被釘到十字架上受苦刑時很快就死去了。據說,他在揹著十字架前往刑場的路上也昏倒過。他開始以傳教者的身分出現時,是一個 30 歲左右的人。為了宣傳自己的教義,他在國內遊歷了三年,然後來到耶路撒冷。在那裡,有人檢舉他想在猶太建立一個異端王國。他為此而受到審

訊,和兩個盜賊一起被釘在十字架上。在那個盜賊還沒有斷氣之前,他就已經離開了痛苦的人世。

耶穌所宣傳的教義,確實是一種促使人們思想覺醒,使人們的思想發生變化的最富革命性的教義。那時的人還不能完全了解它的重要意義,或是一知半解地了解這個反對人類習俗和制度的教義後,就因為感到恐懼而退縮。這種情況並不值得大驚小怪。因為耶穌所宣傳的天國教義,可以認為是一種勇敢的、毫不讓步的要求,要求好戰的人們從裡到外地徹底改革和淨化。讀者如果想了解教義的全部內容,必須閱讀福音書。在這裡,我只介紹耶穌的天國教義對以前固有思想造成的衝擊和引發的爭鬥。

猶太人相信,整個世界唯一的神是正義的上帝,但是他們也認為,上帝是一個懂得交易的神,他曾和自己的祖先亞伯拉罕訂下了對他們有利的契約:答應帶領他們最終將成為世界上占主導地位的民族。猶太人非常重視這一契約,但後來耶穌取消了它,他們感到非常失望和憤怒。耶穌說,神不是討價還價的生意人,在天國裡,既沒有被上帝挑選的人,也沒有寵兒,上帝是所有生命的慈愛的父親,就像普照萬物的太陽一樣公正和無私;此外,所有人都是兄弟——罪人如此,愛子也是如此——他們都是這位神聖父親的孩子。在善良的撒馬利亞人的寓言中,耶穌對那種只顧稱讚自己的民族,而詆毀其他民族或持其他信仰的人的心態嗤之以鼻。在勞動者的寓言中,耶穌對猶太人一直要求神對他們給予特別的優待,表示厭惡。他教導說:上帝對被召喚到天國的人都一視同仁,不會有絲毫的差別,因為上帝的仁愛是不能度量的。此外,耶穌還透過埋藏銀子的寓言和寡婦捐錢的寓言,來呼籲人們應該貢獻自己的全部力量。他還強調,在天國裡沒有特權,也沒有回扣,更不存在任何藉口。

第 37 章　耶穌與基督教

耶路撒冷的街道，在這樣一條大街上，基督教徒抬著他的十字架到達了行刑的地方

然而，讓耶穌感到憤怒的，不僅僅是猶太民族強烈且狹隘的愛國主義精神，還有猶太人強烈的忠於家族的觀念，耶穌希望用洪水般的上帝之愛來清除猶太人所有狹隘和排外的情感。整個天國都將是由上帝的信徒組成的一個大家庭。《聖經》中說：「在耶穌正與眾人說話時，他的母親和兄弟等在外邊要和他說話。有人進去告訴了耶穌，但是，耶穌卻對那人說：『誰是我的母親？誰是我的兄弟？』然後，他伸手指著信徒們說：『看，他們才是我的母親，他們才是我的兄弟，凡按照天父旨意行事的人，都是我的兄弟姐妹，都是我的母親。』」[41]

耶穌不僅用上帝普遍的仁愛和所有人都是兄弟的觀念，來抨擊狹隘的愛國主義與片面的家庭忠誠，而且還強烈地譴責貧富差距，反對一切私有財產和追逐個人利益。所有人都屬於天國，所有人的財產也同樣屬於天國。所有人的正當生活而且是唯一的正當生活，就是以我們擁有的一切與我們所做的一切，去服從上帝的旨意。他一次又一次地譴責私有財產和個人生活中的保留。

---

[41] 這段話節選自《馬太福音》第 12 章，第 46—50 節。——編者注

「耶穌正在路上走著，突然有一個人跑到他面前，跪下問他：『完美的主啊，我怎樣做才能得到永生？』耶穌問他：『你為什麼說我完美呢？除了一位，其他所有人都是不完美的，他就是上帝。你已經知道了聖誡：不可姦淫，不可殺人，不可偷盜，不可作假證，不可虧負他人，要孝敬父母。』此人對耶穌說：『主啊，這一切我從小就遵從著。』耶穌充滿憐愛地看著他，說：『你還要做一件事。你回去賣掉你所有的財產，然後把錢分給窮人，你將會在天國擁有財產。然後背起十字架跟我走。』那人聽了耶穌的話感到很難過，他很傷心地走開了，因為他捨不得拋棄他擁有的大量財產。」

「耶穌看了看四周，對信徒們說：『有錢人想進入天國，多難啊！』信徒們聽了他的話都覺得很奇怪，耶穌接著說：『孩子們，有錢人想進入天國太難了，駱駝穿過針眼也比有錢人進入天國要容易。』」[42]

不僅如此，耶穌在他關於天國中所有人都圍繞在上帝周圍的驚人預言中，還對以前宗教中那種與上帝訂契約式的正義觀表現出難以忍耐的厭惡。他大部分都有紀錄的言論，都在斥責為了度過虔誠的一生而一絲不苟地遵守古人的規矩的人。「法利賽人和文士問他：『你的信徒為什麼不遵守古人的規矩，用沒洗乾淨的手吃麵包？』耶穌回答：『看來，約書亞對你們的虛假所做的預言，就像寫在紙上一樣可信。』」

「他們用嘴說尊敬我，

「但是他們的心卻遠離我。

「他們把人的吩咐當做道理教導人，

「所以崇拜我也是枉然。

「他們不顧上帝的誡命，卻一心遵從人的傳統如洗壺洗杯這類事情。你們在拒絕上帝的誡命而堅持自己的遺傳。」[43]

---

[42] 這段話節選自《馬太福音》第 10 章，第 17—25 節。——編者注
[43] 這段話節選自《馬太福音》第 7 章，第 1—9 節。——編者注

第37章　耶穌與基督教

耶穌所宣傳的不僅僅是道德與社會的變革，從一些很明顯的跡象可以看出，他的教義含有最明瞭的政治傾向。的確是這樣。按照他的說法，他的天國不在這個世界，而在人們心中，而且沒有王位。但同樣也很清楚的是，不管他的天國在什麼地方，在人們心裡建立到什麼程度，外在的世界將革命化並更新到什麼程度。

再聾、再瞎、再怎麼漏聽他的言辭的人，都不可能聽不出他宣傳的教義中包含著非常鮮明的改變世界的決心。反對耶穌的全部經過，以及他受審受刑時的情況，顯然表示在他的同時代人看來，他似乎直接地倡議，而且的確直率地倡議，要改變、融合和擴大人類的生活。可是連他的信徒都沒有領會到那個倡議博大的意義。他們被從前猶太人所嚮往的王朝，也就是一個約書亞來推翻希臘化的希羅多德王朝和羅馬君主並恢復神話中大衛光榮的幻夢所支配。他們漠視了他的教義的實質，儘管它是那樣的明瞭和直率。顯然他們認為他的教導不過是他採取神祕的非凡的方法，以便最終把他放在耶路撒冷的王位上的冒險事業。他們認為他只是連綿不斷的王位繼承人中的又一個王而已，但具有半巫術的性質，而且把半巫術的職業作為不可企及的美德。

《馬可福音》中記載：西庇太（Zebedee）的兒子雅各（James）、約翰（John）前來對耶穌說：「夫子，我們無論求你什麼，願你都答應我們。」耶穌說：「要我給你什麼？」他們說：「把我們帶進你的榮耀裡，一個坐在你的左邊，一個坐在你的右邊。」耶穌說：「我所喝的杯，你們也要喝；我所受的洗，你們也要受。只是坐在我的右邊，不是我可以賜予你們的，他原來是為誰準備的，就賜給誰。」耶穌面前的十個門徒聽到後，就開始怨恨雅各和約翰。耶穌把他們叫到面前，對他們說：「你們知道，外邦人有被尊為君主的人去治理他們，有大臣掌權管束他們。只是在你們中間，不是這樣。你們中間，誰願為大，就必須作你們的僕人；在你

們中間，誰願為首，就必須作眾人的僕人。國為人子，並不是要受人的服侍，而是要服侍他人，並且要捨命來做為人的贖價。」

這段話是對那些服勞忍苦而期望獲得報酬的門徒們掃興的安慰。他們不能相信服務於天國這個困難的教義本身就是它極大的報酬。就是他死在十字架上使他們乍感沮喪後，他們仍然相信他還是在古代世界的尊榮優越的氛圍中，不久他將憑某種驚人的奇蹟復活而再臨世界，在耶路撒冷以極大的光榮和仁慈登上他的寶座。他們認為耶穌的一生是一種策略，他的死亡是一種巧妙的手段。

對於他的門徒來說，他太偉大了。可以肯定的是，那些富有而得意的人勢必從他明確表達的觀點中感受到恐慌，預感到他們安樂的生活會因他的教義而發生某種改變。也許祭司們、當權者和富裕的人比他的門徒更了解他。耶穌要把這些人費盡心機累積的財富，暴露在宗教生活的普遍光明中。他就像一個可怕的道德獵人，要將人們從久居的舒適洞穴中趕出去。在他所說的天國中，沒有私人財產，沒有特權，沒有驕傲，沒有優先。除了愛之外，沒有別的欲求和回報。人們對耶穌的教義感到迷惘，並高聲反對他。甚至連他自己的門徒也因為他不肯把他們放在這強光之外而呼號起來。祭司們更深刻地意識到，他們和耶穌之間除了你死我亡的較量外，沒有別的選擇。羅馬的士兵們吃驚地面對著一種高翔於他們的理解力之上的東西，震撼了他們的一切訓練，只能用狂笑來掩飾自己的感受。他們把用荊棘編成的王冠戴在耶穌頭上，讓耶穌穿上紫色的長袍，把他打扮成羅馬皇帝的模樣來嘲諷他。在他們看來，如果接受耶穌的教義，那就意味著要過一種奇特的可怕的生活；意味著要拋棄舊有的習慣；意味著要克制自己的本能和衝動，去追求一種並不可靠的幸福……

第 38 章　基督教的發展

在《四福音書》中，我們可以全面了解耶穌的人格和教導，但是只能了解到很少的基督教的教義。基督教的信仰大綱，在耶穌最親近的使徒所寫的《使徒書》系列的信件中得到全面的說明。

在基督教教義的建立者中，最重要的人是聖保羅。他從未見過耶穌，也從未聽過他傳教。他的本名叫掃羅。在耶穌被害以後，他曾因殘忍迫害基督徒而廣為人知。不過，他後來突然皈依了基督徒，並改名為保羅。他智力超群，精力充沛，對當時的宗教運動有著極高的興趣和熱情。他還精通當時的猶太教、太陽神崇拜教和亞歷山卓的宗教，並把這些宗教中的一些觀念和術語帶入了基督教。誠然，他對耶穌原來的教義——關於天國的教義——只做了很少的光大和發展，但他教導人們：耶穌是神所承認的救世主和猶太人的領袖，他的死是一種犧牲，就像古老文明中那些犧牲者一樣，耶穌的犧牲是為了拯救全人類。

鑲嵌畫以黃金為背景，上面的 SS. 彼得和保羅指向同一個寶座

當不同的宗教共同繁榮昌盛的時候，它們往往相互借用對方的儀式和外在特徵。比如說，中國的佛教雖然與老子開創的道教在原始宗旨上大相逕庭，但兩者的廟宇、祭司和儀式幾乎完全相同。同樣，基督教也採用了亞歷山大教和太陽神崇拜教的剃髮為僧、祭品、祭壇、蠟燭、頌唱聖詩和為神塑像等宗教儀式，甚至還直接沿用了它們的一些禱詞和神學思想，然而，這樣做並沒有為基督徒招來懷疑和輕視。所有這些繁榮的宗教都和其他不是那麼繁榮的教派並存。每一種宗教都在致力於發展信徒，所以肯定會有人在不同的宗教之間來回流動。有時候，這些宗教中的一種會受到政府的特別重視。然而，基督教受到的排斥和懷疑比它的所有競爭宗教都要多，因為它的信徒像猶太人一樣，拒絕崇拜羅馬皇帝。且不說耶穌的教導中的改革精神，單就這一點，就使它被認定為帶著煽動性的宗教。

　　聖保羅試圖讓他的門徒習慣這樣的說法：和歐西里斯一樣，耶穌也是死而復生，並為人類帶來永生的神。隨著基督教信徒的不斷擴大，關於耶穌和天父關係的神學爭論也越來越尖銳。亞流派認為，雖然耶穌是神，但他的地位遠不如天父。撒伯流派則認為，耶穌不過是天父的另一個樣子，上帝是耶穌，同時也是天父，就和一個人可以是父親，他又可以是木匠一樣。還有一個「三位一體」派提出了更加奇妙的說法，認為上帝是一個又是三個，即是聖父、聖子和聖靈三位一體。有一段時期，亞流派似乎戰勝了它的對手。不過，後來經過爭論、暴力和戰爭，所有的基督徒都接受了三位一體的思想。在亞他那修信經[44]中，這種思想得到了完整的闡述。

　　我並不打算對這場爭論發表過多的看法，因為它並沒有像耶穌的教

---

[44] 亞他那修信經，亞他那修（Athanasius of Alexandria）在第四世紀，根據以前的信經及奧古斯丁（Augustine of Hippo）的三位一體論寫成的。此信經是第一個闡述三位一體教義的信經，也是最好的一個。——編者注

第 38 章　基督教的發展

義那樣震動全世界。耶穌本人的教導看來的確把人類的精神和道德提升到一個新的階段。基督教宣揚的某些主張，如上帝是人類之父，所有人都是兄弟，每個人的人格都是上帝居住的宮殿，它無比神聖等等，對後來人們的社會生活和政治生活產生了深刻的影響。隨著基督教和耶穌的教導的廣泛傳播，一種新的、人之所以為人的尊重出現在世界上。正如一些對基督教懷有敵意的人所指出的，聖保羅曾向奴隸宣揚服從的思想，這或許是真實的。不過，福音書中所保留的反對人壓迫人的基督教精神，同樣也是真實的。此外，更能說明問題的是，基督教明確地反對競技場上嚴重損害人的尊嚴的角鬥表演。

　　在耶穌死後的兩百年間，基督教傳遍了整個羅馬帝國，接受基督教義和觀念的信徒日益增多。羅馬皇帝對基督教的態度，有些懷著敵意，有些則容忍它的存在。在西元 2 世紀和西元 3 世紀之間，基督教徒都遭受到小規模的迫害。到了西元 303 年，羅馬皇帝戴克里先終於下令大規模迫害基督徒。基督教會的財產被沒收，聖經和其他宗教書籍被燒掉，基督教徒不受法律保護，很多基督教徒被迫害至死。其中，燒毀宗教書籍這一做法尤其值得我們一說，它說明當時的羅馬政府已經意識到，書面文字在團結人的信仰中擁有強大的力量。這些「書面宗教」──基督教和猶太教，是受過教育的宗教。它們之所以能夠持續存在，在某種程度上是取決於人們可以閱讀並理解其宗教觀念。那些舊宗教並沒有像這樣依靠人的智力來傳播。在西歐陷入因蠻族入侵而造成的混亂的時代，基督教教會在保存學術傳統方面發揮了重要的作用。

戴克里先皇帝對基督徒的迫害並沒有阻止基督教的發展，因為在羅馬的很多行省，有大量的居民和許多官員都是基督徒。在這些地方，迫害基督徒的命令根本不能實行。西元311年，羅馬皇帝伽列里烏斯（Galerius）頒布了寬容基督徒的敕令。西元324年，君士坦丁大帝——基督徒的一個朋友，他在死前曾接受洗禮成為基督徒——成為羅馬帝國唯一的統治者，他拋棄了所有神聖的符號，在軍隊的盾牌和軍旗上加上了基督教的十字架符號。

基督的洗禮

幾年之後，基督教成為羅馬的官方宗教，宗教活動終於可以安全地舉行。基督教的競爭宗教迅速地消失或被其吸收。西元300年，羅馬皇帝狄奧多西（Theodosius）下令銷毀了亞歷山卓的朱庇特——塞拉比斯神像。從5世紀開始，在羅馬帝國就只存在基督教的祭司和神廟了。

第 39 章　蠻族入侵和羅馬帝國的東西分裂

在西元 3 世紀，面對蠻族的入侵，羅馬帝國逐漸走向了社會衰落和道德淪喪。這一時期的皇帝都是好戰的軍事獨裁者，帝國的首都經常隨著軍事政策的需求而遷移。有時，帝國的首都設在義大利北部的米蘭，有時設在如今塞爾維亞的西錫爾米烏姆或尼什，有時設在小亞細亞的尼科美底亞。位於義大利中部的羅馬離這些地方都太遠，因此，它成為一個日漸沒落的城市。但是，在羅馬帝國大多數地方，依然維持著和平，人們出門不需要攜帶武器。軍隊依然是權力的唯一支撐。羅馬皇帝倚仗著他們的軍團變得越來越專制，越來越像波斯或其他東方國家的君主。戴克里先大帝戴著王冠，穿著東方國家黃帝的長袍，完全是一副不可一世的模樣。

一直以來，羅馬帝國的邊境大致沿著萊茵河和多瑙河設置，如今敵軍壓境——法蘭克人和其他日耳曼部落已經抵達萊茵河畔。此外，在匈牙利北部有汪達爾人，在達契亞省——如今被稱為羅馬尼亞——有西哥德人，在後面的南俄羅斯有東哥德人，在往後的伏爾加地區是阿蘭人。此時的蒙古人也在向歐洲入侵。匈奴人則向阿蘭人和東哥德人索取貢品，並把他們趕到西方。

在亞洲，羅馬帝國的邊界受到重新崛起的波斯的入侵，不斷收縮。這個由薩珊王朝[45]統治的新波斯充滿了活力，在接下來的整整 300 年裡成為羅馬帝國在亞洲的最具威脅的對手。

只粗看一下歐洲地圖，讀者就不難發現羅馬帝國的弱點。多瑙河在

---

[45] 薩珊王朝（西元 226 年—650 年），是最後一個前伊斯蘭時期的波斯帝國。——編者注

當今的波士尼亞和塞爾維亞地區呈 U 形，從這裡到亞得里亞海的陸地距離不到兩百英里。羅馬人從未對海上交通進行良好的管理。這兩百英里的陸地，事實上是連繫著西方拉丁語世界和東方希臘語世界的重要樞紐。蠻族對這一地方的進攻尤其猛烈。當這一地區被他們攻占後，羅馬分裂成東西兩個部分就成了不可避免的趨勢。

如果此時的羅馬帝國仍然具有強悍的戰鬥力，它完全可以重新奪回達契亞省，但是此時的羅馬帝國已經沒有這樣的實力了。君士坦丁大帝固然是一個聰明而有為的皇帝，他把入侵的哥德人從羅馬的要害之處巴爾幹地區趕走，但他仍然沒有把帝國的邊界擴張到多瑙河對岸。他太看重帝國內部的弱點，試圖透過基督教的團結和道義的力量來重振沒落帝國。他決定以靠近達達尼爾海峽的拜占庭作為永久性的首都，並且以自己的名字把拜占庭重新命名為君士坦丁堡，到他死的時候，新首都還在建設中。在君士坦丁統治後期，受哥德人壓迫的汪達爾人曾請求君士坦丁允許他們遷到羅馬帝國境內。君士坦丁答應了他們的請求，把潘諾尼亞——如今的多瑙河西岸匈牙利的一片土地劃給汪達爾人居住。這樣，汪達爾人的軍隊在名義上成了羅馬軍團，但他們歸自己的軍官指揮，並沒有被羅馬人同化。

君士坦丁大帝為了重組龐大的羅馬帝國而日夜操勞，直到去世。在他死後不久，哥德人就攻破了邊界防線，然後長驅直入，幾乎攻打到君士坦丁堡。西元 378 年，他們在亞得里亞堡打敗了羅馬皇帝瓦倫斯（Valens）。就像汪達爾人在潘諾尼亞建立定居點一樣，哥德人也在今天的保加利亞地區建立了定居點。從表面上來看，他們是羅馬帝國的臣民，事實上，他們是強悍的征服者。

西元 379 年到西元 395 年，統治羅馬帝國的皇帝是狄奧多西。此時的羅馬帝國只是形式上的完整，因為義大利和潘諾尼亞的羅馬軍隊已

第 39 章　蠻族入侵和羅馬帝國的東西分裂

經被汪達爾人斯提里科（Stilicho）接管；巴爾幹的羅馬軍隊，也歸哥德人的首領和國王亞拉里克（Alarich I）率領。狄奧多西死後留下了兩個兒子——阿卡狄奧斯（Arcadius）和霍諾留（Honorius）。亞拉里克擁立阿卡狄奧斯在君士坦丁堡繼位當羅馬帝國的皇帝，斯提里科由擁立霍諾留在羅馬繼位當羅馬帝國的皇帝。他們以王子之間的王位爭奪作為掩護，展開了爭奪羅馬帝國的戰爭。西元 410 年，亞拉里克率軍攻占了羅馬，搶走了大量的財富。這是羅馬建城 800 年來第一次被外族人攻占。

在西元 5 世紀的前半個世紀，羅馬帝國成了蠻族軍隊進攻搶劫的目標。我們很難清晰地描繪出當時世界的局勢。在法蘭西、西班牙、義大利和巴爾幹半島，這些在帝國初期繁榮富強的城市，雖然此時仍然還在，但早已是另一個模樣：人口銳減，蕭條衰敗。當地人的生活，肯定充滿了不安和頹廢，不過，當地的官員仍然以羅馬皇帝之名做著各種無恥的勾當。雖然仍然都存在，但神職人員都是一些不學無術的人，他們學識淺薄，只留下恐嚇和迷信糊弄人。但是，在其他沒有遭受搶劫和破壞的地區，仍然有書籍、繪畫、雕刻和其他的藝術品存在。

帝國農村的景象更是衰敗，到處都是一片前所未有的荒涼和混亂。由於戰爭的破壞和瘟疫肆虐，很多地方的田裡長滿了野草，人們只好落草為寇。蠻族在羅馬帝國的大地上長驅直入，只遇到很少的抵抗。他們擁立自己的部族首領為統治者，通常還擁有羅馬的官銜。如果

位於君士坦丁堡的大柱子

這些入侵者不是野蠻人哪怕只是半開化的部落，他們對征服地區的人也許會更寬容，他們在占領城市後，可能允許互相通婚，舉行交流活動，甚至學習拉丁語。遺憾的是，這些入侵羅馬不列顛行省的哥德人、盎格魯人、撒克遜人都是農業民族，城市對他們而言並沒有使用價值。他們趕走了不列顛南部所有的羅馬人，用自己的條頓語[46]代替了拉丁語。最後，條頓語發展成為英語。

由於篇幅的限制，關於日耳曼和斯拉夫各個部族趁羅馬帝國處於混亂之際，為了尋求財富和宜人的家園而不停征戰的故事，我就不一一詳細介紹了。這裡我只列舉一個汪達爾人的例子。他們在東日耳曼地區首先出現在歷史上。他們後來定居在潘諾尼亞地區，這一點我已經講過了。西元425年前後，汪達爾人橫越高盧和庇里牛斯山，來到西班牙南部並定居下來。在那裡，他們發現來自俄羅斯南部的西哥德人和其他日耳曼部落都確立了自己的伯爵和國王。西元429年，汪達爾人從西班牙出發，在蓋薩里克（Gaiseric）的率領下透過航海來到北非地區。西元439年，汪達爾人占領了迦太基，然後建立了一支艦隊。他們掌握了海上霸權，並於西元455年攻陷並洗劫了羅馬，此時，羅馬還沒有從半世紀之前亞拉里克的搶奪中恢復過來。從此以後，汪達爾人成了西西里、科西嘉、薩丁尼亞以及地中海本部大多島嶼的主人。事實上，他們建立了一個龐大的海上帝國，其規模和700年前的迦太基人建立的海上帝國相當。他們的勢力在西元477年達到巔峰。他們只是統治這些城市的極少征服者。到下一個世紀，他們幾乎所有的領土都被君士坦丁一世全部奪了回去。

汪達爾人的故事，不過是眾多相似的征服故事中的一個。隨後，與所有這些毀滅者毫無種族關係，然而又是一切毀滅者中最可怕的種族進入歐洲。他們是蒙古族的匈奴人或叫韃靼人——一個西方世界此前從未見過的充滿活力和擁有強悍戰鬥力的黃種民族。

---

[46] 條頓語，也就是日耳曼語，印歐語系的分支，包括北日耳曼語、西日耳曼語和已滅絕的東日耳曼語。——編者注

第 40 章　匈奴人和西羅馬帝國的滅亡

　　無堅不摧的蒙古人，可以看成是人類歷史上的一個新階段。直到上個世紀或基督徒時代，蒙古人和北歐人都沒有密切的接觸過。在很久以前，生活在北方森林以北凍土地帶的蒙古族拉普人，曾西遷到拉普蘭地區，但是他們從未出現在主流歷史中。千百年來，西方世界的雅利安民族、閃族民族和主要的暗白色民族，由於基本沒有受到南方黑色民族和遠東地區蒙古民族的入侵（除衣索比亞入侵埃及），他們之間在相互影響中繼續著充滿戲劇色彩的歷史過程。

　　游牧的蒙古人再次向西遷移可能有兩個主要的原因。其一是，中國這個偉大的帝國的國力得到增強，在漢朝繁榮時期，邊界不斷向北擴張，人口也不斷增加。其二是，氣候的變化導致有些地區降雨減少，森林和沼澤逐漸消失，而在另外一些地方則降水增加，出現了新的草原。這些原因共同促使了蒙古人西遷。如果還要加一點原因，恐怕就是羅馬帝國勢力衰退、內部腐敗和人口下降。羅馬共和國後期的富人和軍人出生的皇帝的稅收官，共同耗盡了羅馬帝國的生命力。所以，我們便找到了蒙古人西遷的原因、方式和時機，有來自東方的壓力，西方出現的腐敗和一條開放的大道。

　　在西元 1 世紀，匈奴人已經到達了俄羅斯歐洲部分的東部邊界，但是直到西元 4 世紀到西元 5 世紀，這些騎兵才統治這片草原。西元 5 世紀是匈奴人的世紀。最早到達義大利的匈奴人，是由汪達爾人斯提里科——霍諾留的主人——手下的一支匈奴人僱傭軍團。他們占領了已經人去樓空的汪達爾人的居住地——潘諾尼亞。

西元 420 年代到 450 年代,阿提拉 (Attila) 作為匈奴人最偉大的軍事領袖出現在歷史上。我們對他強大的力量並沒有透澈的了解。他不僅統治著匈奴人,還征服了日耳曼部落聯盟。他的帝國從萊茵河跨越歐洲大平原,一直延伸到中亞。他和中國互派使節。他的大本營就設在多瑙河以東的匈牙利平原上。在那裡,阿提拉接見了君士坦丁堡派來的使節普利斯庫斯 (Priscus)——他為我們留下了關於阿提拉帝國的著作——《出使記》。這些蒙古人生活方式與被他們征服的雅利安人有很多相同之處:部落裡的一般人住在小屋或帳篷裡,首領則住在四周有圍欄的木房子裡,在那裡經常舉辦宴會、酒會或吟遊詩人的說唱表演。且不說荷馬史詩中的英雄,就說亞歷山大統率的馬其頓人,他們如果身在阿提拉的大本營中,肯定比身處狄奧多西二世[47] (Theodosius II),此時統治著君士坦丁堡——的宮殿裡感到更放鬆和快樂。

　　在很久以前,野蠻的希臘人對愛琴文明帶來強烈的衝擊,一個時期以來,匈奴人和阿提亞率領的游牧民族在地中海地區對希臘——羅馬文明造成了同樣的衝擊。歷史在一個更寬闊的舞臺上重演。匈奴人對放牧生活的熱愛,遠遠大於那些隨著季節不斷遷移的半農半牧的希臘人。他們四處侵略、掠奪財富,但從不定居。

　　在幾年時間裡,阿提拉選擇狄奧多西為欺負的對象,他的軍隊在羅馬帝國耀武揚威,直逼到君士坦丁堡的城牆下。吉朋 (Edward Gibbon) 說,阿提拉在巴爾幹半島攻下的城市不少於 70 座。狄奧多西曾用重金和大量的貢品來收買他,也曾派刺客暗殺他,但都沒有成功。西元 451 年,阿提拉把羅馬帝國沿用拉丁語的地區作為征服的目標,接著,他入侵了高盧,北高盧幾乎每一座城市都遭到洗劫。法蘭克人、西哥德人和羅馬帝國聯合起來對抗阿提拉,並在法國的特魯區打敗了阿提拉。在這

---

[47] 狄奧多西二世,阿卡狄奧斯之子。——編者注

第40章 匈奴人和西羅馬帝國的滅亡

場激戰中,猜想有 15 萬到 30 萬人被殺死。這一場戰役雖然挫敗了阿提拉入侵高盧的計畫,但並沒有從根本上摧毀阿提拉軍隊的實力。第二年,他從威尼斯進入義大利,燒毀了阿奎拉城和帕多瓦城,然後洗劫了米蘭。

大量的難民從義大利的北部城市,尤其是從帕多瓦城湧向亞得里亞海北部海灣的島嶼上,並在那裡奠定了威尼斯這座城市的基礎。到中世紀,威尼斯已經成為世界上最大的貿易中心之一。

西元 453 年,阿提拉娶了一個年輕的女人為妻。在舉辦了盛大的歡慶宴會後,他突然去世了。他的死宣告了他的掠奪成性的聯盟從此解體。單獨的匈奴人從歷史上消失了,他們融合到周圍越來越多的雅利安語系種群中,但是,這一場大規模的匈奴人入侵,事實上結束了西羅馬帝國的歷史。在他死後,汪達爾人和其他僱傭軍團扶植了 12 個羅馬皇帝統治了羅馬 20 年。西元 455 年,從迦太基來的汪爾達人攻陷並浩劫了羅馬城。最後,在西元 476 年,僱傭兵領袖奧多亞塞(Odoacer)廢黜了西羅馬帝國的最後一位皇帝羅慕路斯·奧古斯都(Romulus Augustus),然後他向君士坦丁宮廷報告:在羅馬帝國西部再也沒有一位皇帝。西羅馬帝國的歷史到此結束。西元 493 年,哥德人狄奧多里克(Theodoric the Great)成為羅馬國王。

此時,在整個中歐和西歐地區,野蠻民族的首領都以王或公爵之類的身分統治自己的領土,雖然他們在事實上完全獨立,但大部分仍然向皇帝表達某種貌離神合的忠誠。像這樣獨立的強盜式的統治者,事實上有幾百個甚至上千個。在高盧、西班牙、義大利和達契亞這些地區,拉丁語在摻雜了一些當地的方言後依然通用,但是在不列顛和萊茵河東岸地區,通用語言則為日耳曼語,只有高階神職人員和少數受到良好教育的人用拉丁語讀寫。每個地方都不安全,財產需要用強壯的手臂來守

護。城堡成倍地增加，道路年久失修，逐漸毀壞。西元6世紀，整個西方世界都陷入了分裂，知識也被黑暗籠罩。如果不是因為修道士和基督教傳教士，拉丁文化完全有可能消失。

羅馬帝國如何走向壯大？它又如何走向徹底的滅亡？它之所以壯大，是因為它依靠著早期的公民權團結了人民。縱觀整個羅馬共和國擴張的時代，甚至在羅馬帝國初期，仍然存在著大量擁有羅馬公民意識的人，他們以羅馬公民的身分深感榮幸。他們對羅馬法律保護之下的權利深信不疑，同時也願意為了羅馬法律而做出犧牲。羅馬的威望，就像一位公平、偉大的法律捍衛者的威望一樣，遠遠超出了羅馬的邊界。但是，即使在布匿戰爭早期，公民意識就被增長的財富和奴隸削弱了。雖然羅馬公民的範圍不斷擴大，但公民權的理念已經今非昔比了。

畢竟，羅馬帝國是一種非常原始的組織，它沒有推廣教育，沒有向不斷增加的市民解釋自己的政策，沒有邀請市民共同做出國家決定。總之，羅馬帝國沒有學校的組織去確保形成共同的認知，也沒有一個公告資訊的組織來維持集體活動。從馬略和蘇拉時代以來的爭權奪勢的野心家從來沒有想過在國家事務上徵集公眾輿論。公民的精神已經死亡，但沒有人注意到。所有的帝國、所有的國家、所有的人類社會組織最終都離不開公眾的理解和意願。在世界上已經沒有意願讓羅馬帝國繼續存在，所以它走向了盡頭。

不過，使用拉丁語的羅馬帝國雖然在西元5世紀走到了盡頭，但是依賴它的傳統和威信，產生了另一種新的東西——拉丁語的天主教會。在羅馬帝國滅亡後，教會依然存在，因為它喚起了人們的精神和意願，因為它有宗教書籍，有一個龐大的傳教士體系維持團結，它們的力量強過任何法律和軍團。在整個西元4世紀到西元5世紀，羅馬帝國正逐步走向衰落，基督教傳遍了整個歐洲。他征服了歐洲的征服者——野蠻

第 40 章　匈奴人和西羅馬帝國的滅亡

人。在阿提拉逼近羅馬城時，羅馬的總主教擋在他的面前，他沒有呼叫軍隊，而是用純粹的道德力量讓他退兵。

　　主教或羅馬教宗聲稱自己是整個基督教的首領。如今羅馬已經沒有了皇帝，他就把皇帝的稱號和權力加到自己身上。羅馬教宗擁有最高大祭司的頭銜，也就是在羅馬帝國內主持祭祀的首席祭司，這是皇帝享有的最古老的一個頭銜。

羅馬廣場

第41章　拜占庭帝國和薩珊王朝

　　講希臘語的東羅馬帝國比西羅馬帝國表現出更大的政治韌性。西元5世紀，羅馬帝國的發源地，也就是講拉丁語的帝國西部滅亡，不過，帝國東部卻安然度過了這場災難。儘管阿提拉欺負過皇帝狄奧多西二世，在羅馬城洗劫一空，還曾一度進攻到君士坦丁堡城牆下，但這座城市終究沒有遭到洗劫；雖然努比亞人沿尼羅河洗劫了北部埃及，但南部埃及和亞歷山卓仍然保持著繁榮；小亞細亞的大部分地區也抵擋住了薩珊王朝的波斯軍隊的進攻。

　　西元6世紀，對羅馬帝國西部來說是一個完全黑暗的時代，但是在東羅馬帝國的希臘勢力在這個時期得到全面的復興。查士丁尼一世（Justinian I）（西元527年－565年），也有斯拉夫人的血統。他是一個有著極大的野心和又富於組織能力的統治者。幸運的是，他娶了一個能力相等或能力更強的女人——狄奧多拉（Theodora）——為皇后。狄奧多拉曾是一位不很出名的演員。查士丁尼一世力圖恢復古代羅馬帝國的偉大，這或許過多地消耗了國家的力量。他不僅從汪達爾人手中奪回了北非，還從哥德人手中奪回了義大利的大部分土地，他甚至還重新奪回了西班牙南部的統治權。不過，他並沒有把自己的精力放在海上和軍事上，他建立了一所大學；他還在君士坦丁堡建造了偉大的聖索菲亞大教堂，並且編纂了法典。不過，為了讓自己建立的大學沒有競爭對手，他下令關閉了雅典學院。這座學院自從柏拉圖時代以來，已經持續存在了一千多年。

　　西元3世紀以來，東羅馬帝國的強勁對手一直都是波斯帝國。這兩個帝國紛爭，導致小亞細亞、敘利亞和埃及長期處於動盪之中並消耗了

第 41 章　拜占庭帝國和薩珊王朝

大量的國力。西元 1 世紀，這些地區仍然維持著較高水準的文明，人民生活富裕，人口眾多，但是不斷的戰爭、搶劫、高額的戰爭稅，導致這些地區逐漸衰落，最後剩下只有破爛的、被毀滅的城市和散居在鄉間的農民。在這一片可悲的、窮困和混亂的世界中，南部埃及遭受的破壞沒有其他地區那麼嚴重。亞歷山卓，就像君士坦丁堡一樣，仍然維持著的東西方不斷萎縮的貿易。

在這兩個敵對的和腐朽的帝國，科學和政治哲學幾乎已經完全消失。雅典的最後一批哲學家，以無限崇敬和強烈的求知精神保存著過去偉大的文學作品和文獻，直到他們遭到鎮壓。但是，在當時的世界無論哪一個階層，都沒有大膽和獨立的思考習慣的人，來繼承這些著作中所展現出的坦率的陳述和自由的傳統。導致這類人消失的主要原因是社會和政治的混亂，不過還有另外一個原因，就是在這個階段人類的智慧在不斷枯竭。在這個時期，波斯和拜占庭帝國都沒有大國的心胸，他們都採用了新的宗教形式，極大地阻礙了人的心靈的自由活動。

當然，世界上所有的古老帝國都是宗教國家，都以崇拜神或像神一樣的帝王為生活中心。亞歷山大就被認為是神。羅馬皇帝都有供奉自己雕像的祭壇和神廟，人們把他們進貢香火看作是對羅馬帝國忠誠的表現。從這點來說，羅馬皇帝也是神。但是，這些古老的宗教，從本質上來說是行為和事實的宗教，它們並沒有侵入人的內心。如果一個人獻上犧牲，並對神行祭禮，那麼他怎麼想、怎麼說就是他自己的事情了。但是，當新的宗教，特別是基督教出現之後，就強調內在精神了。它不僅要求人們要記住表面的宗教形式，還要內心理解並虔誠地信仰教義。隨後，關於信仰本質的爭論展開了。新興的宗教都是信仰上的宗教，隨後，一個新名字 —— 正教 —— 誕生了。正教有一套嚴格的規定，它不僅要求人們的行為，還要求人們的思想和言論符合教義。如果有人對教

義理解錯誤，並把這種錯誤傳給了他人，那麼他就不僅僅在知識層面上犯錯，而且是在靈魂和道德層面上犯下了不可饒恕的罪過。

西元 3 世紀建立薩珊王朝的阿爾達希爾一世（Ardashir I）和西元 4 世紀重建羅馬帝國和君士坦丁大帝，都曾藉助過宗教團體的力量，因為他們都在宗教中發現了利用和控制民眾意志的新方法。早在西元 4 世紀結束之前，這兩個帝國就對言論自由和宗教改革進行過鎮壓。在波斯，阿爾達希爾一世發現了一種古波斯宗教。它有祭司和祭壇，還有在祭壇上點火的祭拜儀式，這正符合他的意圖，這就是拜火教。隨後他把這種宗教定為國教。在西元 3 世紀末，拜火教徒大肆迫害基督徒。西元 277 年，創立了新興宗教摩尼教的摩尼（Mani）被活活釘死在十字架上，還被殘忍地剝皮。在君士坦丁，大量的非基督徒的異教徒遭到圍捕。基督教之所以如此仇恨摩尼教，是因為摩尼教教義和基督教的教義相牴觸。不過，基督教的教義也同樣影響了拜火教的純潔性。如此一來，人們便對所有的宗教教義產生了懷疑。科學要發展，首要的條件是心靈不受干擾，可以自由地思考。在這樣一個各種宗教水火不容的時代，科學怎麼還能釋放出它耀眼的光芒？

聖索菲亞大教堂宏偉的屋頂結構

當時的拜占庭充斥著戰爭、邪惡的神學和人類的各種罪惡行為。這種生活雖然充滿了驚險和傳奇，但幾乎沒有光明和美好。只要沒有北方蠻族的入侵，波斯和拜占庭就會發動戰爭，導致小亞細亞和敘利亞田地荒蕪，民不聊生。事實上，即使是這兩個帝國結成同盟，也抵擋不住北方蠻

第 41 章　拜占庭帝國和薩珊王朝

族的入侵，恢復帝國昔日的繁榮。土耳其人或韃靼人首次出現在歷史上時，先是和波斯結成同盟，然後和拜占庭結成同盟。西元 6 世紀，查士丁尼和霍斯勞一世（Khosrow I）相對抗，到了西元 7 世紀，則變成希拉克略（Heraclius）和霍斯勞二世（Khosrow II）相對抗。

最初，在希拉克略繼位以前，霍斯勞二世是強勢的一方。他先後攻占了安條克、大馬士革、耶路撒冷，然後他的軍隊到達卡爾西——它位於小亞細亞，和君士坦丁堡遙遙相對。西元 619 年，他攻占了埃及。然後，希拉克略率領軍隊進行反擊，於西元 627 年在尼尼微[48]打敗了波斯軍隊，雖然當時仍然有波斯軍隊駐紮在卡爾西。西元 628 年，霍斯勞的兒子喀瓦德（Kavad）篡位，霍斯勞被殺。此時，這兩個筋疲力盡的帝國之間，終於出現了不穩定的和平。

聖索菲亞大教堂

接下來，波斯和拜占庭之間進行了他們的最後一戰。然而，讓所有人做夢都沒有想到的是，這種曠日持久、徒勞無益的戰爭竟然被一場風暴畫上了句號。

正當希拉克略在敘利亞重建秩序的時候，他收到了一封信。起初，

---

[48] 尼尼微，是由古代胡里特人建立，是早期亞述，中期亞述的重鎮和亞述帝國的都城。

這封信被送到大馬士革南部波斯托駐紮的帝國哨所。信是用阿拉伯語寫成的，這是一種晦澀的、居住在沙漠南部的閃族人使用的語言。如果皇帝真的看懂了這封信，那一定是由翻譯讀給他聽的。這封信是一個自稱為「真主的使者穆罕默德」的人寫的，他呼籲希拉克略承認唯一的真主，並侍奉他。希拉克略說了些什麼，沒有留下任何紀錄。

在泰西封的喀瓦德也收到了一封內容相似的信。他了解了信的內容後大發雷霆，把信撕毀，扔給使者並命令他滾出去。

當使者回報給遠在麥地的那個汙穢的小鎮裡的發信人時，發信人也很憤怒。他大聲地說：「主啊，既然這樣，請你把他們的王國奪走吧！」

第 42 章　中國的隋唐時代

　　在整個第五、第六、第七和第八世紀，蒙古民族持續向西遷移，阿提拉率領的匈奴人不過是先行軍的角色。最後，蒙古人在芬蘭、愛沙尼亞和匈牙利、保加利亞建立了定居點，他們的後裔，說類似土耳其語的語言，一直延續到今天。事實上，蒙古游牧民族在雅利安文明、印度文明和波斯文明中扮演著重要的角色，就像十到十五世紀以前雅利安人在愛琴文明和閃族文明中所扮演的角色一樣。

　　在中亞地區，土耳其人已經定居在如今的土耳其西方地區。在波斯，也有很多土耳其人任政府官員，還有土耳其人僱傭兵團。此時，帕提亞人已經在歷史上消失，他們吸收了波斯的文化，已全部融入波斯的人口中。在中亞的歷史上，蒙古民族已經取代了雅利安游牧民族。土耳其人也成為亞洲從中國到裏海這一地區的主人。

　　西元2世紀結束時的那一場大瘟疫，不僅導致了羅馬帝國的滅亡，還給中國的漢朝帶來滅頂之災。在之後的一個分裂時期，中國遭到匈奴人的全面入侵，但是中國的復興要比歐洲更迅速也更全面。在西元6世紀結束之前，隋朝重新統一了中國。到了希拉克略時代，隋朝又被唐朝取代，它代表著中國進入了一個繁榮昌盛的時期。

　　在整個第七、第八和第九世紀，中國是世界上最穩定、最文明的國家。漢朝時期，中國的邊界不斷向北擴張。現在，隋朝和唐朝卻把文明向南方推廣。此時，中國的國土面積，已經與今天所擁有的相差無幾。在中亞地區，中國的勢力範圍已經抵達比土耳其更遠的地區，最後越過土耳其抵達波斯和裏海。

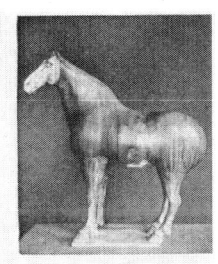

唐代中國的唐三彩陶瓷藝術，釉陶器上有棕色、綠色和黃色，顏色光鮮亮麗

新崛起的中國和原來的漢王朝有了很大的不同。一個全新的、更有活力的流派誕生了，它是一場偉大的詩歌復興思潮；佛教、哲學和宗教思想都發生了革命性的變革。藝術創作、專業技能和生活中的各個方面都獲得了明顯的進步。人們開始飲茶，發明了造紙術和木版印刷術。在幾個世紀的時間裡，當歐洲和中亞人口銳減，人們居住在簡陋的小屋，有圍牆的小城市或壓抑的強盜堡壘裡時，幾百萬中國人卻過著秩序井然、優雅而愜意的生活。當西方人的精神被神學的黑暗矇蔽時，中國人的精神卻充滿著開放、包容和探索慾望。

唐朝皇上唐太宗於西元627年登基。這一年，希拉克略在尼尼微大獲全勝。唐太宗曾接見了希拉克略的使者。希拉克略向中國派出使者的目的，可能是想在波斯的後面尋找盟友。西元653年，波斯帝國向中國派出一批基督教的傳教士，他們獲准向唐太宗解釋信條。唐太宗還親自審查了《聖經》的中譯本。然後，他宣布這個陌生的宗教可以在中國傳播，並允許傳教士在中國修建教堂和修道院。

第 42 章　中國的隋唐時代

唐太宗

　　西元 628 年，唐太宗還接見了穆罕默德（Muhammad）的使者。他們隨一艘商船從阿拉伯半島沿印度洋海岸來到廣州。

　　與希拉克略和喀瓦德不同，唐太宗使用外交禮節接見了這些使者。他對他們的神學思想表示出濃厚的興趣，並協助他們在廣州修建了一座清真寺。這是世界上最古老的清真寺[49]，一直保存到今天。

---

[49] 廣州的懷聖寺。——編者注

第 43 章　穆罕默德和伊斯蘭教

即使是一位業餘的歷史學家，在了解了西元 7 世紀的世界形勢之後，也會理直氣壯地得到這樣一個預言：在幾個世紀之後，蒙古人將統治整個歐洲和亞洲。

在西歐，當時沒有任何建立秩序或結成聯盟的跡象，拜占庭和波斯正打得火熱。印度也處於分裂中，國力衰減。在另一片土地上，中國正在向外擴張，它的人口數量可能比整個歐洲的人口還要多。突厥人在中亞崛起，他們也在做著和中國相同的事情。不過，上述的預言並沒有完全落空。到了 13 世紀，一位蒙古霸主統治著從多瑙河到太平洋的廣大地區，土耳其王朝也統治了整個拜占庭帝國和整個波斯帝國，還有整個埃及以及印度的大部分地區。

上述先知所做的預言極有可能是錯誤的，因為他低估了歐洲衰落的拉丁語系民族強大的復興能力，並忽視了阿拉伯沙漠的潛在力量。阿拉伯一直被視為是從古代以來，那些紛爭不斷弱小的游牧部落的庇護之地。距今一千多年以來，那裡都沒有閃族人建立的國家。

後來，貝都因人突然出現在歷史上，在短短的一百間，發展成為一支重要的民族。他們的勢力和語言從西班牙一直擴張到中國邊界。他們為世界帶來了一種全新的文化，建立了一種宗教。這種宗教至今仍然是世界上最有生命力的宗教之一。

最早點燃阿拉伯宗教聖火的人叫穆罕默德，他最早出現在歷史上時的身分是麥加城一位富商遺孀的年輕丈夫。在他 40 歲以前，他和世界上的其他普通人並沒有什麼區別。他似乎對談論宗教有著濃厚的興趣。在當時，

第43章　穆罕默德和伊斯蘭教

麥加是一座異教徒的城市，他們特別崇拜一塊黑色的石頭——克爾白[50]。麥加是阿拉伯人朝聖的中心，但是城市住著大量猶太人，事實上，整個阿拉伯半島的南部地區都信奉猶太教，此外，在敘利亞還有基督教教堂。

在大約40歲時，穆罕默德獲得了像1,200年前的希伯來先知那樣的預言本領。他首先和妻子談論「唯一真主」，談論對美德的獎勵和對邪惡的懲罰。毫無疑問，他的觀念受到猶太教和基督教思想的強烈影響。隨後，他召集了一小部分信徒，然後到城市講道，公開反對當時普遍存在的偶像崇拜現象。漸漸地，穆罕默德的同鄉開始討厭他，因為麥加城的經濟繁榮，主要就是因為源源不斷的朝聖者。他的講道越來越大膽，也越來越明確。他宣稱自己是神的最後的先知，肩負著完善宗教的使命。他還宣稱，亞伯拉罕和耶穌基督是他的先行者，他已被選定去完成和完善神意的啟示。

他還寫了很多詩，聲稱這都是天使傳達給他的。他還說自己做了一個奇怪的夢，夢見自己被帶到天國，接受神的旨意。

隨著他的講道被傳播得越來越廣，他的同鄉對他的敵意也越來越大。最後，他們決定殺死穆罕默德。他只好帶著自己忠實的朋友和弟子阿布・巴克爾（Abu Bakr）逃到接受了他的講道，對他十分友善的城市——麥地那。麥加和麥地那因此而爆發了戰爭，最後透過談判雙方停戰。麥加承認崇拜「唯一的真主」，並接受穆罕默德為他們的先知，但這些新教徒仍然要去麥加朝聖，就像他們曾經是異教徒所做的那樣。如此一來，穆罕默德在沒有妨礙朝聖之旅的前提下，就在麥加確立了「唯一真主」的地位。西元629年，穆罕默德以麥加城主人的身分再到麥加，一年之後，他向希拉克略、唐太宗、喀瓦德和世界上所有統治者派遣了自己的使者。

---

[50] 克爾白是阿拉伯語音譯，意為立方體，是麥加禁寺內的一立方體殿宇、正如《古蘭經》所述：「為世人創設的第一座房子。——編者注

在接下來時間直到他去世的西元632年，穆罕默德把他的宗教勢力擴張到整個阿拉伯地區。他在晚年娶了好幾個妻子。按現代人的眼光來看，他的生活從整體上說是極不道德的。他似乎是一個集虛榮、貪婪、狡猾、自欺和狂熱的宗教熱情於一身的人。他口述的禁令和論述被編成了一本書，名叫《古蘭經》。他宣稱這一切都是上帝傳授給他的。如果把《古蘭經》當成一部文學或哲學著作，那麼它確實不值得被稱為「神聖的著作」。

儘管穆罕默德的生平和著作存在著不足之處，但它們都得到了人們的諒解。他帶給阿拉伯世界的伊斯蘭教，仍然充滿了很大的力量和很多的靈感。首先就是毫不妥協的「一神論」觀點，它對真主的統治、以神為父的思想和從神學中獲得自由持有簡單而狂熱的信念。其次是它從祭司和廟宇中完全擺脫出來。伊斯蘭教是一種完全預言的宗教，並抵制任何恢復血腥犧牲的可能。《古蘭經》以一種無可爭議的方式規定了去麥加朝聖的有限的儀式。為了防止自己死後被神化，穆罕默德採取一切預防措施。再次，伊斯蘭教主張不論膚色、出生或地位，所有信徒在真主面前都猶如兄弟，人人平等。

這些特點讓伊斯蘭教在人類事務中發揮出強大的能量。曾有人說，伊斯蘭教的真正創始人並不是穆罕默德，而是他的朋友和弟子阿布·巴克爾。如果說穆罕默德以他機智的性格把思想和想像力賦予了伊斯蘭教，阿布·巴克爾則賦予了它良心和意志。每當穆罕默德動搖的時候，都是阿布·巴克爾鼓勵他。此外，當穆罕默德去世後，阿布·巴克爾成為哈里發（繼任者）。他以移山填海般的堅定信念，以穩健、簡單的風格組織了一支由阿拉伯人組成3,000人到4,000人的軍隊，按照628年穆罕默德從麥地那寄給各國君主的信中所說的那樣，開始征服了整個世界的征戰。

第 44 章　阿拉伯的文明

　　接下來發生的，是人類整個歷史上最令人驚嘆的征服故事。在西元 634 年，拜占庭的軍隊在雅木克河（約旦河支流）與阿拉伯軍隊交戰，遭到慘敗。希拉克略皇帝染上水腫病，無力理政，帝國的勢力也由於和波斯交戰而消耗殆盡，他只好眼睜睜地看著自己新征服的敘利亞的城市——大馬士革、帕米拉、安條克和耶路撒冷——全部未經抵抗就落入阿拉伯軍隊手裡。大多數臣民也改信了伊斯蘭教。隨後，阿拉伯軍隊把進攻的方向定了東方。波斯人在魯斯塔姆找到了一位能征善戰的將領。西元 637 年，他們讓他領導一支象軍，在卡第西亞和阿拉伯軍隊大戰了三天。最後，因為波斯方面指揮不當，不可避免地被打敗。

　　接著，波斯全境都被阿拉伯軍隊征服。接下來，阿拉伯軍隊把穆斯林帝國的邊界向東擴張到中國邊境，向西擴張到土耳其邊境。埃及幾乎未經任何抵抗就淪陷到新征服者的手中。這些狂熱的、篤信《古蘭經》的不可一世的征服者們，下令取消了當時在亞歷山卓圖書館仍保留的抄寫圖書的行業。征服的洪流，沿非洲北部海岸一直流向直布羅陀海峽和西班牙。西元 710 年，西班牙遭到阿拉伯軍隊入侵。西元 720 年，征服者抵達庇里牛斯山。西元 732 年，阿拉伯軍隊的先遣部隊到達法蘭西中部，不過在普瓦提埃戰役被打敗，然後退回庇里牛斯山。征服埃及，讓穆斯林軍隊得到了一支艦隊。在一段時間內，君士坦丁堡處於受穆斯林軍隊進攻的威脅之中。從西元 672 年到西元 718 年之間，他們從海路對君士坦丁堡發動了數次進攻，但這座偉大的城市最後沒有被攻下。

　　阿拉伯人幾乎沒有政治才能和政治經驗，這個首都位於大馬士革，

邊界從西班牙一直抵達中國的龐大帝國，注定不會維持長久。從一開始，教義上的差異就削弱了帝國內部的團結。不過，我們更感興趣的不是這個帝國的解體，而是它對人類心靈和普遍命運的影響。阿拉伯人的文化被迅速傳到世界各地，比一千年前希臘文化的傳播更強勁。整個中國西部都接受了這種文化的刺激，舊觀念被破除，新觀念獲得了極大的發展。

在波斯，這種全新的、活躍的阿拉伯精神，不僅與摩尼教、拜火教和基督教的教義相碰撞，而且還接觸到用希臘語和敘利亞語翻譯的希臘科學文獻，同時，它還在埃及發現了希臘文化；在很多地方，尤其是在西班牙，發現了活躍的猶太人探索和討論的傳統；在中亞地區，它接觸到佛教和獲得輝煌成果的中國文明；它從中國人那裡學會了造紙術，使印刷書籍成為可能；最後，它還接觸到印度的數學和哲學。

那種狹隘的、自滿的，把《古蘭經》視為唯一可行的著作的早期信仰，很快就被拋棄了。在阿拉伯征服者足跡所到的地方，他們無處不在學習。到西元 8 世紀，所有「阿拉伯化」的世界都有一個教育組織。在西元 9 世紀，西班牙科爾多瓦地區學校裡的學者，已開始和開羅、巴格達、布哈拉和撒馬爾罕的學者交流。猶太精神很自然地被阿拉伯精神同化。有一段時間，兩個閃族種族的人曾以阿拉伯語為交流語言而在一起工作。若干年後，當阿拉伯政權衰落和解體後，這種知識的交流仍然在阿拉伯語系國家之間維持著，並在 13 世紀產生了許多非常可觀的成果。

如此一來，最早由希臘人開創的對事實進行系統累積和批判的方法隨著閃族世界的驚人復興而得到繼承。由亞里斯多德、亞歷山卓博物館種下的科學種子，在遭到長期冷落和忽視後，現在已經發芽、成長，直到開花結果。在數學、醫學和物理學領域，獲得了非常大的進步；複雜的羅馬數字被簡潔的阿拉伯數字取代，沿用至今，「0」也被首次使用。

第44章　阿拉伯的文明

「代數」和「化學」都來自阿拉伯語；「畢宿五」、「大陵五」、「牧夫座」等星座名字，保存著阿拉伯人征服天空的證據。他們的理念，注定要在中世紀的法國、義大利和所有基督教世界的理念中得到復活。

阿拉伯化學家，被稱為鍊金術士。他們的觀念還沒有充分開化，對方法和結果仍守口如瓶。他們從一開始就意識到，他們的發明可能會為他們帶來龐大的利益，並可能對人類生活產生深遠的影響。後來，他們發明了很多冶金裝置和技術，如合金、染色、蒸餾、酊劑、香精和光學玻璃，但是有兩項主要的研究卻始終沒有成功。一種是「點金石」——是一種把一種金屬變成另一種金屬，從而得到人造黃金的方法。另一種是「長生藥」——它可以讓人返老還童，無限期地延長生命。後來，阿拉伯鍊金術士的這些難以捉摸、需要耐心的實驗方法傳入基督教世界。這些探索的吸引力逐漸蔓延開來，變成一種社會性的、需要合作的活動。他們發現相互交流和借鑑是有好處的。在不知不覺中，最後的一批鍊金術士成了最早的實驗哲學家。

古老的鍊金術士尋求可以把普通金屬變成金子的「點金石」和長生不老的丹藥。在這過程中，他們發現了現代實驗科學的方法——它為人類征服世界和改變自己的命運提供了不可抗拒的力量。

第 45 章　拉丁語基督教的發展

　　值得注意的是，在 7 世紀和 8 世紀，仍然被雅利安人控制的地區已經極度萎縮。在一千多年以前，雅利安種族征服了中國以西的所有文明世界。如今，蒙古人一直推進到匈牙利，除了小亞細亞的拜占庭之外，亞洲再也沒有土地被雅利安人統治。整個非洲和幾乎整個西班牙也從雅利安人手中丟失。偉大的古希臘世界已經萎縮到以貿易城市君士坦丁堡為中心的一小塊領地；對於羅馬世界的記憶，也僅僅保存在西方國家的基督教牧師所使用的拉丁語中。與這種倒退形成鮮明對比的，是閃族人的傳統在被征服和默默無聞中埋沒了一千多年後，再次發出耀眼的光芒。

　　然而，北歐人民的活力並沒有耗盡。儘管他們被局限在歐洲中部和西北部地區，以及他們的社會和政治理念都陷入了可怕混亂中，但是他們仍然逐步而穩定地建立起一種新的社會秩序，並在不知不覺中恢復了比先前更加廣泛的力量。

　　前面已經講過，6 世紀初，西歐根本就沒有中央集權政府，它被許多地方統治者瓜分。這種不穩定的局面不可能長久地維持下去，所以，在混亂中普遍存在某種結盟和合作的機制——它就是至今仍在歐洲人的生活留下痕跡的封建制度。這種封建制度是一個關於權力的社會結晶。無論在任何地方，孤立的人都不會獲得安全感，所以他們就犧牲某些權力來換取幫助和保護。他們通常找一個比自己更強大、更有力的人作為自己的領主和保護人，他們向這個人提供軍需、繳納貢稅，然後換取私人財產的安全。小領主們又以同樣的方式從大領主那裡獲得保護和安全。每一座城市，甚至連修道院和教會都建立了這種連帶關係。毫無疑問，

第45章　拉丁語基督教的發展

在大多數情況下，要獲得別人的保護，必須宣誓效忠於對方。這種制度組成了權力的「金字塔」，它可以由上向下發展，也可以由下向上發展。在不同的地區，它有相應的變化。最初，暴力和個人衝突不斷發生，後來穩定的秩序和新的統治法律建立起來。這種金字塔體系不斷壯大，最後有些地方形成了王國。到6世紀早期，在現在的法國和荷蘭，已經存在由克洛維一世（Clovis Ier）建立的法蘭克王國。後來，西哥德、倫巴底和哥德王國相繼出現。

當穆斯林軍隊於西元720年穿越庇里牛斯山脈時，發現這個由克洛維王室沒落後裔的宮廷總管查理·馬特（Charles Martel）實際操控的法蘭克王國。在西元732年的普瓦捷會戰中，查理·馬特打敗了穆斯林軍隊，獲得了決定性的勝利。這個查理·馬特事實上是統治阿爾卑斯山以北，從庇里牛斯山到匈牙利這片歐洲土地的霸主。他統治著許多說拉丁語系法語、高地德語和低地德語地區的領主。他的兒子丕平（Pépin）消滅了克洛維家族最後的後裔，自己登上國王寶座；他的孫子查理曼大帝（Charlemagne）在西元768年登基，當他發現自己統治的領土如此之大時，曾想過恢復拉丁皇帝的稱號。他征服了北義大利，成為羅馬的統治者。

如果我們從世界歷史這個更開闊的角度來看歐洲歷史，就可以比純粹的民族主義歷史學家更明顯地看到，拉丁羅馬帝國的傳統是多麼的災難重重。為了獲得某種虛幻的

巴黎聖母院前面的查理曼大帝雕像，
此肖像是想像出來的，
因為當代根本沒有查理曼大帝的肖像畫

優勢，在這片狹窄的土地上，一千多年來一直在消耗歐洲的力量。透過這一時期，我們可以從幾個不可遏止的衝突中追查出事情的原委。它們就像狂人的偏執，使歐洲喪失了理智。他們的動力之一，就是成功的統治者要成為羅馬皇帝的野心。這一點查理曼已經表現出來。查理曼的王國，由野蠻程度各不相同的、封建的日耳曼國家組成。在萊茵河西岸，大部分的日耳曼人已經學會了不同的拉丁化的方言——最後融合形成法語。在萊茵河東岸，同樣的日耳曼人並沒有丟掉日耳曼語言。正因為如此，在這兩個野蠻的征服者群體之間的溝通變得越來越困難，分裂只是時間早晚的問題。而導致分裂的最直接的原因，是查理曼死後，他的兒子們瓜分了他的帝國。查理曼時代以後的歐洲歷史，一方面是君主和他的家族為爭奪國王、王子、公爵、主教和歐洲的城市而爭鬥的歷史，另一方面是法國國家和日耳曼語國家的對立在動盪中不斷加深的歷史。每個皇帝最大的野心，就是奪取已經衰落的羅馬，然後在那裡舉行加冕儀式。

第二個導致歐洲政治混亂的原因，是羅馬教會不允許王子繼位，而羅馬教宗本人就是事實上的羅馬皇帝。他已經是最高大祭司，為了各種實際的利益，他掌控著這個日漸沒落的城市。儘管教宗手中沒有軍隊，但他掌握著一個由他的祭司組成的遍布整個拉丁世界的龐大宣傳組織。或許他沒有控制人身的力量，但他掌握著人們想像中的天國和地獄的鑰匙，可以控制人們的靈魂。所以，在整個中世紀，當親王或君主最初為了平等，然後為了特權，最後為了至高無上的皇冠而互相爭鬥的時候，羅馬教宗有時恣意妄為，有時詭計多端，有時又有氣無力——因為教宗都是上了歲數的人，平均在位時間不會超過兩年——企圖讓所有的君王都服從於他自己——基督教世界的最高統治者。

但是，王侯之間的對立，皇帝和教宗的對立，並不是造成歐洲動亂

第45章　拉丁語基督教的發展

的全部原因。在君士坦丁堡，仍然有一個說希臘語，並聲稱要統治著所有歐洲國家的皇帝——查理曼。查理曼試圖重振帝國，但他振興的僅僅是帝國說拉丁語的一端。如此一來，拉丁帝國和希臘帝國之間很自然地就會相互較勁，希臘語的基督教和拉丁語的基督教之間也更容易產生對立情緒。羅馬教宗自稱是聖彼得（Saint Peter）——基督的首個使徒——的繼任者，還是任何基督教社會的領袖。但是在君士坦丁堡，皇帝和族長都拒絕承認這種說法。關於聖靈三位一體的爭論，經過長時間的紛爭後最終在西元1054年宣告破裂。拉丁教會和希臘教會此後形成並保持著差異，且公開對立。這種矛盾和其他原因一樣，勢必進一步削弱中世紀的拉丁語基督教國家的力量。

在基督教世界分裂的現狀之上，又出現了三組對抗的勢力。在波羅的海和北海仍然生活著一些極難基督教化的北歐部落，他們都是諾曼人。他們在海上做起了海盜的勾當，侵擾南至西班牙的所有基督教國家的海岸。他們沿俄羅斯的河流逆流而上，來到荒涼的俄羅斯中部地區，並在南流的河流上開闢航道。他們在黑海和裏海以從事海盜而聞名。他們建立了俄羅斯公國，最早被稱為俄羅斯人。這些諾曼系俄羅斯人差一點就攻占了君士坦丁堡。在9世紀初，英國是一個基督教化的低地日耳曼國家，國王埃格伯特（Ecgberht）是查理曼的門徒和學生。西元886年，諾曼人從埃格伯特的繼任者阿佛烈大帝（Alfred）手中奪取了英國一半的土地。最後，在西元1016年，諾曼人在卡紐特（Cnut）的率領下奪取整個英國的土地。另一支諾曼人在羅洛（Rollo）的領導下，於912年占領了法國北部，並建立了諾曼第公國。

卡紐特不僅統治著英格蘭，還統治著挪威和丹麥。但是，他那短命的帝國在他死後分崩離析。究其原因，是因為野蠻民族的政治弱點：國王死後，國家由兒子們瓜分。如果這個短暫的帝國能夠長久存在，那又

會發生什麼事呢？做這樣的推測確實很有趣。諾曼人是一個擁有旺盛精力和驚人膽量的民族，他們駕著自己的帆船甚至航行到冰島和格陵蘭島等地。他們也是第一批在美洲登陸的歐洲人。後來，諾曼冒險家還從撒拉森人手裡奪回了西西里島，並洗劫了羅馬。卡紐特王國發展出來的從美洲到俄羅斯的北向航行，是一種讓人覺得多麼不思議的航海能力！

在日耳曼人的東部和歐洲的拉丁化地區，雜居著斯拉夫部落和土耳其人。其中，人口數量最多的是馬扎爾人或匈牙利人，他們在8和9世紀時從西方遷來。查理曼統治了他們一段時間，在他死後，他們就在現在的匈牙利建立了自己的國家。他們效仿自己的祖先匈奴人，每到夏天都入侵歐洲的定居點。在西元938年，他們穿過德國到達法國，越過阿爾卑斯山進入北義大利，然後返回。一路上焚燒、搶劫、破壞，做盡了壞事。

撒拉森人從南方向羅馬帝國的殘餘發起了最後的衝擊。他們已經掌握了大部分的海上霸權，諾曼人是他們在海上的最強大對手。這些諾曼人有的來自裏海，有的來自西方。

儘管四周是這些精力充沛而又充滿侵略性的民族，儘管四周埋伏著陌生的、難以預料的力量和危險，查理曼大帝和他之後的一群雄心勃勃的野心家們，仍然徒勞無益地上演了一齣以神聖羅馬帝國的名義振興羅馬帝國的鬧劇。在查理曼以後的時代，這個想法在西歐的政治中一直占據著主導地位。在東方，羅馬帝國的講希臘語的那一部分，國力已經大幅度衰減，並仍在不斷衰落，最後只剩下殘破的貿易城市君士坦丁堡和周圍數英里的土地。在查理曼時代之後的一千年中，歐洲大陸的政治呈現出因循守舊、缺乏創新的局面。

查理曼大帝在歐洲的歷史上是名滿天下的人物，但是他給人的印象並沒有那麼好。他不會讀書也不會寫字，但是他非常尊重知識。他喜歡

第 45 章 拉丁語基督教的發展

在吃飯的時候聽別人朗讀，喜歡和別人討論宗教。經常把一批學者召集到他位於亞琛和美因茲的冬季行宮裡，然後和他們交談，從中獲取知識。他喜歡在夏天發動戰爭，攻打的對象是西班牙的撒拉森人、斯拉夫人、馬扎爾人、撒克遜人，還有其他信奉異教的日耳曼人部落。至於他想繼羅慕路斯·奧古斯都之後成為羅馬皇帝的這個念頭，是在他占領北義大利之前就已經產生了，還是受了急切的想要把拉丁教會從君士坦丁堡獨立出來的教宗良三世（Leo PP. III）的慫恿，這仍是一個疑問。

在是否需要羅馬教宗為查理曼大帝加冕一事上，查理曼和教宗之間還上演了一齣你推我讓的鬧劇。在西元 800 年的聖誕節，當查理曼以訪客和征服者的身分參觀聖彼得大教堂時，教宗出人意料地完成了為查理曼加冕的儀式。據說，教宗趁查理曼看得正起勁的時候，突然拿出一頂製作好的王冠，把它戴在查理曼大帝的頭上，並高呼「凱撒」和「奧古斯都」。周圍的人群中爆發出雷鳴般的掌聲。然而，查理曼大帝對教宗為自己加冕一事一直耿耿於懷，他認為表示教宗的權力比自己的更大。為此，他告誡自己的兒子：絕不能讓教宗替自己加冕，而是要把王冠拿在自己手裡，自己戴在頭上。所以，在帝國復興一開始，我們就看到教宗和皇帝之間為了爭奪更高的權位，展開了長期的爭鬥。遺憾的是，查理曼大帝的兒子「虔誠者路易」（Louis Ier le Pieux）不顧父親的告誡，完全屈從於羅馬教宗。

查理曼的帝國在「虔誠者路易」死後開始分裂，講法語的法蘭克人和講德語的法蘭克人之間的分歧進一步擴大。下一位皇帝是鄂圖（Otto），他是撒克遜人，是「捕鳥者」亨利（Henry the Fowler）的兒子。他在西元 919 年召開的德意志王侯和主教大會上當選為德意志國王。西元 962 年，鄂圖來到羅馬，接受加冕成為羅馬皇帝。這個撒克遜人的王朝 11 世紀初就滅亡了，取而代之的是其他日耳曼統治者。那些說著不同法國方言的

西部封建諸侯和貴族，在以查理曼而聞名的卡洛林王朝滅亡後，並沒有繼續臣服於德意志皇帝的統治。此外，不列顛的任何一部分都從未加入過神聖羅馬帝國。諾曼第公爵，法蘭西國王和其他一些較小的封建統治者，也始終沒有加入神聖羅馬帝國。在西元 987 年，法蘭西王朝從卡洛林王朝獨立起來，由于格·卡佩（Hugues Capet）執掌政權。卡佩王朝在卡佩的後代手裡一直延續到 18 世紀。在于格·卡佩統治時代，法蘭西國王只統治著巴黎及周邊非常狹小的土地。

西元 1066 年，挪威國王哈拉爾·哈德拉達（Harald Hardrada）率領挪威諾曼人入侵了英格蘭，同年，諾曼第公爵威廉一世（William the Conqueror）也率領拉丁諾曼人對英格蘭發起了進攻。英格蘭國王哈洛德二世（Harold Godwinson）率軍在斯坦福橋戰役中擊敗了挪威諾曼人，但是在後來的哈斯丁之戰被拉丁諾曼人打敗。英國在被諾曼人征服後，斷絕了和斯堪地那維亞人、條頓人和俄羅斯人的連繫，然後與法蘭西人保持著緊密的連繫，並不斷與之發生紛爭。在接下來的四個世紀，英格蘭捲入了法蘭西封建諸侯的衝突中，在法蘭西戰場上消耗了大量的國力。

第 46 章　十字軍東征與教宗統治時代

　　有這樣一件趣事值得我們注意：查理曼大帝和伊斯蘭教的哈里發哈倫‧拉希德（Harun al-Rashid）曾有過某些往來。哈倫‧拉希德曾派使者從巴格達——當時已經取代了大馬士革成為穆斯林的首都——出發前往羅馬，並帶著一頂漂亮的帳篷、一座水鐘、一頭大象和幾把聖墓大教堂的鑰匙作為禮物送給查理曼大帝。其中，最特別的是聖墓的鑰匙，它們代表著耶路撒冷的邀請。這幾把鑰匙引發了一場戰爭——拜占庭帝國和新的神聖羅馬帝國為了爭作耶路撒冷基督徒的保護人而爆發的戰爭。

　　這些禮物提醒我們：在 9 世紀，當歐洲仍然處於戰爭和掠奪的混亂中時，一個蓬勃發展的偉大的阿拉伯帝國屹立在埃及和美索不達米亞，它的文明程度超過了任何歐洲的國家。在那裡，文學、藝術高度繁榮，科學的發展充滿了勃勃生機，人們思考活躍，沒有受到迷信的侵害。即使是在撒克遜人的統治陷入政治混亂的西班牙和北非，仍然維持著有活力的理智生活。幾個世紀以來，當歐洲完全處於一片黑暗中時，這些猶太人和阿拉伯人卻在閱讀和討論亞里斯多德的著作。他們守護著被忽視的科學和哲學的種子。

　　哈里發領地的東北地區，分布著一些土耳其人的部落。他們已經皈依了伊斯蘭教。他們的信仰和南部那些充滿智慧的阿拉伯人和波斯人比起來，更加單純和強烈。在 10 世紀，阿拉伯人的統治權力因分裂而遭到削弱，土耳其人的勢力則快速發展起來。哈里發帝國與土耳其人的關係，和 1,400 年前處於末期的巴比倫帝國和米底人的關係非常相似。在 11 世紀，一些土耳其部落——塞爾柱突厥人——入侵了美索不達米

亞，他們表面上擁立哈里發為統治者，事實上哈里發成了俘虜和工具。然後，他們征服了阿美尼亞，接著襲擊了小亞細亞的拜占庭帝國的殘餘。西元1071年，拜占庭的軍隊在曼齊刻爾特戰役中被殲滅，土耳其人終於徹底掃除了拜占庭帝國在亞洲的統治。他們攻占了和君士坦丁堡隔海相望的尼西亞要塞，為進攻君士坦丁堡做最後的準備。

拜占庭皇帝米海爾七世（Michael VII Doukas）驚慌失措。因為他剛剛經歷了兩場戰爭，一場是抵抗諾曼人進攻都拉佐的戰爭，另一場是抵抗土耳其部落——貝奇尼格人——入侵多瑙河一帶的戰爭。他只好四處求援。值得注意的是，他沒有把希望寄託在西方的皇帝身上，而是希望獲得拉丁基督教的首領——羅馬教宗——的援助。他寫信向教宗額我略七世（Gregorius PP. VII）求援，他的繼任者阿歷克塞一世（Alexios I Komnenos）也向教宗烏爾巴諾二世（Urbanus PP. II）寫信求援，只是後者的心情更加急迫。

這是拉丁教會和希臘教會決裂25年後發生的事情。此時，人們仍清晰地記得它們在以前發生的紛爭。拜占庭的這場災難，對羅馬教宗來說，顯然是一個壓制持有異議的希臘人，樹立拉丁教會至高無上權威的絕好機會。此外，這一事件也為教宗提供了解決困擾西方基督教國家的兩大難題的機會。一個難題是「私人戰爭」之風盛行，嚴重擾亂了社會生活的秩序；另一個難題是低地日耳曼人和基督教化的北歐人，尤其是法蘭克人和諾曼人之間無休止的爭鬥。於是，在西元1095年，一場針對占領耶路撒冷的土耳其人的宗教戰爭——十字軍東征——開始了。此外，教會還呼籲停止基督徒之間的所有內部戰爭。他們宣稱，這場戰爭的目的是從異教徒手中奪回聖墓大教堂。當時，有一個名叫彼得（Peter the Hermit）的隱士，他走遍了整個法國和德國，用發表演說的方式對這場戰爭進行了廣泛的戰前動員。他穿著粗糙的衣服，打著赤腳，騎著毛

第46章　十字軍東征與教宗統治時代

驢，揹著一個巨大的十字架。在街頭、市場或教會，他向人群發表了慷慨激昂的演說。他譴責土耳其人對基督教朝聖者所實施的暴行，陳述著基督徒的聖墓被土耳其人占領的恥辱。幾個世紀以來基督教傳播的成果，讓彼得的演說在西方基督教國家引起了極大的迴響。一股強大的浪潮正在整個西方基督教世界中形成。

在人類歷史上，僅僅依靠一個單一的觀念就能帶動起普遍民眾如此狂熱的熱情，還是首次出現。在羅馬帝國、印度或中國的歷史上從沒有出現過。不過，在歷史上還是出現了一些類似的小規模的運動。比如被劫擄到巴比倫的猶太人獲釋後的所作所為，以及之後的伊斯蘭教徒在集體主義精神影響下的行為。當然，這種運動與傳教士傳播宗教的過程中形成的新精神緊密相關。希伯來先知、耶穌和他的使徒、摩尼、穆罕默德，都是人類靈魂的勸慰者。他們讓人的良心與神面對面。在此之前，宗教在某種程度是一種迷信，是偽科學，與人的良心無關。舊式的宗教依託寺廟、祭司和神祕的犧牲，利用恐懼心理來統治像奴隸一樣的普通民眾。而新式的宗教更強調人的本身，使他自己成為一個人。

第一次十字軍東征是歐洲歷史上第一次大規模的平民動員。如果把它稱為近代民主的開端，不免有些言過其實。不過，近代民主的確是從那個時代開始出現的。

一位典型的十字軍戰士

不久之後，我們將再次看到民主意識的興起，它有力地衝擊了最讓人關注的社會和宗教問題。

然而，這畢竟是第一次透過民主動員發起的運動，它的最後結果是可悲可嘆的。龐大的隊伍——由普通民眾組成，而不是軍隊——還沒有等到確立領導者和做好充分準備，就懷著拯救聖墓的急切心情，從法國、萊茵蘭和中歐等地向著東方的耶路撒冷湧去。這是名符其實的「民眾的十字軍東征」。先出發的前兩支隊伍到達匈牙利時，把不久前才改信基督教的馬扎爾人當成異教徒加以殺害，結果自己也遭到馬扎爾人的屠殺。第三支隊伍到達萊因蘭時，也犯下了同樣的錯誤，他們殺死了大批猶太人，然後向東方前進，結果在匈牙利遭遇失敗。另外兩支由隱士彼得親自率領的隊伍，成功通過匈牙利，最後抵達君士坦丁堡。然後，當他們渡過博斯普魯斯海峽後，遭到塞爾柱土耳其人的大肆屠殺。作為歐洲歷史上第一次平民運動的十字軍東征，就這樣草率開始，還沒有到達目的地就結束了。

第二年，也就是西元1097年，真正具有戰鬥力的十字軍部隊渡過了博斯普魯斯海峽。從本質上講，這支軍隊具有諾曼人的領導能力和精神氣質。他們占領了尼西亞，然後沿著亞歷山大在1,400年以前所走過的征服路線，向安條克進軍。在他們包圍了安條克一段時間後，終於攻下了這座城市。西元1099年6月，他們包圍了耶路撒冷，並於一個月後發起了猛烈的進攻。據說，被殺的人屍體堆積如山，血流成河，就連騎在馬上的人也會全身濺滿血汗。這一年的7月15日傍晚，十字軍在消滅了所有的抵抗力量後，占領了聖墓大教堂。這一群雙手沾滿鮮血，個個殺紅了眼的人，此時喜極而泣，跪在耶穌像前做起了祈禱。

不過之後，拉丁人與希臘人之間的矛盾和衝突進一步加劇。因為十字軍是拉丁教會的隊伍，所以耶路撒冷的希臘大主教認為，如果驕狂的

第46章　十字軍東征與教宗統治時代

拉丁人統治了聖城，境況可能比由土耳其人統治更糟。如此一來，十字軍事實上是處於拜占庭和土耳其人之間，與雙方同時作戰。最後，拜占庭帝國奪回了小亞細亞的大部分土地，然後派遣了一些拉丁王侯去管理耶路撒冷和敘利亞，這兩個地方作為土耳其人和拉丁人之間的緩衝地帶。埃德薩是敘利亞最重要的城市，不過，拜占庭帝國仍然沒有足夠的軍事力量加以防守。西元1444年，埃德薩被穆斯林軍隊占領。埃德薩的淪陷成為第二次十字軍東征的導火線。西元1147年，為了回應耶路撒冷拉丁王國的請求，由法國國王路易七世（Louis VII le jeune）和德意志國王康拉德三世（Konrad III）率領下令發起了第二次十字軍東征。此次東征並沒有收復埃德薩，不過攻占了葡萄牙的里斯本，也保住了安條克。

西元1069年，庫德人野心家薩拉丁（Saladin）統治了埃及。然後，他再次召集了一支伊斯蘭軍隊，發動了針對基督徒的聖戰。西元1187年，他率領的伊斯蘭軍隊再次占領耶路撒冷。為了奪回耶路撒冷，英格蘭、神聖羅馬帝國和法國軍隊組成的聯軍，發動了第三次十字軍東征。然而，這次征戰並沒有收復耶路撒冷。第四次十字軍東征（西元1202年-1204年），拉丁教會並沒有攻打希臘帝國的異教徒，而是「轉向」攻占了同樣信仰基督教的君士坦丁堡。由於此次進攻君士坦丁堡的倡議者是由威尼斯總督恩里科·丹多洛（Enrico Dandolo），所以，大戰過後威尼斯占去拜占庭帝國的大部分領土。他們在君士坦丁堡建立了一個新的國家——拉丁帝國，由鮑德溫一世（Baudouin）出任首任君主，同時宣布拉丁教會和希臘教會統一。從西元1204年開始，君士坦丁堡就一直被拉丁皇帝統治，直到西元1261年希臘人收復君士坦丁堡為止。

12世紀到13世紀，教宗的權力達到頂峰，就像是11世紀塞爾柱土耳其人的霸權，和10世紀諾曼人的霸權一樣。在教宗的統治下統一基督教會，此時比以往任何時候都更容易實現。

在這幾百年中，一種樸素的基督教信仰真實、廣泛地傳播到歐洲大部分地區。然而，羅馬卻經歷了一些黑暗、屈辱的階段。幾乎沒有一個作家會原諒 10 世紀時的教宗若望十一世 (Ioannes PP. XI) 和若望十二世 (Ioannes PP. XII)，他們簡直就是可惡的畜生。但是，拉丁基督教徒會的內心和外在仍然保持著忠誠和簡樸，大多數教士和修女都過著規範、虔誠的生活。正是對這種生活的堅定信念，為教會創造了經久不衰的力量。歷史上的偉大教宗有葛利果一世 (Gregorius PP. I)（西元 590 年 - 604 年）；良三世（西元 795 年 - 816 年），他邀請查理曼大帝作羅馬皇帝，並趁其不備把皇冠戴在他頭上；還有 11 世紀末期的偉大聖職者、政治家希爾德布蘭德 (Ildebrando)，也就是額我略七世（西元 1073 年 - 1085 年）；此後，還有第一次十字軍東西時代的烏爾巴諾二世（西元 1087 年 - 1099 年）。在額我略七世和烏爾巴諾二世擔任教宗期間，開創了教宗控制皇帝的教權頂峰時期。在此期間，從保加利亞到愛爾蘭，從挪威到西西里島，再到耶路撒冷，教宗都擁有至高無上的權力。舉一個例子，額我略七世為了懲罰負罪的亨利四世 (Heinrich IV) 皇帝，迫使他身穿單薄的麻衣，打著赤腳，在卡諾莎城堡庭院的雪地中站了三天三夜。在西元 1176 年，腓特烈一世 (Friedrich I) 來到威尼斯，跪在教宗亞歷山大三世 (Alexander PP. III) 面前，向他宣誓會永遠效忠於他。

在 11 世紀初期，人們的意志和良知是教會強大權力的來源，但是教會並沒有維持作為權力基礎的道德威望。到了 14 世紀初期，教宗的權力明顯下降，基督教國家的人民不信任他，不再向他提要求，也不願意聽從他的召喚。為什麼會出現這樣的情況呢？

第一個原因是教會聚斂了大量的財富。教會不像人一樣會死，所以，一些沒有後代的人就把自己的土地捐贈給教會；那些犯了罪的人，為了懺悔甚至把所有的財富都捐給了教會。結果，在歐洲的許多國家，

第 46 章　十字軍東征與教宗統治時代

有四分之一的土地都屬教會所有。教會對錢財的貪慾越來越大，到 13 世紀，各地開始流傳這樣的說法：牧師神父並不是好人，他們都是為了遺產和錢財。

各國的國王和王侯對教會的斂財行為感到非常不滿。他們發現自己的領土並沒有掌握在那些維持著軍事力量的封建領主手裡，而是被修道院的神父和修女占據著，而且他們很多還是外國人。早在教宗額我略七世統治之前，教宗和國王就為了「聖職任命權」產生過爭執。如果任命權被教宗控制，那麼國王無法控制國民的良心，還會失去很大一片土地的控制權。此外，牧師還要求國王免稅，因為他們要向教宗交稅。在財產所有人向國王繳稅之外，教會還要向他們徵收財產總額十分之一的稅收。

11 世紀，幾乎所有的拉丁基督教國家的歷史中都有這樣的紀錄：國王與教宗為了「聖職任命權」而你爭我奪，但是最後都是教宗獲勝。教宗宣稱自己有權開除王室成員的教籍，有權取消教民對王室的義務，有權確定王位繼承人。此外，教宗還有開除某個國家教籍的權力。被開除教籍的國家，除了洗禮、按手禮、救贖禮之外，所有的宗教職能都必須停止；牧師不得執行日常的禮拜儀式，也不允許執行婚禮和葬禮的儀式。掌握著這兩件「武器」，12 世紀時教宗們才能控制那些心懷不滿的國王和王侯。這種權力非同尋常，本來只有在特定的場合才能使用，但是教宗們卻毫無限制地使用，致使最後這些權力失去了效用。在 12 世紀的最後 30 年，蘇格蘭、法蘭西、英格蘭等被先後開除了教籍。此外，教宗對冒犯自己的王室濫用十字軍進行征討，最後導致十字軍精神永遠消失了。

如果羅馬教會只是與國王和王侯們作對，而籠絡普通人的人心，那麼他對所有基督徒的統治或許可以永久維持下去。但是，教宗的各種最高權力，卻使下面的主教表現出傲慢和狂妄。西元 10 世紀以前，羅馬

主教可以結婚,所以,他和教堂周圍的普通民眾保持著密切、友好的關係。說他們本來就是民眾中的一部分,一點也不過。但是,到了額我略七世任教宗的時代,為了讓神職人員向羅馬靠近,以切斷他們和普通百姓之間的密切連繫,教宗規定主教禁止結婚。如此一來,教會的普通民眾之間就產生了一條無形的鴻溝。當時,教會有自己的法庭,但它不是只審理關於神父的案件,連那些涉及修道士、學生、十字軍戰士,甚至寡婦和孤兒的案件,也一律歸教會法庭審判。此外,關於遺囑、婚姻、起誓的相關文件,還有巫術,異教徒褻瀆神靈的事件,都歸教會法庭處理。如果普通人和神職人員發生了糾紛,也要完全聽從教會法庭的審理。通常,不管是戰時還是和平時期,所有的義務都由平民承擔,神職人員不用承擔任何義務。如此下去,在基督教國家中,平民對神職人員的猜疑和仇恨自然也越來越大。

位於埃克塞特大教堂的十字軍墓

羅馬教會似乎並沒有意識到,它們的一切權力都源自於公民的良心。宗教熱情和教會本來應該是同盟,然而羅馬教會的所作所為卻把人

第46章　十字軍東征與教宗統治時代

們的宗教熱情打壓了下去。同時，人們對教會的某些疑問和迷惑，它也用正統的教條來回答。當教會處理有關道德的問題時，民眾和它站在一邊；當教會處理教義問題時，民眾就被隔離開來。當時，流行於法蘭西南部的阿爾比教派認為，人們在生活和信仰上應該像基督一樣樸素。這種主張觸怒了教宗依諾增爵三世（Innocentius III），在西元1209年，他組織十字軍對阿爾比教派實施了鎮壓，企圖用劍、火、凌辱和最殘暴的刑罰使其屈服。當亞西西的聖方濟各（Saint Francis of Assisi）（西元1181年-1226年）主張人們要像基督那樣樂於助人，過清貧的生活時，方濟各會的成員竟然遭到迫害，有的遭到鞭笞，有的被關進大牢。西元1318年，甚至還有4名方濟各會的成員在羅馬被活活地燒死。另一方面，由聖道明（Dominic of Osma）（西元1170年-1221年）創立的道明會——屬正統教派——卻受到依諾增爵三世的大力支持。反過來，在道明會的幫助下，依諾增爵三世建立了宗教法庭。前面講過，這是一種專門迫害異教徒和具有自由思想的人的機構。

就這樣，教會透過過度的索取、不正當的權力、殘酷的迫害，把民眾的自由信仰摧毀殆盡。然而，這種自由信仰又是教會一切力量的來源。我們不難做出這樣的預言：就算沒有受到敵人的打擊，其內部日益嚴重的腐敗也足以讓它慢慢地衰落下去。

第 47 章　王侯頑抗和教會大分裂

　　羅馬教會在為了確保其在所有基督教國家中的第一領導權而爭鬥的過程中，暴露出一個非常大的弱點，那就是選舉教宗的方式。

　　如果羅馬教宗確定要在所有基督教國家建立一種規則、實現永久平和，或是實現自己的抱負，那麼他就必須要擁有強大的、穩定的和持久的權力。然而，要擁有這樣的權力，至少要滿足三個條件：第一，也是最重要的一點，教宗應該年富力強，有充沛的精力。第二，教宗應該有自己的繼承人，可以和他商討教會的各種事務；第三，選舉教宗的方式應該清晰、明確、固定，沒有爭議。遺憾的是，實際的情況根本就不能滿足這三個條件。舉例來說，誰有選舉教宗的權利，並沒有明確的規定，甚至連拜占庭帝國的皇帝和神聖羅馬帝國的皇帝為了選舉權的問題還發生過激烈的爭吵。教宗希爾德布蘭德（西元 1073 年 - 1085 年），也就是額我略七世，建立了選舉教宗的秩序，他規定只有紅衣主教才有選舉權。他還把皇帝對教會的權力進一步壓縮，使其僅能對教會提交給他的公文作例行公事的批准。不過，對於教宗繼承人這一問題，他沒有做任何明確的規定。他這樣做的目的，是為了讓教宗的位置不至於因紅衣主教之間的分歧而空缺。事實上，在某些情況下，教宗位置的空缺時間有時長達一年或一年以上。

　　在 16 世紀以前的歷史中，我們經常可以看到因為沒有嚴格的規定，導致在選舉教宗的過程中出現了種種問題。在很早以前，關於選舉教宗一事就存在著爭議，歷史上也出現過兩個人或三個人同時宣稱自己是教宗的鬧劇。每當遇到這樣的爭端，教會能做的就是放下架子向皇帝或外

第47章　王侯頑抗和教會大分裂

界求援。此外，每當一個偉大的教宗去世，教會就會出現諸多問題，比如群龍無首、亂作一團。有時候，繼任者是前任的死對頭，他一上任就想方設法對前任抹黑。又有的時候，繼任者是一個已到垂暮之年的老者，上任沒有多久就去世了。

教宗選舉中存在的這些弱點，為德意志王侯、法蘭西國王和統治英格蘭的諾曼系和法蘭西系國王干預教宗選舉提供了機會。他們想方設法操縱選舉過程，目的是為了讓對自己有利的人登上位於羅馬拉特朗宮的教宗寶座。教宗在歐洲事務中的影響力越大，他的地位就越重要，引起的干預和紛爭也越激烈。在這樣的環境下，教宗軟弱無能似乎讓人覺得很正常，相反，如果一些教宗的才能和膽量都非同一般，倒成了一件費解的事。

在這個時期，有一個生氣勃勃、富有才能而又十分有趣的人當了教宗，他就是依諾增爵三世（西元1198年-1216年）。他登上教宗寶座那一年，還未滿38歲。他和他的繼承者們在接下來的日子裡，與同樣年輕、有趣的皇帝腓特烈二世（Friedrich II）展開了激烈的較量。腓特烈擁有「世界奇才」的稱號。他和羅馬教會的戰爭成了歷史的轉捩點。在這場戰爭中，腓特烈敗下陣來，他的王朝因此走向沒落。但是，教會和教宗的威信也因此一落千丈，從此以後，教會和教宗的影響力日漸衰落。

腓特烈二世是亨利六世（Henry VI）的兒子，他的母親是西西里島諾曼王魯傑羅二世（Ruggero II）的女兒。西元1198年，年僅4歲的腓特烈繼承了西西里王國的王位，他的監護人是教宗依諾增爵三世。在當時，西西里已被諾曼人征服。腓特烈生活的宮廷裡有很多受過良好教育的阿拉伯人，這位年輕的國王就在這些人的影響和教育下長大。很顯然，這些人都盡量把自己的觀點傳授給他。結果，腓特烈成了一個有伊斯蘭教思想的基督徒，還成了一個有基督教思想的穆斯林。這種雙重教育所導

致的結果是不幸的，它讓腓特烈產生了這樣一種思想：所有的宗教都是騙人的。在當時那個一切以信仰為主的時代，這樣的想法無疑是驚人的。更讓人吃驚的是，他竟然把自己的這種大膽的想法毫無保留地公開說了出來。這些褻瀆神靈和有悖信仰的言論都被記錄了下來。

隨著年齡的增長，腓特烈和他的監護人依諾增爵三世之間的對立和衝突也越來越明顯。依諾增爵三世向腓特烈提出了越來越多的要求。當腓特烈繼承王位時，依諾增爵三世向他提出了這樣的要求：保證鎮壓德意志境內的異教徒；必須放棄在西西里和南義大利的王位。教宗之所以提出這樣的要求，原因只有一個：他認為腓特烈的力量太強大了，已經對他構成了威脅。除此之外，德意志的主教們還要求減免各種賦稅。腓特烈爽快地答應了這些條件，事實上，他根本就沒有打算按著這些要求去做。前面已經講過，依諾增爵三世出於自己的目的強迫法蘭西國王對法蘭西南部的阿爾比教派實施了血腥的鎮壓，挑起了國王和異教徒之間的一場戰爭。依諾增爵三世要求腓特烈以同樣殘忍的手段鎮壓德意志境內的異教徒。但是，腓特烈並沒有鎮壓異教徒的熱情。如果說阿爾比教派因為宣傳樸實和虔誠被教宗認定為異教徒，那麼腓特烈就是更激進的異教徒。當依諾增爵三世要求腓特烈發動征討耶路撒冷的伊斯蘭教徒時，他口頭上答應下來，然而在行動上卻以各種理由一拖再拖。

開羅略圖

腓特烈繼承德意志的王位後一直居住在西西里，因為他認為西西里比德意志更適合自己居住。他答

第47章　王侯頑抗和教會大分裂

應依諾增爵三世的事，一件也沒有去辦。西元1216年，依諾增爵三世懷著對腓特烈的憤恨去世了。

和諾理三世（Honorius PP. III）繼任教宗後，他同樣拿腓特烈沒有辦法。後來，在西元1227年，額我略九世（Gregorius PP. IX）當了教宗。他下定決心：不管付出多大的代價，一定要讓這個年輕的皇帝臣服於他。他開除了腓特烈的教籍，剝奪了他的一切宗教禮拜權利。然而，對於生活在有著濃郁的阿拉伯風情的宮廷裡的腓特烈來說，這個手段似乎根本就沒有影響到他。接著，教宗對民眾發出了公開信，在信中強烈譴責了腓特烈的種種違反教義、褻瀆神靈的罪惡言行，腓特烈以強而有力的手段予以反擊。他向歐洲所有的王侯寫了一封信，在信中首次明確地闡述了教宗和王侯之間的紛爭，並揭露和抨擊了教宗要想成為整個歐洲的絕對統治者的野心；對教宗統治下的教會的斂財行為，腓特烈也義憤填膺地進行了譴責；他建議歐洲所有的王侯結成聯盟，一致對抗教宗。

在對教宗進行了種種聲討之後，腓特烈決定履行在12年前對依諾增爵三世許下的發動十字軍東征的諾言。西元1228年，他率領十字軍踏上征途。這是一次具有滑稽色彩的十字軍遠征。當腓特烈率軍來到埃及時，他沒有下達進攻的命令，而是和哈里發進行了會談。由於兩人對基督教都持有懷疑態度，因此整個會談過程的氛圍非常融洽。最後，雙方簽署了一份互惠互利的協定，並且哈里發也同意讓腓特烈來統治耶路撒冷。這是一次全新的十字軍東征，它沒有戰爭、沒有流血，沒有屠殺，更沒有「喜極而泣」的場面，整個過程就是一次私人會談。由於腓特烈已被開除教籍，所以在他成為耶路撒冷王的加冕儀式上沒有教宗，也缺乏宗教氛圍。由於所有的主教都迴避他，所以他只好自己動手取下聖壇上的王冠，然後戴在頭上。腓特烈回到義大利後，趕走了駐紮在國內的所有的教宗軍隊，並迫使教宗恢復了他的教籍。在13世紀，民眾對教宗的狂熱已經冷淡，因此

當腓特烈對教宗採取這樣的行動後，並沒有招致民眾的反抗。

西元 1239 年，教宗額我略九世和腓特烈之間再次發生衝突。教宗再次開除了腓特烈的教籍，腓特烈毫不示弱，發動了一系列使教會顏面掃地的反擊。這種公開的對戰，一直持續到額我略九世去世，依諾增爵四世（Innocentius PP. IV）繼位當上教宗。在這期間，腓特烈又寫了一封言辭激烈的抨擊教會的公開信。在信中，他嚴厲地斥責了主教們的傲慢、對宗教的漠視和對錢財的貪婪，並指出它們是讓教會墮落的根源。由此他向歐洲所有王侯建議：沒收教會的所有財產，以保護教會的聲譽。這一建議從此以後深深地根植於歐洲各國君主們的頭腦裡。

對於腓特烈的晚年，我就不再講述了。他生活中的那些特殊事件，遠不如他的平常生活那麼有意義。如果把他在西西里王宮中的生活片段拼接起來，就可以證實這一點。腓特烈的宮廷生活極為講究，他喜歡一切有著漂亮外表的事物，因此有人認為他是一個不切實際的人。此外，他還具有強烈的好奇心，喜歡探索和發現未知的事情。在他的宮廷裡，不僅可以看到基督教學者來往，還可以看到猶太教和伊斯蘭教學者的身影。他提倡義大利人學習阿拉伯文化，阿拉伯數字和代數就是由他介紹給基督教學者。此外，他還組織學者翻譯了一部分亞里斯多德的著作，以及阿拉伯著名哲學家對這些著作所做的注解。西元 1224 年，腓特烈建立了拿坡里大學，同時擴建了薩勒諾大學的醫學院。他還修建了一座動物園。他是一個擅長和鳥類打交道的人，寫了一本關於放鷹的著作。他還是最早的用義大利語寫詩的人之一，很多著名的義大利詩歌就是他在宮廷裡創作出來的。由於腓特烈對知識的包容和毫無偏見，他被一位很有名氣的作家譽為「第一個現代人」。

教宗權力進一步衰落，在教宗與權力不斷增長的法國國王的衝突中展現出來。腓特烈在世期間，德意志王國已經開始分裂。法國國王對教

第47章 王侯頑抗和教會大分裂

宗的態度,與霍亨斯陶芬家族(Hohenstaufen)受教宗加冕的皇帝對教宗的態度一樣。他扮演著教宗的保護者、支持者和競爭者這三重角色,由此換來幾代教宗對法蘭西君主的支持。藉著教宗的支持和幫助,法蘭西的親王們建立了西西里王國和拿坡里王國,他們也看到了恢復和統治查理曼帝國的希望。然而,當霍亨斯陶芬王朝最後一位皇帝腓特烈二世去世之後,由於後繼無人,只好選擇哈布斯堡家族(Haus Habsburg)的魯道夫(Rudolf I)當皇帝,哈布斯堡王朝由此開始。羅馬教會的支持對象開始在法蘭西和德意志之間左右搖擺,以繼位的教宗的喜好而轉移。在東方,希臘人於西元1261年從拉丁皇帝手中奪回了君士坦丁堡。米海爾·巴列奧略戈斯(Michael VIII Palaiologos),也就是米海爾八世,締造了新的希臘王朝。他和教宗之間有過幾次虛情假意的和解,最後他宣布和教宗徹底決裂。再加上亞洲諸多拉丁國王相繼淪陷,教宗們向東擴張的優勢已經蕩然無存。

西元1294年,波尼法爵八世(Bonifatius VIII)繼任羅馬教宗。他是一個有著強烈的羅馬傳統意識和使命感的義大利人,對法蘭西充滿了敵視。西元1300年,他主持了一場盛大的慶典,眾多朝聖者湧向羅馬,教會藉機斂財。對此,J·H·羅賓遜(J. H. Robinson)曾這樣描述:「群眾捐獻的金錢堆積如山,以至於教會安排了專門的人手用耙子來收集聖彼得墓上的財物。」然而,這一場慶典不過是虛張聲勢而已。西元1302年,波尼法爵和法蘭西國王的矛盾被激化。西元1303年,法王部下紀堯姆·德·諾加雷(Guillaume de Nogaret)衝進波尼法爵位於阿納尼的宮殿,當時波尼法爵正手捧十字架躺在床上。諾加雷把波尼法爵大罵並羞辱了一番之後,把他抓了起來。事實上,波尼法爵正準備宣布開除法王教籍的決定。過了一、兩天,教宗被釋放,回到羅馬。沒有想到的是,他又被阿西尼家族的人抓了起來,再次成為囚犯。幾週之後,這個受到

驚嚇，權威蕩然無存的老人，在受盡了折磨和羞辱後，鬱鬱而死。

這種前所未有的對教宗的侮辱激怒了阿納尼人，他們開始反抗諾加雷，並搶走了波尼法爵的遺體。他們這樣做的原因，很重要的一點是波尼法爵也是阿納尼人。有一點很重要，那就是法國民眾一致贊成法國國王以這種粗暴的方式來對待教宗。法國國王在行動之前，曾召開三級會議（貴族、教會和平民），討論並通過了這一決定。無論是義大利、德意志還是英格蘭，普通民眾對法王如此對待教宗並無異議。基督教世界的觀念已經衰落到如此不得人心的境地！

整個14世紀，羅馬教會昔日的權威再也沒有恢復過。下一任教宗克萊孟五世（Clemens PP. V）是法國人，由法國國王腓力四世（Philippe IV）欽定。奇怪的是，他並沒有居住在羅馬，而是把教廷設在亞維農鎮。此地雖然在法國境內，但卻不受法國管轄。後繼的幾任教宗都住在那裡，直到西元1377年教宗額我略十一世（Gregorius PP. XI）回到羅馬梵蒂岡。雖然額我略回到羅馬，但紅衣教大多是法國人，他們的社會關係和生活習慣都和亞維農保持著密切連繫。額我略十一世於西元1378年去世，在他之後，義大利人烏爾巴諾六世（Urbanus PP. VI）繼任。當時有一些紅衣主教不同意烏爾巴諾六世當教宗，他們另立克萊孟七世（Clemens PP. VII）為教宗，與羅馬教宗對抗。這在世界上被稱為「教宗分立」。羅馬教宗仍住在羅馬。凡是反對法國的勢力，如德意志皇帝、英格蘭皇帝、匈牙利、波蘭、歐洲北部的一些國家，全都效忠於羅馬教宗。和羅馬教宗對抗的教宗則住在亞維農，法國及其盟友：蘇格蘭、西班牙、葡萄牙以德意志的一些王侯全都支持他。每一位教宗都把對手的追隨者開除教籍，並詛咒他們。

此時，所有歐洲人都為了自己而思考某些宗教事務。這難道還有什麼奇怪的嗎？

第 47 章　王侯頑抗和教會大分裂

在前面的章節中,我們已經注意到,聖方濟各會和聖道明會不過是眾多的基督教新興力量中的兩支代表。他們根據自己的觀念,來決定是支持還是反對基督教。對聖方濟各會和聖道明會這兩個教派,教會的態度是吸收和利用,雖然教會曾對前者實施過某種程度的暴力鎮壓。但是對其他教派勢力,教會則明確批判和進行鎮壓。一個半世紀後,出現了一個名叫威克里夫(Wycliffe)的人。他是牛津大學一個博學多才的博士。他在晚年時,開始直言不諱地批評教會的腐敗和神職人員的愚昧。他組織了一群貧苦的祭司,成立了羅拉德派,然後在整個英格蘭傳播他的教義。為了讓人們便於判斷教會和他本人之間的是非,他把《聖經》翻譯成英文。他是一個比聖方濟各和聖道明更有經驗,也更能幹的人。在上流社會,有他的支持者;在普通民眾中,也有大批追隨他的人。雖然羅馬教會痛恨他,並下令把他監禁起來,但直到去世他都是一個自由的人。但是,那些把天主教會引向毀滅的黑暗和腐朽的勢力,卻不會讓他的遺體安息在墳墓裡。根據西元 1415 年康士坦斯大公會議通過的一項法令,他的遺骨將被挖出來並燒掉。西元 1428 年,一位主教根據教宗瑪爾定五世(Martinus PP. V)的命令執行了這項法令。這種褻瀆神靈的舉動,並非少數人的狂熱,而是羅馬教會的正常行為。

第 48 章　蒙古人的征服

然而，在 13 世紀，當羅馬教宗為了統一歐洲所有的基督教國家而進行著莫名其妙、最終徒勞無益的爭鬥時，一些更重大的歷史事件正在亞洲這個更大的舞臺上發生。來自中國北方鄰國的韃靼人，突然在世界事務中嶄露頭角，並獲得了在歷史上無可比擬的一系列征服成就。這些韃靼人都是蒙古族人。在 13 世紀初，他們是一個騎馬游牧的部族，生活方式非常像他們的前輩——匈奴人，主要是以肉和馬奶為主食，住在毛氈帳篷裡。他們擺脫了中國的統治，並聯合其他土耳其人部落建立軍事同盟。他們的大本營設在蒙古語稱為「喀喇崑崙」的地方。

在這個時候，中國正處於分裂狀態。偉大的唐王朝從 10 世紀開始衰落。經過一個階段的分裂和戰爭，最後剩下了三個主要的帝國：位於北方以北京為首都的金國，位於南方以南京為首都的宋朝，位於中部地區的西夏帝國。西元 1214 年，蒙古各族軍事聯盟的領袖成吉思汗發動了對金國的戰爭，並在同年占領了北京。然後，他率軍向西出發，征服了西土耳其斯坦、波斯、亞美尼亞、印度、拉合爾、南俄羅斯和西利西亞，最遠抵達基輔。在他去世之前，元朝已經是一個幅員遼闊的帝國——領土從太平洋到聶伯河——的統治者。

成吉思汗的繼承人窩闊臺汗，繼續著這場令人吃驚的征服。窩闊臺汗有很高的治軍能力。他的軍隊使用了中國人新發明的火藥，裝備了一種小型野戰大砲。他完全征服了金帝國，然後橫掃亞洲，並於西元 1235 年進攻俄羅斯，其征服的速度之快，令人吃驚。西元 1240 年，基輔陷落，至此，幾乎整個俄羅斯都被蒙古人征服。波蘭也不免淪為被蹂躪的命運。西

第 48 章　蒙古人的征服

元 1241 年，蒙古軍隊在西利西亞省全殲波蘭和德意志的聯合軍隊。德意志皇帝腓特烈二世似乎並沒有竭盡全力阻擋這股排山倒海般的洪流。

「直到最近，」伯里（Bury）在為《羅馬帝國衰亡史》（*The History of the Decline and Fall of the Roman Empire*）做注釋時說：「讀歐洲歷史才真正理解，在西元 1241 年春天占領波蘭和匈牙利的蒙古軍隊之所以如此強大，絕非只是軍隊數量上占壓倒性優勢，而是這支軍隊有著完善的進攻策略。但這一事實至今仍沒有成為一種常識。那種認為韃靼人是一群野蠻的游牧部落，全憑人數優勢打勝仗，完全沒有策略計畫地在東歐東突西闖，全靠蠻力衝破和克服所有障礙的觀點，仍然存在⋯⋯

「他們非常及時而又高效地完成了從維斯瓦河一直延伸到特蘭瓦西尼亞的作戰部署。這樣的軍事行動遠遠超出了當時歐洲任何一支軍隊的能力，超出了任何一個歐洲軍事指揮官的預見。自腓特烈二世以來，歐洲還沒有哪一位將軍的策略和窩闊臺相比而不顯得幼稚。此外，我們還要注意到：蒙古人是在充分了解了匈牙利的政治局勢和波蘭的狀況後才發起進攻。他們擁有一個完善的間諜組織來獲取情報，然而他們的敵人 —— 匈牙利和其他基督教國家，卻像幼稚的野蠻人一樣，對他們的敵人什麼也不知道。」

雖然蒙古人在利埃格尼茲獲得了勝利，但他們無法繼續向西推進。因為對於那些位於林地和丘陵地區的國家，他們無法施展戰術。於是，他們轉而南下，準備在匈牙利定居，屠殺或同化有親緣關係的馬扎爾人，就像馬扎爾人先前屠殺和同化斯基泰人、阿瓦爾、匈奴人的混血後裔一樣。從匈牙利平原出發，他們可能會向西部和南部侵襲，就像 9 世紀的匈牙利人、7 世紀和 8 世紀的阿瓦爾人，以及 5 世紀的匈奴人一樣。然而，由於窩闊臺突然死亡，加上西元 1242 年又出現了繼承糾紛，這些無堅不摧的軍隊被召回。他們穿過匈牙利和羅馬尼亞回到東方。

此後，蒙古人把他們的力量集中在對亞洲的征服上。13世紀中期，中國的宋朝向蒙古人稱臣。西元1251年，蒙哥汗繼窩闊臺之後成為大汗，他讓弟弟忽必烈統治中國。西元1280年，忽必烈正式成為中國皇帝，建立元朝，被稱為元世祖。元朝的統治一直持續到西元1368年。當宋朝的殘餘勢力在中國不斷衰落時，蒙哥汗的另一個兄弟旭烈兀征服了波斯和敘利亞。蒙古人極為仇視伊斯蘭教徒，在攻占了巴格達後，他們不僅屠殺了城裡的所有伊斯蘭教徒，還破壞了蘇美爾自遠古以來一直保留的灌溉系統。正是依賴這些灌溉系統，才讓美索不達米亞平原自早期的蘇美時代以來就保持著繁榮和人丁興旺。從那個時候起一直到現在，美索不達米亞逐漸變成沙漠中的一處廢墟，只有很少的人生活在那裡。

蒙古人入侵埃及的計畫沒有實現。西元1260年，埃及的蘇丹在巴勒斯坦徹底擊敗了旭烈兀的軍隊。

經過這次慘敗，蒙古人勝利的浪潮開始消退。在大可汗的領地上，出現一些獨立的國家。東方的蒙古人就像中國人一樣皈依了佛教，而西方的蒙古人則成了穆斯林。中國人於西元1368年推翻了元朝的統治，建立了明朝。明朝的統治一直持續到西元1644年。俄羅斯人則繼續向東南方草原上的韃靼人游牧部落進貢，直到西元1480年莫斯科大公拒絕再向韃靼人效忠，此舉奠定了現代俄羅斯的基礎。

14世紀，在成吉思汗的後裔帖木兒

韃靼騎兵

第 48 章　蒙古人的征服

的領導下,經過了一段時間,蒙古人的活力得到了短暫的恢復。帖木兒在土耳其斯坦西部建立了自己的威望,成立了自己的國家,於西元1369年獲得「大可汗」的稱號,他征服了從敘利亞到新德里的大片土地。他是最野蠻和最有破壞性的蒙古征服者。但是,他建立的帝國在他去世前就崩潰了。在西元1505年,帖木兒的後裔、冒險家貝柏爾,聯合起一支裝備槍炮的軍隊橫掃了印度平原。他的孫子阿克巴(西元1556年-1605年)完成了他征服印度的計畫。這個蒙古人的王朝,被阿拉伯人稱為「蒙兀兒王朝」,在新德里定都,統治著印度很大一部分土地,一直維持到18世紀。

13世紀,蒙古征服者的第一次大掃蕩造成的後果之一,就是把土耳其人的一個特別的部落——鄂圖曼土耳其人——從土耳其斯坦趕到小亞細亞。這個部落在小亞細亞擴大和鞏固了自己的權力,然後渡過達達尼爾海峽,征服了馬其頓、塞爾維亞和保加利亞,直到最後使君士坦丁堡成為鄂圖曼帝國勢力範圍內的「一座孤島」。

西元1453年,鄂圖曼帝國蘇丹穆罕默德二世(Mehmed II)率領一支裝備著大量槍炮的軍隊,從歐洲這一邊向君士坦丁堡發起進攻,最後攻占了這座城市。此事件在歐洲引起強烈的反響,使十字軍東征再次成為人們談論的熱門話題,不過十字軍東征的朝代已經成為過去。

在16世紀,鄂圖曼帝國征服了巴格達、匈牙利、埃及和北非;帝國的艦隊在地中海所向無敵;他們曾一度逼近維也納;羅馬皇帝也要向他們繳納貢品。在15世紀,只有兩件事可以沖淡人們關於基督教國家衰敗的印象。其一是,西元1480年莫斯科公國恢復獨立;其二是,基督徒逐漸奪回了西班牙。西元1492年,西班牙半島最後一個穆斯林國家——格拉納達,被亞拉岡國王斐迪南(Fernando)和他的王后卡斯提爾的伊莎貝拉女王(Isabella I of Castile)共同占有。

但是,一直到西元 1571 年,基督徒才在勒班陀海戰中打敗鄂圖曼帝國的艦隊,奪回地中海的海上統治霸權。

第 49 章　歐洲的理性復甦

　　在整個 12 世紀，有許多跡象顯示歐洲人擁有了恢復理智的勇氣和閒暇，從而再次萌生了像早期希臘科學家那樣從事科學研究，以及像義大利人盧克萊修（Lucretius）那樣思索的念頭。復興的原因多而複雜。私人爭鬥的嚴禁、十字軍東征後更高標準的舒適性和安全感，以及遠征的見聞對人們精神的刺激，無疑都是必要的先決條件。貿易逐漸繁榮；城市也恢復了安寧和悠閒；教會的教育水準得到提高並惠及普通民眾。13 世紀和 14 世紀是一個獨立的或半獨立的城市飛速發展的時期，例如威尼斯、佛羅倫斯、熱那亞、里斯本、巴黎、布魯日、倫敦、安特衛普、漢堡、紐倫堡、諾夫哥羅德、威斯比和卑爾根。它們都是商業繁榮的城市，有許多旅客來來往往，他們在那裡做貿易或旅遊，交流想法和思考問題。教宗和皇室的紛爭，野蠻、邪惡的異端迫害，引發人們對教會的權威產生懷疑，對某些基本教義也提出質疑並展開討論。

　　我們已經看到，阿拉伯人如何讓亞里斯多德的學說在歐洲復活，像腓特烈二世這樣的君主又如何使阿拉伯哲學和科學影響歐洲人的頭腦。在激發人們思想這一點上，更有影響力的還是猶太人。他們的存在，本身就是對教會權威的質問。最後，鍊金術士神祕的、讓人著迷的實驗廣泛地傳播開來，促使人們嘗試性的、偷偷摸摸的，但卓有成效的繼續科學實驗。

　　此時，精神的覺醒絕不局限於那些獨立的、受過良好教育的人，這個世界的普通人的精神也開始覺醒，這在人類歷史上是前所未有的。儘管有教會的壓迫和迫害，但是在基督教教義傳播到的地方，仍然引起了

人們精神上的躁動，他們把個人的良心和上帝的公義直接連繫起來，所以在必要的時候，人們就有足夠的勇氣，對君王、主教或信條做出自己的判斷。

早在 11 世紀，哲學討論便再次在歐洲流行起來。在巴黎、牛津、波隆那和其他中心城市都有規模龐大、發展迅速的大學。中世紀的「經院學者」再次出現，並且提出一系列關於語言的意義和價值的問題，它們澄清了思想以迎接即將到來的科學時代。因為自己具有獨特的天賦而傲然於世的人是羅傑・培根[51]（Roger Bacon），他是牛津聖方濟各會的修士，被譽為「現代實驗科學之父」。他在人類歷史上的聲譽，僅在亞里斯多德之後。

他的著作用長篇大論對無知展開了言辭激烈的抨擊和嘲諷。他坦言他那個時代是無知和愚昧的時代，這是一個多麼令人難以置信的、大膽的想法。如今，一個人可以說這個世界是無知的，或者說它是古板的，可以說所有的方法都是幼稚的或笨拙的，可以說所有教條都是哄小孩子的，但都不會招致殺身之禍。然而中世紀的那些人，當他們實際上不是正遭受屠殺，或忍受著飢餓，或感染瘟疫即將死去，他們都非常虔誠地相信名言，相信自己信仰的完美無缺，從而痛恨一切對這些信仰的批判。羅傑・培根的著作影響在當時就像漆黑夜晚裡的一道閃電劃過，不僅抨擊了他那個時代的無知，還對人們累積知識提出了許多建議。關於實驗和累積知識的必要性的主張，在他那充滿熱情的闡述中，我們看到亞里斯多德的精神在他身上復活。「實驗，實驗，再實驗」，這就是羅傑・培根的要求。

然而，就連亞里斯多德本人，羅傑・培根同樣頂撞過。他之所以要

---

[51] 羅傑・培根（約西元 1210 年—1293 年），英國哲學家和自然科學家，實驗科學的前驅，素有「奇異的博士」之稱。——編者注

第 49 章　歐洲的理性復甦

這樣做，是因為人們不敢面對事實，而是坐在房間裡閱讀亞里斯多德原著的非常糟糕的拉丁語譯本。「按我的想法，」他用一貫的過於激烈的筆調寫道：「我會燒掉亞里斯多德所有的著作，因為研究它們只會浪費時間，製造謬誤，並增加無知。」如果亞里斯多德回到世間，看到崇拜他的著作的人遠遠多於閱讀的人──而且閱讀的還是最糟糕的拉丁語譯本──他可能也會贊同羅傑・培根的說法。

出於對被監禁或發生其他更可怕的事情的恐懼，羅傑・培根在表面上也會裝著和正統派保持觀念上的一致。但縱觀羅傑・培根的著作，可以發現他自始至終都在向人類呼籲：「不要再受教條和權威的禁錮了，放眼看世界吧！」他譴責了無知的四個主要來源：崇拜權威，因循舊習，固執偏見，狂妄自負。只能克服這些缺點，一個充滿生機和力量的世界就會展現在人類面前──「機器取代槳手提供動力成為可能。這種巨船由一個人掌舵，適合在大河或海洋裡航行，航行的速度可能比裝滿槳手的大船更快。同樣，人們也會製造出不需要牲畜拖拉的汽車，由某種特別的機器來提供動力，我們認為鐮刀戰車已經從古老的戰鬥中退出了。飛行器也可能出現，只需要一個人坐在裡面操縱某些機器，人造的翅膀就會像鳥兒的翅膀一樣扇動起來，從而在空中自由飛翔。」

雖然羅傑・培根在書中描繪了很多科學構想，但一直到三個世紀之後，人們才開始進行有系統的嘗試，探索被繁雜的人類事務隱藏起來的偉大力量和興趣──這一點，他早就清晰地意識到了。

然而，阿拉伯人的世界不僅為基督教國家帶來哲學家和鍊金術士的刺激，還帶來了造紙術。幾乎不用多說，紙的出現讓歐洲的理智復興成為可能。造紙術起源於中國，它的使用可能要追溯到西元前 2 世紀。在西元 751 年，中國人曾進攻撒馬爾罕的阿拉伯穆斯林，但是被擊退。被俘獲的中國人當中有些是造紙工匠，懂造紙工藝，阿拉伯人就是這樣學會了造紙

術。9世紀以來的阿拉伯語手寫紙稿至今仍然可以看到。造紙術傳入基督教世界，有可能是透過希臘人，也有可能是在基督教奪回西班牙時發現了摩爾人的造紙工廠。遺憾的是，造紙術在基督教西班牙人手中不斷退化，直到13世紀末基督教統治的歐洲才造出品質上乘的紙。後來，義大利的造紙術在全世界第一。14世紀，造紙術傳到德意志。直到這個世紀結束，才有足夠豐富而廉價的紙讓印刷書籍成為有錢賺的行業。印刷術緊跟著出現是自然而然的事情，因為印刷術是一種最顯而易見的發明。人們的理智生活進入了一個全新的、更有活力的階段，它不再是從一個頭腦流向另一個頭腦的涓涓細流，而是由數以千萬計的頭腦匯成的奔湧的知識洪水。

早期印刷機

印刷術這一成就帶來的一個直接結果，就是世界上出現了大量的《聖經》；此外，學校的教科書也不像以前那樣昂貴了。可以閱讀的知識在人群中迅速傳播。書籍的數量迅速增加，它們比以前的手抄書更容易

第49章　歐洲的理性復甦

閱讀，也更容易理解。人們不用像閱讀手抄本那樣絞盡腦汁去辨識那些模糊的字跡，可以騰出更多的精力來思考。閱讀變得容易而愉快，願意讀書的人自然也大量增多。書籍不再是用來做裝飾的玩物，或者是學者神祕的珍藏品。一些以普通民眾為閱讀對象的書籍也大量出現，這些書用通俗的語言寫成，而不是用拉丁文。到了14世紀，歐洲文學的真正歷史終於開始了。

到目前為止，我們都在介紹阿拉伯人在歐洲的理性復興中所發揮的作用。現在，我們來談談蒙古人的遠征對歐洲的理性復興所帶來的影響。他們極大地激發了歐洲人在地理方面的想像力。在大可汗統治下的一段時期，整個亞洲和西歐進行著開放的友好互動；所有的道路都臨時開放；每一個國家的代表都出現在喀喇崑崙的宮廷裡；由於基督教和伊斯蘭教的宗教世仇而在歐洲和亞洲之間形成的壁壘，此時明顯降低了。於是，羅馬教宗產生了讓蒙古人信仰基督教的願望。而當時，蒙古人信仰的唯一宗教是薩滿教——一種原始的異教信仰。教宗的使節、從印度來的佛教僧人，來自巴黎、義大利和中國的工匠，來自拜占庭和亞美尼亞的商人，來自阿拉伯國家的官員和來自波斯、印度的天文學家和數學家，全都在蒙古人的宮廷裡彙集。在歷史上，我們聽到太多有關蒙古人征服和大屠殺的事，然而對他們的好奇心和學習的慾望知之甚少。蒙古人或許不是最有創造性的民族，但他們傳播的知識和方法，對世界歷史產生了重大的影響。從成吉思汗和忽必烈那模糊而又浪漫的性格可以證實，他們至少和浮華而又自負的亞歷山大大帝，或政治幽靈、精力充沛的文盲神學家查理曼大帝一樣，都是聰穎而又具有創新能力的君主。

在這些造訪蒙古人宮廷的人中，最有意思的是來自威尼斯的馬可波羅（Marco Polo），他把自己的旅行故事寫成了一本書[52]。大約在西元

---

[52] 這本書是指《馬可波羅遊記》。——編者注

1272 年，馬可波羅隨父親和叔叔來到中國。此前，兩位長輩已經到過一次中國，並讓大可汗留下了深刻的印象，他們的到來，大可汗第一次見到並了解到「拉丁人」。在中國待了一段時間後，大可汗委託他們回國尋找一位教師和學者，為他解釋基督教教義和其他引發他強烈好奇心的歐洲事物。此次帶著馬可波羅訪問大汗就是他們的第二次中國之行。

這一次中國之行，他們並沒有像前一次那樣取道克里米亞，而是途經巴勒斯坦。他們攜帶著大可汗給他們的金牌和其他證物，這為他們的旅行帶來了極大的便利。此前，大可汗曾提到他想得到一些耶路撒冷聖墓前燃燒著的油燈裡的燈油，所以他們先到耶路撒冷，然後再穿過西利西亞到達亞美尼亞。他們之所以繞道遙遠的北方，是因為當時埃及蘇丹正在侵襲蒙古人的領地。從亞美尼亞出發，他們穿過美索不達米亞，到達位於波斯灣的荷姆茲——或許他們有走海路的想法。在荷姆茲，他們遇到了來自印度的商人。出於某種原因，他們並沒有走海路，而是轉身向北穿過波斯沙漠來到巴爾赫，再翻過帕米爾高原到達喀什，再經和田、羅布泊到達黃河流域，最後抵達北京。大可汗當時正在北京，熱情歡迎他們遠道而來，並盛情款待了他們。

馬可波羅的到來讓忽必烈感到特別高興。他年輕、聰明，而且顯然已經非常嫻熟地掌握了蒙古語。忽必烈授予他官職，並多次派他出使中國西南地區。在他的遊記中，他這樣描述這個遼闊、和平和繁榮的國家：「一路上都有為旅客修建的漂亮的旅館」；「有漂亮的葡萄園、田園和花園」；「有為佛教僧人修建的眾多寺廟」；「絲綢金絲布和精美的絹紗被大量生產出來」；「城市和鄉鎮連綿不斷」等等。這些描述先是被所有歐洲人懷疑，然後激起了他們無窮的想像力。他還介紹了緬甸這個國家，談到緬甸由數百頭大象組成的戰象軍隊，它又如何被蒙古弓箭手打敗；

第49章　歐洲的理性復甦

還介紹了蒙古軍隊對勃固[53]的征服；還介紹了日本，只不過吹噓了該國的黃金數量。馬可波羅曾以宣慰使的身分治理揚州三年，他讓中國人留下了深刻的印象。在中國人看來，他一點都不像外國人，似乎跟韃靼差不多。他可能還受命出使過印度。在中國人的歷史記載中，提到過一個名叫波羅的人在西元1277年曾在中書省做官。這對確認關於馬可波羅故事的真實性，是一個非常有價值的佐證。

《馬可波羅遊記》(The Travels of Marco Polo) 的出版對激發歐洲人的想像力產生了深遠的影響。歐洲文學，尤其是15世紀歐洲的傳奇小說，有很多地名都來自於馬可波羅的故事，如契丹（中國北方）和汗八里（北京）等。

兩個世紀後，在《馬可波羅遊記》的讀者中，有一個熱那亞水手，他的名字叫克里斯多福·哥倫布 (Christopher Columbus)。他有一個大膽的設想：向西航行最後可以到達中國。在塞維利亞，如今還保存著一本哥倫布加了旁注的《馬可波羅遊記》。哥倫布之所以想朝著這個方向航行，其實有很多原因。

首先，君士坦丁堡在被土耳其人於西元1453年占領之前，一直是西方世界和東方世界的一個公平的貿易城市。熱那亞人在那裡進行自由貿易，他們的競爭對手是「拉丁」威尼斯人。這些威尼斯人後來和土耳其人聯合起來，一致對抗希臘人。在土耳其人占領君士坦丁堡後，對在城裡做貿易的熱那亞人一點也不友善。

其次，早已被人遺忘的「地球是圓形」這一觀念，再次成為人類普遍關注的對象。人們相信，只要一直向西航行，最後肯定可以到達中國。另外兩件事也進一步讓人們受到鼓舞：一是指南針的發明，讓水手不再依靠觀察夜晚的星星來確定航向；二是諾曼人、加泰隆尼亞、熱那亞人

---

[53] 勃固，緬甸的一個省，位於該國的中南部。——編者注

和葡萄牙人已經向著大西洋深處航行，到達了加那利群島、馬德拉和亞速群島。

然而，哥倫布在得到海船以驗證自己的想法之前，遇到了許多困難。他沒有海船、水手和其他物資。他從歐洲的一個宮廷遊說到另一個宮廷，希望能得到國王的支持。最後，他在格拉納達——此時剛從摩爾人手中奪回來——獲得斐迪南和伊莎貝拉的資助。經過一番準備後，他率領三艘小型海船駛向了未知的海洋。經過兩個月零九天的航行，船隊到達一塊他們認為是印度的陸地，事實上，那是一塊真正的「新大陸」，因為在此之前，「舊大陸」上的人從不知道它的存在。哥倫布帶著黃金、棉花、奇怪的野獸和鳥類，以及兩名怒目而視的、全身塗著彩繪的印第安人回到了西班牙。他們之所以被稱為印第安人，是因為哥倫布此後一直都認為他發現的那片陸地是印度。幾年以後，人們才知道那處陸地是美洲大陸，它是世界的另一個部分。

哥倫布的成功，極大地刺激了歐洲人海外探險的興趣。西元 1497 年，葡萄牙人繞過非洲航行到印度，並於西元 1515 年抵達爪哇。西元 1519 年，麥哲倫（Ferdinand Magellan）——一位被西班牙國王僱傭的葡萄牙水手——率領五艘海船從塞維利亞出發向西航行。其中，一艘名叫「維多利亞號」的海船在繞地球航行一周後於西元 1522 年回到塞維利亞，它是世界上第一艘做到環球航行的海船。此次遠航，出發時一共有 280 名船員，最後返回塞維利亞時僅倖存 31 名。而麥哲倫本人在菲律賓群島被當地土著殺死。

第 49 章　歐洲的理性復甦

早期義大利帆船雕刻

紙質印刷書的出現,「地球是圓形」這一觀念被證實,進入人們視野的陌生土地、陌生動物和植物、奇特的風俗習慣,以及在海外、在天空中發現的新奇事物,共同引發了歐洲人精神世界的「大爆炸」。那些長期被埋葬的、被遺忘的古希臘經典,此時被迅速印刷出來供人們學習和研究,它們為人們的思想著上了柏拉圖式的夢想和羅馬共和時期的自由和尊嚴的色彩。羅馬的統治曾經首次為西歐帶來法律和秩序,拉丁教會使它們得以恢復。但是,無論是異教徒統治下的羅馬還是天主教徒統治下的羅馬,好奇心和創新精神都要服從宗教組織,並受其制約。此時,拉丁精神的統治時間畫上句號。在 13 世紀到 16 世紀之間,由於閃族人、蒙古人的刺激和影響,以及希臘經典的重新發現,歐洲的雅利安人終於衝破了拉丁傳統的束縛,再次成為人類精神力量和物質力量的啟蒙者。

第 50 章　拉丁教會的變革

　　拉丁教會本身也受到這種精神復興的極大影響。它陷入了分裂之中，即使是倖存下來的部分，也接受了全面的改造。

　　前面已經介紹了，在 11 世紀和 12 世紀的所有基督教國家中，教會如何實施專制統治，以及在 14 世紀和 15 世紀，教會的力量如何從人們精神和行為中逐漸消失。我們還知道，在較早的時期作為教會支持力量和權力來源的普遍的宗教熱情，又如何因為教會本身的傲慢、迫害和集權，使之轉變成教會的對抗力量，以及陰險多疑的腓特烈二世如何激起越來越多的王侯對抗教會。此外，教會大分裂又使教會的宗教威信和政治威信消失殆盡。後來的反抗力量就是從這兩個方面對教會發起了攻擊。

　　英國人威克里夫的教義，在歐洲各地廣為傳播。西元 1398 年，一位博學多才的捷克學者揚‧胡斯（Jan Hus），在布拉格大學發表了一系列關於威克里夫[54]教義的演講。此後，這種教義便超越了知識分子階層，迅速傳播，引起了極大的民眾熱情。從西元 1414 年到西元 1418 年，所有教會聚集在康士坦斯召開會議，解決教會內部大分裂問題。胡斯[55]被邀請參加大會。在得到皇帝確保其人身安全的承諾後，胡斯出席了這次大會。但最後，他還是被抓了起來，作為異端遭受審判，在西元 1415 年被活活燒死。此舉並沒有把波西米亞人鎮壓下去，反而導致胡斯教派發動了一次起義，然後引發了一連串的宗教戰爭，拉丁基督教也由此開始分裂。為了鎮壓這次起義，教宗瑪爾定五世──在康士坦斯會議中被選舉出來，作為重新

---

[54] 威克里夫，整個基督教界，宗教改革運動的先鋒。──編者注
[55] 胡斯（西元 1369 年─1415 年），捷克宗教思想家、哲學家、改革家。──編者注

第 50 章　拉丁教會的變革

統一的基督教世界的領袖——下令組織十字軍進攻波西米亞的胡斯教派。

教宗對波西米亞這個頑強不屈的民族前後一共發動了五次十字軍征討，但是全都失敗了。15 世紀，由歐洲所有的無業遊民組成的十字軍全都湧到了波希米亞，就像在 13 世紀十字軍征討瓦勒度派一樣。但是，波希米亞捷克人不像瓦勒度派，他們對武力抵抗十字軍充滿了信心。進攻波希米亞的十字軍聽到從遠處傳來的胡斯教派軍隊四輪戰車的聲音和戰歌時，他們就已經嚇到潰不成軍，此時戰爭還沒有開始（西元 1431 年，多馬日利采之戰）。西元 1436 年，在巴塞爾再次召開了宗教會議，教會與胡斯簽署了一項協定，拉丁教派特有的多種宗教儀式終於得到承認。

在 15 世紀，一場瘟疫蔓延了整個歐洲，為社會帶來極大的混亂。普通民眾的生活極端的痛苦和不滿，在英國和法國爆發了反對地主和富人的農民起義。胡斯戰爭之後，德國的農民起義次數越來越多，規模也越來越大，並且帶有濃厚的宗教色彩。印刷術的出現對農民起義產生了極大的影響。到 15 世紀中期，活字印刷術在荷蘭和萊茵蘭已經得到廣泛應用，隨後傳到義大利和英國。西元 1477 年，卡克斯頓（Caxton）在英國西敏寺建立了英國第一所印刷書籍的工場，刊印《聖經》和其他宗教書籍。其直接結果是讓《聖經》得到更廣泛的普及，並引發了大眾閱讀和討論《聖經》的熱潮。幾乎所有歐洲人都成為《聖經》的讀者，這在過去任何時期都從未出現過。當教會陷入分裂而無力自保的時候，當許許多多的王侯正在尋找削弱教會在自己的領地上奪取鉅額財富的方法時，更清晰的思想和更容易接受的主張被迅速灌輸到普通民眾的頭腦中。

在德國，修道士馬丁・路德（Martin Luther）（西元 1483 年 - 1546 年）領導了反對教會的抗爭。西元 1517 年，馬丁・路德在維滕貝格教堂門前貼出《關於贖罪券效能的辯論》（*95 Thesen*），以反抗正統教派的各種教義和儀式。起初，他也按照經院學者的習慣用拉丁語言辯論。後來，他拿

起印刷品當新武器，用德文把他的意見廣泛地向普通民眾宣傳。有人謀劃了鎮壓馬丁‧路德的陰謀，就像當年鎮壓胡斯一樣。但由於印刷機的出現，他在德國王公貴族中擁有了很多公開的或祕密的支持者，他本人也因此而免遭厄運。

一個色彩灰暗的陶盤，講述了一個教徒和異教徒之間的寓言故事

在這個自由思想擴大，宗教信仰削弱的朝代，有許多統治者都擁有了自己的優勢，以切斷他們的臣民與羅馬之間的宗教連繫，他們試圖讓自己成為一個更加國有化的宗教的領袖。英格蘭、蘇格蘭、瑞典、挪威、丹麥、德國北部和波希米亞，相繼從羅馬教會中脫離。從那以後，他們一直保持著獨立。

然而，各個王侯卻很少關心自己臣民的道德和思想自由。早先，他們利用臣民對宗教的懷疑和起義來鞏固他們對抗羅馬的力量，然而一旦脫離羅馬教會，在自己王冠的控制下建立了國家教會，他們就試圖牢牢地控制這種民眾運動。但是，耶穌教導中對正直正義和人的尊嚴的直接呼籲，超越了所有的忠誠和所有的隸屬關係——無論是世俗的還是教會的——一直具有超凡的生命力。這些王權教會沒有哪一個又不再次分裂成在上帝和人之間拒絕王侯的教宗干預的一些小教派。例如，在英格蘭

第50章 拉丁教會的變革

和蘇格蘭,就有一些以《聖經》作為生活和信仰的唯一準則的教派,他們拒絕了國家教會的戒律。在英格蘭,這些持異見者被稱為「不奉國教者」,他們在17世紀和18世紀該國的政治制度中發揮了重要的作用。他們反對王侯擔任教會的領袖,最後讓國王查理一世(Charles I)掉了腦袋(西元1649年)。英國在「不奉國教者」共和制的統治下,維持了11年的繁榮。

北歐各個教派脫離拉丁基督教的統治的過程,就是我們通常所說的宗教改革。它產生的衝擊和壓力,也迫使羅馬教會本身發生了深刻的變化。羅馬教會進行了重組,並且在其日常生活中注入了新的精神。在這新生過程中,有一個占主導地位的人物,他就是年輕的西班牙士兵,在世界上,他更廣為人知的是另一個名字,即依納爵·羅耀拉(Ignatius of Loyola)。在他年輕的時候也有一些傳奇的經歷,後來他成為一名牧師(西元1538年),並獲准建立了「耶穌會」,為把軍隊紀律的慷慨與俠義傳統融入宗教服務做了直接的嘗試。耶穌會後來成為世界上前所未有的、最大的教學和傳教的組織之一。它把基督教傳播到印度、中國和美國;它阻止了羅馬教會的迅速瓦解;它提高了整個天主教世界的教育水準;它提高了天主教的智力水準,鼓舞了各地天主教的良心;它刺激了歐洲新教提高教育競爭力的努力。如今,我們所看到的這個充滿活力和進取精神的羅馬天主教教會,在相當程度上是這個耶穌會復興的產物。

第 51 章　查理五世皇帝

　　神聖羅馬帝國在皇帝查理五世（Karl V）統治時期，達到了它輝煌的頂點。查理五世是歐洲最傑出的君主之一，有一段時間，他甚至還被稱為繼查理曼大帝之後最偉大的君主。

　　然而，他的偉大並不是因為他本人的功績，而主要是因為他的祖父馬克西米連一世皇帝（Maximilian I）（西元 1459 年 - 1519 年）建立的功業。在這個世界上，有些家族透過戰爭獲得霸權，有些家族透過陰謀獲得霸權，而哈布斯堡家族卻是透過另外一種方式──婚姻──達到了同樣的目的。馬克西米連憑藉著哈布斯堡王朝的遺產──奧地利、施蒂里亞州、亞爾薩斯和其他地區──開始發跡。後來，他又透過婚姻──夫人的名字對我們幾乎沒有什麼意義──得到了荷蘭和勃艮第。在他的第一任妻子去世後，他失去了大部分勃艮第的土地，但荷蘭仍然被他控制在手裡。後來，他又試圖透過婚姻獲得布列塔尼，但沒有成功。在西元 1493 年，他繼承父親腓特烈三世（Friedrich III）的王位當了皇帝，然後又透過婚姻獲得了米蘭公國。最後，他讓他的兒子娶了支持哥倫布探險的斐迪南和伊莎貝拉夫婦那智力有問題的女兒。斐迪南和伊莎貝拉夫婦此時不僅統治著重新統一的西班牙，還統治著薩丁尼亞島、兩西西里王國、美洲西部以及巴西。就這樣，到他的孫子查理五世（Karl V）繼位時，就繼承了美洲的大部分土地和歐洲除了土耳其人統治之外的三分之一到二分之一的土地。西元 1506 年，他得到了荷蘭。西元 1516 年，當他的外祖父斐迪南去世時，由於其母軟弱無能，他實際上完全控制了西班牙。他的祖父馬克西米連死於西元 1519 年。他於西元 1520 年

第 51 章　查理五世皇帝

當選皇帝,那時他還很年輕,只有 20 歲。

查理是一位英俊的年輕男子,他有厚厚的上唇,長著寬寬的下巴,給人穩重、憨厚的感覺。他發現自己的世界中處處充滿了年輕而富有朝氣的氣息。這是一個盛產才華橫溢的年輕君主的時代。法蘭索瓦一世(François I),在西元 1515 年繼承法國王位時只有 21 歲;亨利八世 (Henry VIII)在西元 1509 年成為英國國王時只有 18 歲。此時印度的蒙兀兒王朝(西元 1526 年 - 1530 年)和土耳其的蘇萊曼(Suleiman)統治時代(西元 1520 年 - 1566 年),它們的統治者也都是非常有能力的君主;此外,西元 1513 年繼任教宗的良十世 (Leo PP. X)也是一位非常傑出的教宗。良十世和法蘭索瓦一世都試圖阻止查理當皇帝,因為他們對集中在查理手中的權力感到害怕。法蘭索瓦一世和亨利八世是皇帝的候選人。但是,哈布斯堡王朝有著歷史悠久的當皇帝的傳統(從西元 1273 年開始),再加上他們使用了一些賄選手段,最後查理成功當選為皇帝。

起初,這位年輕的皇帝在某種程度上就像木偶一樣受大臣們操控。後來,他慢慢地掌握了統治權。他開始意識到事情的複雜性,他崇高的地位不斷受到威脅。他的地位雖然很顯赫,但並不穩固。

從一開始統治,他就面臨著路德在德國領導的宗教改革所造成的複雜形勢。因為教宗曾反對他競選皇帝,按理說,他應該反對羅馬教宗,支持路德的宗教改革。

查理五世的肖像

但是，由於他在西班牙長大，他也像大多數天主教國家的人那樣擁護天主教，所以他反對路德的教派。於是，他與新教王侯們，尤其是薩克森州的選帝王侯們發生了衝突。他發現自己有可能把基督教分成相互對立的陣營。他曾艱難而真摯地試圖彌合它們之間的裂痕，但並沒有獲得成效。此時，在德國爆發了一次大規模的農民起義，它是政治問題和宗教問題混合起來引發的暴動。這場內部的騷亂在東西兩大帝國的暗中支持下，變得更加複雜。查理的西邊是他強勁的對手法蘭索瓦一世；查理的東邊則是駐紮在匈牙利的貪得無厭的土耳其人。土耳其人與法蘭索瓦一世結成聯盟，叫嚷著要求奧地利交齊所有的貢品。雖然查理掌控著西班牙的財政和軍隊，但要從德國得到任何有效的財政支持，卻是非常困難的。財政上的困擾讓他面臨著更多社會和政治上的麻煩。他被迫借貸大筆資金，此舉最後帶來毀滅性的災難。

整體上來說，查理與亨利八世結盟，共同對付法蘭索瓦一世和土耳其人的策略是成功的。他們的主要戰場在義大利的北部，雙方的指揮能力都顯得拙劣，他們前進和後退的依據是援軍是否趕到。

德軍入侵法國，在進攻馬賽遭遇失敗，退回義大利，丟掉了米蘭，並被圍困在帕維亞。儘管法蘭索瓦一世長期包圍帕維亞，但他並沒有打敗德軍。當德軍的增援部隊趕到時，法蘭索瓦一世的軍隊被打敗，他本人也受傷被俘。但是，一直對查理擁有過大的權力而感覺擔憂的教宗和亨利八世，轉而反對查理。在波旁（Bourbon）總管領導下的米蘭德軍，由於長時間沒有領到軍餉，他們不是被迫而是脅迫指揮官入侵羅馬。西元1527年，他們衝進羅馬城，瘋狂地掠奪。在羅馬人遭受掠奪和屠殺之際，教宗卻逃到聖安傑洛堡避難。最後，他花了四十萬杜卡特金幣買通了德國軍隊。這場歷時十年的混戰，使整個歐洲都陷入了貧困之中。最後，查理在義大利獲得勝利。西元1530年，他在波隆那接受教宗加冕，

第51章 查理五世皇帝

也是最後一位受教宗加冕的德國皇帝。

與此同時,土耳其人大舉入侵匈牙利。西元1526年,他們大破匈牙利並殺死了匈牙利國王,占領了布達佩斯。西元1529年,蘇萊曼差一點就攻下了維也納。查理對此非常關切,並打算竭盡全力把土耳其人趕回去。但他發現:自己面臨的最大的困難,即使是到了強敵壓境的時刻,仍然是如何把國內的王侯團結起來。由於法蘭索瓦仍然堅持對抗,於是,一場新的法蘭西戰爭爆發了。西元1538年,在占領了法國南部之後,法蘭索瓦被迫和查理簽訂了停戰協定。隨後,法蘭索瓦和查理結成聯盟,共同對抗土耳其人。但新教王侯——也就是德國決心擺脫羅馬教會的王侯們——在德國的施馬爾卡爾登結成聯盟,與查理大帝抗衡。查理大帝不得不集中精力應對德國的內部爭鬥,而無暇顧及一場旨在為基督教世界收復匈牙利的偉大戰爭。查理看到,這場爭鬥只是戰爭的開幕,因為這是國內的王侯為了爭取支配地位而進行的血淋淋的、非理性的紛爭。有時,這場紛爭演變成戰爭和破壞,有時它又隱藏在陰謀和外交中;它是裝著王侯政策的蛇袋,不停地扭動著,無可救藥地滾入19世紀,一次又一次地讓中歐經歷衰落和荒涼。

查理似乎從來沒有掌握聚集起來的麻煩中真正的主導力量。他是他那個時代的傑出人物,不過,他似乎把導致歐洲宗教紛爭的原因完全看成是神學分歧的責任。他企圖透過召開帝國議會來調解,結果徒勞無益。他也嘗試過釋出信仰告白書和宣告書。所以,研究德國歷史的學者必須詳細閱讀紐倫堡宗教和平協定、奧格斯堡信條、奧格斯堡宗教和約等等。事實上,在歐洲各式各樣的首領和統治者中,幾乎沒有一個人行事是真誠的。世界上普遍存在的宗教紛爭,普通民眾期待的真相和社會公義、宗教知識的傳播,所有這些事情,事實上都只是王侯們想像出來的陰謀。英國的亨利八世在開始他的政治生涯前曾寫了一本反對異教的

書，後來獲得教宗賜予的「信仰衛士」的稱號。他希望和第一任妻子離婚，因為他愛上了一個名叫安·寶琳（Anne Boleyn）的年輕女士。他企圖掠奪英國教會的鉅額財富，因此於西元 1530 年加入新教王侯之中。瑞典、丹麥和挪威此時都已經轉向了新教。

西元 1546 年，德國的宗教戰爭開始，而馬丁·路德在戰爭爆發幾個月之前就去世了。新教的撒克遜軍隊在洛肖被打得落花流水。查理的主要對手還剩下一個——黑森-卡塞爾的菲利普（Philipp），他因為犯了違反信仰罪行被抓起來關進了監獄。土耳其人被收買，在得到每年納貢的承諾後退兵。西元 1547 年，法蘭索瓦逝世，查理又少了一個對手。在這一年，查理為那些還沒有實現和平的地區實現和平，做了他最後的努力。西元 1552 年，德國再次爆發戰爭。德國王侯聯兵攻打查理，險些將他活捉。同一年，查理被迫和新教徒簽訂《帕紹和約》，換來一個表面平和實則暗流湧動的局面……

這就是查理帝國短短 32 年的政治輪廓。有一個非常有趣的現象值得注意，那就是整個歐洲的注意力都集中在爭奪歐洲霸權上。無論是土耳其人、法國人、英國人和德國人，都沒有對美洲大陸產生政治興趣，對通往亞洲的海上新航線也毫不關心。此時，在美洲大地上正發生了一系列重大的事情。科特斯（Cortés）率領少數西班牙軍隊就征服了仍處於新石器時代的偉大帝國——墨西哥。西元 1530 年，皮薩羅（Pizarro）渡過巴拿馬海峽，征服了另一個神奇的國家——祕魯。然而，這些事件除了為西班牙國庫增加了大量白銀外，對歐洲並沒有產生其他方面的影響。

帕紹條約簽訂後，查理滋生了一種非常特別的心態。他竟然對自己帝國的偉大感到厭倦和失望，一想到歐洲的戰爭，他就會產生難耐的煩躁。查理的身體一直都不是很健康，他天性懶惰，加上患了嚴重的痛風病，於是決定退位。他把德國的統治者交給了他的兄弟斐迪南（Ferdi-

第 51 章 查理五世皇帝

nand I），把西班牙和荷蘭的統治權交給他的兒子費利佩二世（Felipe II de España）。從此，他不問政事，在位於西班牙埃斯特雷馬杜拉的被橡樹林和板栗林掩映的尤斯特修道院中度過餘生，一直到西元 1558 年去世。

有很多書都描寫了查理的厭世和孤獨，說他放棄世界的一切紛爭，獲得與上帝平靜相處的心境。事實上，查理並不孤獨，生活也並不簡僕，服侍他的傭人近 150 名。他的生活和宮廷一樣的奢華，不過那裡沒有操勞。費利佩二世是個孝子，他父親的命令全都一一執行。

如果說查理已經失去了干預歐洲事務的興趣，那麼他的生活中還有些讓他更感興趣的東西。普雷史考特（Prescott）曾說「在奎克沙達或嘉若瑟與瓦拉多利德的國務大臣每日來往的信件中，幾乎每一封信都或多或少地談到了皇帝的飲食或他的病情。這些話題已經成為國務大臣的閱讀負擔。試想一下，當國務大臣們在細讀把政治和美食如此奇怪地混合在一起的急件時，還要保持嚴肅一定很不容易。從瓦拉多利德到里斯本的信使，會奉命走一段彎路，以便經過亞蘭迪拉採辦食材和其他用品。每週四，他要把魚帶到那裡，以備第二天的齋戒日之用。查理認為附近的鱒魚太小，所以必須從瓦拉多利德帶一些較大的魚過去。每一種魚都符合他的口味，確切地說，只要是水產品，無論什麼品種，他都愛吃。鰻魚、青蛙、牡蠣在他的選單上占有重要位置。罐裝魚，尤其是鳳尾魚，是他的最愛。他感到遺憾的是，他沒有從那些低地國家多帶一些這種魚。他還特別喜歡吃鰻魚糊。」

西元 1554 年，教宗儒略三世（Iulius PP. III）免除查理保持齋戒的儀式，並允許他在領受聖餐的清晨，提前吃早餐。

他從來沒有養成閱讀的習慣，但他也像查理曼大帝那樣，喜歡在吃飯時叫人大聲朗讀。他還以玩機械玩具，聽音樂或布道來自娛自樂。在他寵愛的皇后逝世後，他把心轉向了宗教。每逢四旬期的星期五，他都

會像其他的修士那樣鞭打自己。他對新教徒在瓦拉多利德傳教感到非常憤怒,「告訴大審判官和他的議會,我要求他們忠於職守,在邪惡進一步蔓延之前,要用斧頭把它們連根砍斷⋯⋯」雖然他懷疑對罪犯不透過審判而也不表示寬容的做法是否恰當,但他堅信「如果罪犯得到赦免,那他就有機會再次犯罪。」他建議參照他自己在荷蘭的做法,「頑固不化者,活活燒死;懺悔者,斬首。」

他對葬禮的在意,對展現查理在歷史上的地位和作用具有象徵意義。他似乎有一種直覺,感覺到歐洲的一些偉大的東西已經死去,迫切需要把它們埋葬,蓋棺定論。他不僅參加在於斯特舉行的每一場真實的葬禮,而且在妻子的週年忌日時,再次為她舉辦了葬禮,最後,他還為自己舉辦了預先葬禮。

羅馬,聖彼得大教堂的內景,圖中為教堂內的祭壇

「教堂四周掛著黑幔,數以百計的蠟燈的火焰足以驅散黑暗。修士們全都穿著他們的喪禮服,皇帝的家族成員也身著喪服,所有人圍在教堂中央一個罩著黑幔的靈柩周圍。埋葬死者的儀式正式開始。在修士一片淒涼的哀號中,人們為離去的靈魂祈禱,祝願亡靈順利抵達天國的豪

第51章　查理五世皇帝

宅。悲哀的僕從淚流滿面，他們或是想到主人死去後的樣子時被深深地感動了，也有可能是對這種無助的行為感覺同情。查理裹著一件黑色的斗篷，手裡捧著一根點燃的蠟燭，和他的家人一起參加自己的葬禮。當悲哀的儀式結束後，他把蠟燭放在牧師手裡，表示他已經把自己的靈魂交給了全能的上帝。」

在這次「活人葬禮」之後不到兩個月，他就逝世了。神聖羅馬帝國短暫的偉大隨他一起消逝了。他的領土已經分給了他的兄弟和他的兒子。雖然神聖羅馬帝國的確維持到拿破崙一世（Napoleon Bonaparte）時代，但不過是在衰弱中做著垂死的掙扎而已。它那些未被埋葬的傳統，直到今天仍在毒害著政治空氣。

第52章 歐洲君主制、議會制、共和制的政治實驗時代

　　拉丁教會分裂後，神聖羅馬帝國處於極端的衰落中。自16世紀拉開帷幕以來的歐洲歷史，是人們在迷茫和混亂中探索新的統治方法，使之更好地適應新條件的歷史。在古代世界的漫長歷史中，王朝不斷更替，統治民族和語言不斷變化，但以國王和寺廟為中心的統治形式卻始終保持相對的穩定。普通民眾的生活方式也越來越穩定。自16世紀以來的近代歐洲，改朝換代不再重要，歷史的興趣轉移到政治和社會組織中不斷增多的和廣泛的政治實驗上來。

　　我們已經說過，從16世紀起，世界的政治歷史主要是一種努力，一種使政治和社會的方法適應已經出現的某些新局勢的，在相當程度上屬無意識的努力。由於條件本身在持續的不斷加速變化，所以這種努力的適應是複雜的。並且，這種極不情願的（一般人討厭主動改變）、主要是無意識的適應，已經越來越遠地落後於條件的改變。從16世紀起，人類歷史中的政治和社會制度呈現出更多的不平衡、更少的舒適，更多的無理取鬧，人們需要面對更多的新的需求和可能，從而緩慢地、猶豫地改造社會的整體模式。

　　透過野蠻征服達到的週期性更新的平衡，使人類在舊世界維持某種特定的節奏長達一百個世紀以上。是人類生活中的什麼條件改變了，導致打破了帝國、牧師、農民和商人的平衡？這些原因是多方面的、各不相同的，人類事務本來就是複雜的，但主要的變化似乎可以歸結為：關於事物本質的知識不斷增長和廣泛傳播。它們最初誕生於小部分知識分

第52章　歐洲君主制、議會制、共和制的政治實驗時代

子群體，然後慢慢擴散，然而在過去500年傳播得非常迅速，閱聽人人口在總人口中的所占的比例越來越大。

但是人類生活條件的改變，有很大一部分是由於人類生活的精神改變引起的。這種改變和知識的增加和傳播同時發生，並與知識巧妙地連繫起來。人們對日常生活和基本願望的實現已經越來越沒有滿足感，他們需要在更廣闊的生活領域中參與並貢獻自己的力量。這是過去二十多個世紀以來所有業已遍布世界的偉大的宗教，如佛教、基督教和伊斯蘭教的共同特點。它們以舊的宗教沒有的方式，在人類的精神領域發生作用。和那些被它們部分改造或部分替代的宗教，也就是以祭司和寺廟為中心的有著血腥犧牲的舊迷信比起來，它們的性質和作用完全不同。在它們的影響下，人類早期文明中不存在的自我尊重感以及對共同關注的問題的參與和責任意識，逐漸發展起來。

在政治和社會生活中，第一個重大的進步就是古代文明的書寫文字得到簡化和長期使用，使得更多的國家和更多的政治協定得以簽訂和實施。第二個進步是新的運輸工具不斷出現。先是馬，後來是駱駝，再後來是輪式車輛，道路不斷擴展和增加，最後，由於鐵路的使用而大大提高了軍事行動的效率。隨後，鑄幣的出現，對經濟產生了強烈的干擾，債務、個人所有權和貿易性質都由於這種方便但危險的習慣而發生變化。與它們相應的是，帝國的版圖不斷擴張，人們的思想也不斷向前發展。地方神消失了，人們進入了眾神混合、世界性的宗教教義主宰廣大民眾的時代。接下來，合理的、有紀錄的歷史和地理知識也出現了，人們第一次深刻地意識到自己的無知，第一次對知識展開了系統性的探索。

始於希臘和亞歷山卓的輝煌的科學研究曾一度被中斷。日耳曼蠻族的入侵，蒙古族向西遷移，宗教重建和大瘟疫的肆虐，為政治和社會秩

序帶來了極大的壓力。當文明再次從這一階段的衝突和混亂中掙脫出來時，奴隸制已不再是經濟生活的基礎。最早的造紙廠為提供資訊和合作的印刷品準備了原材料。知識搜尋，系統性的科學研究，在各個地方逐漸得到恢復。

從 16 世紀起，作為系統思考的必然產物，一系列發明和設計陸續出現，它們對人類彼此的交流產生了深刻的影響。這些發明和設計涉及人們生活的各個方面，加深了人們之間的利害關係，以及人與人之間的相互合作。此外，新的發明和設計出現的速度也越來越快。然而，人們的大腦並沒有做好任何準備迎接這一切的到來，直到 20 世紀初那個重大的災難刺激了人們的思考。在此之前，對那種由不斷增長的發明浪潮造成的新形式，歷史學家也沒有任何絕妙的應對之策。人類過去 400 年的歷史，有點像一個沉睡的囚犯的經歷：當囚禁他同時也庇護他的監獄失火時，他沒有驚醒過來，反而把四周劈啪作響的聲音和火焰的溫暖當成一個的古老和不協調的夢想繼續沉睡。他沒有像別人一樣清醒地意識到自己的危險和機遇。

由於歷史不是個人生活的故事而是社會的故事，所以歷史紀錄中最重要的發明必然是影響人們相互溝通的發明。在 16 世紀，我們所知道的最主要的新事物有兩樣：一是紙質印刷品，二是使用航海羅盤這種新裝置辨別航向的遠航船。前者讓教育、公共資訊的傳播和討論、政治活動的發展產生了革命性的變革，變得更加便宜和普及。後者首次證實了「地球是球形」的觀念。然而，幾乎同樣重要的是，蒙古人在 13 世紀首次帶到西方的槍和火藥，得到了更廣泛的使用和改進。它摧毀了人們依靠城堡和城市的城牆建立起來的安全感，同時掃除了封建主義。有著堅固城牆的君士坦丁堡抵擋不住土耳其人的槍炮，墨西哥人和祕魯人也因對西班牙軍隊的槍炮感到無比恐懼而投降。

第 52 章　歐洲君主制、議會制、共和制的政治實驗時代

17 世紀，系統性的科學出版品不斷發展，雖然它並不是十分顯眼，但它孕育著更多的創新。在那些偉大的時代先驅者中，有一個人最燦爛奪目，他就是後來曾任英國大法官的法蘭西斯‧培根（Francis Bacon）爵士（西元 1561 年 - 1626 年）。培根是英國科爾切斯特的實驗哲學家吉爾伯特（Gilbert）（西元 1540 年 - 1603 年）的學生，在某種程度上也是他的代言人。他提倡觀察和實驗。在《新大西島》（*New Atlantis*）一書中，他運用鼓動人心的和富有趣味的烏托邦式故事的形式，來表達他為科學研究做出偉大貢獻的願望。

隨後，倫敦皇家學會和佛羅倫斯學會相繼成立，後來其他國家也成立了以鼓勵研究和發表、交流知識為目的的機構。這些歐洲的科學研究團體，許多世紀以來不僅創造出無數的發明，而且還對在人類思想史上占主導地位的怪誕的世界神學史進行了具有破壞性的批判。

儘管在 17 世紀和 18 世紀都沒有出現像紙質印刷品和遠航船那樣的對人類社會立即產生革命性影響的發明，但這兩個世紀累積了豐富的科學知識和科學能量，終於在 19 世紀結出科學發明的纍纍碩果。此時，探險和世界地圖的繪製繼續進行著，塔斯馬尼亞島、澳洲和紐西蘭先後出現在地圖上。在 18 世紀，英國的冶鐵業已經開始使用煤炭為燃料，使得鐵的價格比用木材為燃料冶煉時更便宜，也使人們完全有可能鑄造和使用更大塊的鐵。現代機械製造業開始興盛起來。

科學就像天國之城的樹木一樣，它也不斷地長出花蕾、花和果實。在 19 世紀，科學發明結出了豐碩的果實，並且這種結果在今後可能永遠不會停止。首先出現的是蒸汽機、鋼鐵和鐵路、大型輪船、高大的橋梁和建築物，以及有著無窮力量的機器。人類對每一種材料的需求，都出現了得到完全滿足的可能。最後，最神奇的、埋藏著無限寶藏的電學，也向人們開啟了大門……

我們曾把自 16 世紀以來人類的政治和社會生活，比喻成一個在失火的監獄裡沉睡和做夢的囚犯。在 16 世紀，歐洲人的頭腦裡還在做著延續拉丁帝國的夢，一個被天主教教會統一的神聖羅馬帝國的夢。但是，正如我們身上一些無法控制的因素時時出現在夢中，為它加上最荒謬和最具破壞性的解釋一樣，當我們發現皇帝查理五世熟睡的臉龐和肚子裡渴望食物的胃闖入夢境時，英國的亨利八世和路德正把天主教的統一撕裂成碎片。

在 17 世紀和 18 世紀，這種夢變成了個人君主制。在此期間，無論整個歐洲歷史怎麼變化，都離不開建立和鞏固君主制，並試圖把它擴展到權力較弱的鄰近國家。這種行為首先遇到了來自地主的反對，隨後隨著貿易不斷增長和工業不斷發展，新興的商人和富人階層也開始反抗王權的勒索和干擾。任何一方都沒有獲得徹底的勝利，在這裡是國王占了上風，在那裡又是有產階級擊敗了國王。有時，國王在一個國家是太陽和他的民族的世界中心，而在這個國家的鄰國，卻是由強硬的商人階級維持著共和統治。這種強烈的變化和差別，反映出這個時期的政體具有強烈的實驗性質和濃厚的地方色彩。

在這些國家，最常見的人物是國王的大臣。如果是天主教國家，則是主教。他們站在國王的背後，擔任著不可或缺的重要職務，支配著國王。

在這裡，我們不可能詳細介紹所有在不同的國家舞臺上上演的劇目。荷蘭民間商人加入了新教，並成為共和黨人，他們擺脫了西班牙費利佩二世——皇帝查理五世的兒子——的統治。在英國，亨利八世和他的宰相沃爾西（Wolsey），伊莉莎白女王（Elizabeth I）和她的宰相伯利（Lord Burghley）奠定了專制統治的基礎，但是被愚蠢的詹姆斯一世（James I）和查理一世（Charles I）毀掉。查理一世還因背叛國民罪在西元

第 52 章　歐洲君主制、議會制、共和制的政治實驗時代

1649 年被斬首，這成了歐洲政治思想的一個轉捩點。從西元 1649 年到西元 1660 年這 12 年，英國是一個共和國。國王的地位極不穩定，不斷受到議會的壓制，直到喬治三世（西元 1760 年——-1820 年）為恢復君主權力而進行的艱鉅抗爭獲得部分成功才有所改變。另一方面，法國國王是歐洲所有國王中最成功地完成君主制的國王。兩個偉大的宰相：黎希留（Richelieu）（西元 1585 年 - 1642 年）和馬薩林（Mazarin）（西元 1602 年 - 1661 年），在該國幫助國王樹立了權威，當時，「大君主」路易十四（Louis XIV）（西元 1643 年 - 1715 年）的長期統治和非凡的能力也發揮重要作用。

路易十四的確是歐洲國王的模範。就他的權力範圍而言，他是一位非常能幹的國王，他的野心遠遠要強於他的卑劣的熱情。他透過一種至今仍令我們欽佩的、充滿活力的外交政策和精心樹立的尊嚴，帶領他的國家走向破產。他的直接願望是鞏固法國，並把法國擴張到萊茵河和庇里牛斯山，然後吞併荷蘭和西班牙。他更大的抱負，是要看到在一個重建的神聖羅馬帝國中，法國國王成為查理曼大帝的繼任者。他認為賄賂是比戰爭更重要的國策，英國國王查理二世（Charles II）被他收買，波蘭貴族同樣臣服於他的賄金之下，這些在後面還會介紹。路易十四的錢，更確切地說，在法國納稅階層的錢，被他用於四處行賄。然而，他心中最大的追求還是奢華顯赫。他的凡爾賽宮與裡面的大廳、走廊、牆鏡，以及周圍的露臺、噴泉和公園等，受到全世界的羨慕和讚嘆。

克倫威爾（Cromwell）解散議會，成為了英格蘭共和國的獨裁者

路易十四的做法引領了潮流。在歐洲，每一個國王和王侯都不顧臣民的承受能力和借貸所允許的財力，一味建造自己的凡爾賽宮。各地的貴族也以新的樣式改建或者擴建他們的城堡。這股風氣帶動了精美的紡織品和家具行業的發展。豪華的藝術品到處可見：雪花石膏雕像、陶土製品、鍍金木製品、金屬製品、印花皮革，還有大量的音樂、絢麗的油畫、漂亮的印花和裝幀、精緻的餐具、上等的葡萄酒。在漂亮的掛鏡和精緻的家具中間，一些看起來怪模怪樣的人不停地來往，他們就是所謂的「紳士」。他們頭上戴著撲著閃粉的蓬鬆假髮，身上穿著鑲有花邊的絲綢衣服，腳上穿著豔麗的紅色高跟鞋，拄著令人驚豔的手杖保持平衡。此外，還有更美妙的「貴婦」，她們梳著高聳的塔狀髮型，身穿裙襬用金屬架支持起來的綢緞衣裙。在這一群人中最引人注意是擺弄姿勢的偉大的路易，他那個世界中的太陽無法照亮低層世界的黑暗，讓他無法看到因痛苦而憤怒的面孔。

凡爾賽宮法院

　　在君主制和各種政治實驗的時代，日耳曼民族始終存在著政治上的分歧。然而，仍有一部分王公貴族，建造了大大小小的凡爾賽宮式的宮殿。但是，三十年戰爭（西元 1618 年 - 1648 年），即日耳曼人、瑞典人和波希米亞人爭奪政治霸權的戰爭，讓德意志在 100 多年的時間裡衰落

第52章　歐洲君主制、議會制、共和制的政治實驗時代

不振。在這場戰爭結束後，德國已經支離破碎，這可以從西元1648年《西發里亞和約》簽訂後的歐洲地圖上看出來。人們看到公國、王國和自由遍布這個國家，有些甚至一部分在帝國內，一部分在帝國外。讀者會注意到，瑞典的「手臂」已經遠遠地伸進了德國；除了一些島嶼的領土在帝國的邊界內，法國仍遠在萊茵河彼岸。在德意志支離破碎的國土上，在西元1701年成立的普魯士王國穩步崛起，並獲得了一系列戰爭的勝利。普魯士的腓特烈大帝（Frederick the Great）（西元1740年-1786年）在波茨坦建造了他的凡爾賽宮，他在宮殿裡說法語，讀法國文學，試圖擁有與法國國王相媲美的文化。

西元1714年，漢諾威選帝王侯成為英國國王，他就是喬治一世（George I）。於是，實行君主制的國家又增添了一個。

查理五世後裔中的奧地利分支，始終保留著皇帝的稱號；西班牙分支仍然統治著西班牙。此時，東方也出現了一位皇帝。在西元1453年秋天君士坦丁堡陷落後，莫斯科大公伊凡大帝（Ivan III of Russia）（西元1462年-1505年）宣稱自己是拜占庭帝國王位的繼承人，並把拜占庭帝國的雙頭鷹鑲在他的武器上。他的孫子——伊凡四世（Ivan IV）（西元1533年-1584年）——採用了「沙皇」這一稱號。但是，歐洲人改變俄羅斯是偏遠的亞洲國家這一看法，則是在17世紀後半期。俄羅斯沙皇彼得大帝（Peter the Great）（西元1682年-1725年）統治時期，他帶領俄羅斯積極參與到西方事務中。他在聶伯河畔建立了帝國的新首都——聖彼得堡，成為俄羅斯和歐洲之間溝通的門戶。然後，他又在距離新首都18英里外的彼得霍夫修建了他的凡爾賽宮，裡面的露臺、噴泉、畫廊和庭園都是由法國建築師設計的。俄羅斯也像普魯士一樣，採用法語作為宮廷語言。

在奧地利、普魯士和俄國之間的波蘭王國，是一個組織混亂的大地

主國家。由地主們選舉出來的象徵王權的君主只擁有非常少的權力。儘管法國努力讓這個盟友保持獨立，但不幸的是，它還是被三個鄰國瓜分。當時，瑞士是由共和制的州組成，威尼斯是一個共和國，義大利和德國相似，分裂成許多小諸侯國。儘管教宗仍然像國王一樣統治他們的屬地，但是由於害怕失去天主教王侯的服從，不再干涉王侯和王侯之間的紛爭，也不再奢談基督教世界有著共同的利益。在歐洲，確實已經不再存在統一的政治理念，完全陷入分裂，並呈現出複雜多樣的局面。

所有這些君主國和共和國企圖吞併對方，它們的掌權者全都奉行對侵略鄰國和結成侵略聯盟外交政策。如今，歐洲人仍然生活在這種五花八門的主權國家時代的最後階段，仍然受到這個時代孕育出的仇恨、敵意和懷疑的影響。對現代的知識分子來說，這個時代的歷史有著更多和更明顯的「八卦」，讓人感到越來越無聊的厭煩。你會知道，一場戰爭如何因某個國王的情婦而爆發，而另一場戰爭的導火線竟然是一個宰相對另一個宰相的嫉妒。有頭腦的讀者，往往十分反感這些關於賄賂和競爭的無聊閒話。但也有一個非常明顯的事實是，雖然有國界的阻隔，但知識和思想仍然在迅速傳播，各種發明也不斷湧現。18世紀，一些深刻地懷疑、批判宮廷及其政策的文學出現了。例如伏爾泰（Voltaire）的《天真漢》（*L'Ingénu*）一書，就展現出他極度反感和厭倦歐洲世界的混亂。

第 53 章　歐洲新帝國的擴張

　　正當中歐處於分裂和混亂之時，西歐人尤其是荷蘭人、斯堪地那維亞人、西班牙人、葡萄牙人、法國人和英國人正在飄洋過海，把他們的對外擴張戰爭帶到世界上的所有地方。印刷機的出現讓歐洲的政治觀念變得更開闊，並開始不斷發酵，而另一項偉大的發明──遠洋航行船──把這一觀念不可阻擋地擴展到大洋彼岸。

　　荷蘭人和北大西洋歐洲人最初在海外建立定居點的目的，不是為了殖民統治，而是為了貿易和採礦。西班牙人最早出現在海外，他們宣稱統治著整個美洲新大陸。緊接著，葡萄牙人要求分享這塊「蛋糕」。於是，在教宗亞歷山大六世（Alexander PP. VI）的協調下──這是羅馬教宗作為世界主宰最後一次行使權力──西班牙和葡萄牙兩國於西元1494年簽訂了瓜分這塊新大陸的《托德西利亞斯條約》，條約規定：以維德角群島以西370里格[56]處為分界線，東邊歸葡萄牙所有，西邊歸西班牙所有。與此同時，葡萄牙人不斷向南和向東擴張自己的勢力。西元1497年，瓦斯科·達伽馬（Vasco da Gama）從里斯本啟航，繞過好望角，先到達尚吉巴，然後到達印度的科澤科德。西元1515年，葡萄牙船隊到達爪哇和摩鹿加群島，葡萄牙人在印度洋沿岸建立了貿易區，並使用武力加以鞏固。莫三比克、果阿，印度這兩塊較小的土地、中國澳門和東帝汶島的一部分，至今仍是葡萄牙的殖民地[57]。

　　那些沒有在美洲獲得權利的國家，也無視西班牙和葡萄牙透過教宗獲得的權利。英國人、丹麥人、瑞典人，然後是荷蘭人，很快就在北美

---

[56] 里格，歐洲和拉丁美洲的一個古老的單位，1 里格約為 3 英里。──譯者注
[57] 澳門已經於 1999 年 12 月 20 日零時回歸中國。──譯者注

和西印度群島擴張自己的勢力。就連最忠實於天主教的法國國王，也像其他所有新教徒一樣無視教宗的決定。於是，歐洲國家之間因爭奪海外殖民地而爆發了戰爭。

蒂普蘇丹（Tipu Sultan）最後的努力和陣亡

從長遠來看，在這場爭奪海外屬地的戰爭中，最大的贏家是英國。丹麥和瑞典因深陷於德意志繁雜的動亂中，因而沒有太多的精力放在爭奪海外屬地上。瑞典還因一位特別的國王，也就是被新教徒稱為「北方雄獅」的古斯塔夫・阿道夫（Gustav II Adolf）消耗了過多的國力。荷蘭人乘機搶占了瑞典在美洲的小塊殖民地，但是由於荷蘭人隨時提防著近在咫尺的法國侵略者，因而未能和英國開戰。在遠東地區，主要的相互競爭的國家有英國、荷蘭和法國，在美洲，則是英國、法國和西班牙。英國在對抗歐洲其他國家時有一個最大的優勢——它擁有被稱為「銀色航道」的英吉利海峽。此外，英國也極少受到拉丁帝國傳統的束縛。

法國一直把主要的精神放在歐洲事務上。在整個18世紀，法國為了控制西班牙、義大利和德國，從而失去了向西和向東擴張的機會。在17世紀，英國的宗教和政治紛爭已促使許多英國人到美洲尋找一個永久的居住地。他們扎根於美洲，人口成倍增加，這為英國人爭奪美洲帶來一個很大的優勢。在西元1756年和西元1760年，英國先後從法國人手中

第 53 章　歐洲新帝國的擴張

奪去了加拿大以及加拿大在美洲的殖民者。幾年後，英國貿易公司在印度半島完全主導了法國、荷蘭和葡萄牙的勢力。巴伯爾（Barbour）、阿克巴（Akbar）和他們的繼任者統治的大蒙古帝國此時已經走向了衰落，實際上由倫敦的一家貿易公司——英國東印度公司——控制，這在整個征服史上是最不尋常的事情之一。

東印度公司成立於伊莉莎白女王統治時期，起初不過是由幾個海上冒險家成立的一家公司。後來，他們逐步建立軍隊，武裝船隻，不再以經營香料、染料、茶葉和珠寶獲得傳統的商業利益為唯一目的，還開始插手王室的稅收和領土經營，甚至干預印度的命運。它不再以做買賣為目的，而是做起了可以獲得龐大利益的海盜的勾當。不過，沒有人干預他們的行為。所以，當船長、指揮官和官員，甚至連普通船員和普通士兵都滿載戰利品回到英國時，也就沒有什麼奇怪的了。

當入侵者在這樣一片遼闊而富有的土地上隨意搶奪的時候，他們已經分不清什麼該做，什麼不該做了。對他們來說，印度是一個陌生的國家，那裡的棕色人種是一個不值得同情的異族，一些廟宇也是異族神祕的行為下的產物。當這些將領和官員返回英國後，就互相揭發對方的勒索和殘暴行為，於是國內的英國人提出了質問。議會因此以腐敗罪起訴克萊芙（Clive），然而他在西元 1774 年 11 月 22 日自殺身亡。西元 1788 年，第二任印度總督華倫·黑斯廷斯（Warren Hastings）被彈劾，然而卻在西元 1792 年被宣告無罪。這在世界歷史上是一個前所未有的奇怪案例。英國議會自己統治倫敦的一家貿易公司，而這家公司又統治一個比英國領土更廣闊、人口比英國更多的帝國。在大部分英國人看來，印度是遙遠的、難以想像的、幾乎是人跡罕至的地方。那些在年輕時去印度冒險的貧窮年輕男人，很多年後回到英國時，已經成為非常富有而易怒的老紳士。英國人很難設想那些生活在東部陽光下的千百萬棕色人的生

活是什麼樣子。他們不願意在這方面花費過多的想像力，一直認為印度是浪漫的虛幻，因此，英國人要對東印度公司的所作所為施加任何監督和控制，是不可能做到的。

歐洲人在印度獵虎

當西歐列強為了爭奪這些夢幻般的海外殖民國家而在世界上各大海洋上爭鬥不止的時候，在亞洲的兩塊廣闊的土地上，征服也在不斷進行著。西元 1360 年，中國推翻了蒙古人的統治，建立了漢族統治的明王朝，一直持續到西元 1644 年。隨後，蒙古人的另一個分支——滿族人——重新征服中國，其統治一直延續到 1912 年。與此同時，俄國不斷向東方擴張，逐步成為參與世界事務的強大角色。這個偉大的國家，既不是完全屬於東方，也不完全屬於西方，它從舊世界中的崛起對我們人類的命運具有重要的影響。它的擴張，主要是依靠信奉基督教的草原民族——哥薩克人，他們就像是隔在西方的波蘭、匈牙利等封建農業國家和東方的韃靼人之間的一道屏障。哥薩克人最早出現的歐洲東部，在很多方面和 19 世紀中期的美國西部荒野沒有什麼不同。所有在俄羅斯無法繼續生活下去的人——罪犯、被迫害的無辜者、反抗的農奴、異教徒、盜賊、流浪漢、殺人犯，全都來到南部的草原尋求庇護，開始新的生活。為了生存和自由，他們與波蘭人、俄羅斯人和韃靼人進行戰鬥。

第 53 章　歐洲新帝國的擴張

毫無疑問，從韃靼向東逃亡的人也加入了哥薩克人的行列。慢慢地，這些邊境人被編入俄羅斯帝國的軍隊中，就像蘇格蘭高地民族被英國政府收編為軍團一樣。他們被賜予亞洲的新土地，成為對付日漸衰落的蒙古族牧民族的利器。起初，他們盤桓在土耳其斯坦，然後橫穿西伯利亞，抵達阿穆爾（即黑龍江）。

蒙古人的力量在 17 世紀和 18 世紀衰落，其中的原因很難解釋。在成吉思汗和帖木兒之後的兩、三個世紀，中亞已經從主宰世界的崛起時代衰退到對世界政治毫無影響力的時代。氣候的變化、沒有留下任何紀錄的瘟疫、瘧疾類的傳染病，可能是導致衰退的原因。有些權威人士認為，從中國傳入的佛教教義對中亞的衰落也產生過影響。從普遍的世界歷史的角度來看，這次中亞的衰落或許只是暫時的。無論如何，到 16 世紀，蒙古人、韃靼人和土耳其人不但已沒有力量向外擴張，反而淪落到被西方的基督教俄羅斯和東方的中國侵略、征服和驅逐的境地。

在整個 17 世紀，哥薩克人從俄羅斯的歐洲部分不斷向東擴張，在適於耕作的地方定居下來。在這些定居點外面，是由堡壘和軍營連成的警戒線，它是一條可以移動的南向邊界線。邊界線的西邊居住著相當強悍，也很活躍的土庫曼人。然而，在東北方向，俄國的國界一直沒有受到阻撓，直到抵達太平洋。

第 54 章　美國獨立戰爭

　　在西元 1750 年代到西元 1770 年代，歐洲陷入了極不穩定的分裂局面，任何統一的政治或宗教觀念都蕩然無存。印刷的書籍、印刷的地圖以及新的遠洋船帶來的契機，對歐洲人的想像帶來強大的刺激，讓他們以一種混亂和競爭的方式征服了世界上的一切海岸。由於歐洲人較其他地方的人擁有暫時的、幾乎是偶然的優越性，所以這種對外擴張是沒有計畫的，也是不連貫的。憑藉這種優越性，美洲這塊新的、幾乎是無人居住的大陸逐漸被西歐人占據，此外，南非、澳洲和紐西蘭也被當成歐洲人未來的家園。

　　促使派遣哥倫布和達伽馬分別到美洲、印度的動機，和自古以來所有水手航海的第一動機相同，都是為了貿易。因此，到人口眾多，生產力發達的東方世界做貿易，是所有歐洲人最主要的目的。歐洲人在海外的殖民地大把大把地賺錢，但是他們都希望回到自己的國家再把賺得的錢花出去。然而對到美洲大陸的歐洲人來說，因為當地生產水準還處於極端低下的水準，所以對他們產生強烈誘惑的是尋找黃金和白銀。西班牙人就在美洲搶占了大量盛產金銀的礦山。因此，到美洲的歐洲人不僅有武裝商人，還有淘金者、礦工、自然資源的勘探者，以及農場主人。在北方，他們尋求皮草。由於開礦和發展種植園需要定居點，所以各國政府就鼓勵移民在美洲建立永久定居點。後來，由於某些原因，大量的歐洲人飄洋過海來到大洋彼岸建立新的家園，他們就像 17 世紀初英國的清教徒為了逃避宗教迫害來到新英格蘭，18 世紀奧格爾索普（Oglethorpe）把英國因欠債而被關進監獄的人派往喬治亞，還有 18 世紀末期荷蘭

第54章　美國獨立戰爭

把孤兒送到好望角一樣。到19世紀，尤其在蒸汽船投入使用之後，歐洲移民如潮水般湧向了美洲和澳洲，開始了長達幾十年的大規模遷移。

歐洲人就是這樣發展了他們在海外的永久性殖民地。歐洲現成的文明也傳播到這片比它的發源地更加廣闊的大陸上，在其影響下建立起新的社會。不過，這個過程是沒有計畫、隨意發展的，因此，歐洲各國都沒有預料到這種形勢，自然也沒有任何精神準備。歐洲的統治者們和政治家們，一直把這些海外定居點當成是遠征機構、收入來源，也當成是領土和屬地。直到很久之後，當殖民地的居民建立了一種完全不同於本國的社會生活方式時，他們才如夢初醒。殖民地的人口越來越多，力量也越來越強大，最後任何來自大洋彼岸的命令、懲罰都奈何不了他們，此時國內的統治者才意識到：殖民地上的人已經不是自己可以隨意使喚和無足輕重的屬民。

喬治‧華盛頓

必須記住一點，直到進入19世紀，對所有這些海外殖民地發號施令都是透過遠航船來實現。而在陸地上，最快的交通工具仍然是馬，因此，在陸地上政治組織的統一和凝聚力受到以馬為主要交通工具這一現狀的制約。

到了西元1770年代初，北美洲北部約有三分之二的土地被英國統治。法國已經放棄了在美洲爭奪殖民地。除了巴西被葡萄牙占據，以及其他一些小島嶼和小片土地被法國、英國、丹麥和荷蘭占據外，佛羅里達州、路易斯安那州、加州和美洲南部所有土地都被西班牙人占據。在

英國的殖民地緬因州和安大略湖南部地區，首次證明了依靠海船已經不能把海外殖民者維持在自己的統治之下。

這些英國殖民地上的移民者的來源並不完全相同。有些殖民地居住著法國人、瑞典人和荷蘭人，以及英國人。馬里蘭州的英國人主要是天主教徒，而新英格蘭地區的英國人主要是激進的新教徒。當新英格蘭地區的英國人靠自己耕種土地，並譴責奴隸制時，在維吉尼亞州和南部地區當種植園主人的英國人則驅使大量從非洲買來的黑奴勞動。從一個洲到達另一個洲，雖然可以乘坐輪船，但旅途的單調乏味絲毫不亞於穿越大西洋。人口多樣化的來源和自然條件使這些不同的洲之間不可能出現自然地聯合和統一，但是，自私而又愚蠢的倫敦英國政府卻把這樣的壓迫強加在殖民地人們的身上：無條件地徵稅；在貿易中犧牲自己的利益以滿足英國政府的利益。儘管維吉尼亞人很願意擁有和驅使奴隸勞動，但是隨著野蠻的黑奴人數不斷增加，他們也擔心終於有一天這些奴隸會反抗。然而，英國政府為了維持高利潤的奴隸貿易，仍然源源不斷地把黑奴賣到那裡。

當時，英國正逐步走向更加專制的君主制政體，固執的喬治三世（George III）（西元1760年-1820年）做了很多促使英國政府和殖民地政府對抗升級的事情。

英國政府通過的一項旨在保護倫敦東印度公司而犧牲美洲船主的立法，促使雙方的衝擊全面爆發。西元1773年，一群移民化裝成印度人，把按照新法令的要求運到波士頓海港的三船茶葉全部倒進了海裡，這就是著名的「波士頓傾茶事件」。西元1775年時，英國政府試圖在波士頓附近的萊辛頓逮捕兩名美洲領導人，使戰爭真正打了起來。英國人首先在萊辛頓打響了第一次，但是雙方的第一場戰鬥發生在康科德。

美國獨立戰爭由此正式拉開序幕。雖然有一年多時間殖民地的人們

第54章 美國獨立戰爭

發現自己極不願意切斷和英國的連繫,直到西元1776年年中,起義各州召開會議,聯合發表「獨立宣言」。喬治·華盛頓(George Washington)因掌握著一支在對法國的戰爭中得到鍛鍊的軍隊,所以他被推舉為統帥。西元1777年,英國將軍約翰·伯格因(John Burgoyne)因試圖穿過加拿大去進攻紐約,但是在途經法里曼斯農場時遭到襲擊,後來在薩拉托加又被打敗,只好投降。同年,法國和西班牙相繼對英國宣戰,極大地阻礙了英國的海上交通。西原1781年,康沃利斯(Cornwallis)將軍率領的第二支英國軍隊在維吉尼亞州的約克半島又遭遇慘敗,被迫投降。西元1783年,冷戰雙方在巴黎簽訂和平協定。從緬因州到喬治亞州的13塊殖民地成為一個獨立的主權國家,美利堅合眾國從此誕生。此時,加拿大仍然向英國國旗宣誓效忠。

邦克山戰役,美國獨立戰爭中最初的流血戰鬥,位於波士頓附近

有四年的時間,這些州僅僅依靠某些聯邦章程來維持非常微弱的中央政府,它們隨時都有可能分裂成獨立的國家。但是,由於面臨著英國人的敵意和法國人的威脅,它們最終沒有分開。西元1788年,憲法被制定出來,並建立了一個更穩固的聯邦政府,和推選出一位更強而有力的總統。淡薄的國家統一意識也因西元1812年與英國第二次交戰得到鞏

固和強化。雖然如此，由於美國的領土是如此遼闊，當時各州的利益多樣互不相同，通訊方式又是那樣的落後，美國這個國家分解成獨立的諸如歐洲各國那樣的國家只是時間問題。對於偏遠地區的參議員和眾議員來說，到華盛頓出席會議是一次路途遙遠而又充滿危險的旅程。另外，公共教育的推展和文化知識的普及也因為機構重疊而幾乎寸步難行。然而，一切和分裂相對抗的力量也逐漸增長。蒸汽輪船、鐵路和電報的出現阻止了美國的分裂，並再次把分散的人緊密地連結起來，使美國成為第一個偉大的現代國家。

21年後，西班牙統治下的殖民地也效仿十三個州的做法，擺脫了歐洲的殖民統治。不過，由於這些殖民地全都分散在廣闊的大陸上，中間隔著高山、沙漠和森林，以及葡萄牙帝國的巴西殖民地，所以他們並沒有實現真正的聯合，而是形成一個個獨立的共和制國家。起初，這些國家國內經常爆發起義，國家之間也經常發生戰爭。

巴西則透過另一種與眾完全不同的方式，最終不可避免地走向了獨立。西元1807年，拿破崙率領的法國軍隊占領了巴西的宗主國葡萄牙，葡萄牙國王逃往巴西避難。從那個時候起一直到巴西獨立，葡萄牙對巴西的依賴遠遠超過了巴西對葡萄牙的依賴。西元1822年，巴西在葡萄牙國王的兒子佩德羅一世 (Pedro I of Brazil) 統治下宣布成為一個獨立的國家。但是，這個新獨立的國家從一開始就不是君主制。西元1889年，巴西的皇帝只好悄悄地乘船回到歐洲。巴西合眾國終於像美國和其他一些國家一樣，加入了共和國的行列。

第 55 章　法國大革命和君主制在法國的復辟

繼英國失去 13 塊殖民地之後，法國國內又陷入社會和政治的大動亂。這種動亂讓歐洲人更加清楚地了解到，世界上的任何一種政治協定從本質上來說都是暫時的。

前面已經講過，在歐洲專制君主政體中，法國的君主政體是最完善的，曾經受到相互對立的王侯的羨慕和效仿。但是，由於這種政體的成功是建立在某種不正義的基礎之上，所以最終必然免不了崩潰的命運。雖然它充滿了奪目的光彩，也富有進取精神，但它無端地揮霍了人民大量的財產，讓太多的人丟掉了性命。稅收制度規定神職人員和貴族享受免稅的優待，由此，整個國家的財政負擔全都壓在了中、下階級人民的肩上，農民被繁重的賦稅壓得抬不起頭來，中等階層則不斷受到貴族階層的壓迫和羞辱。

西元 1787 年，法國國王發現自己已經負債累累，他計劃召集國內各階層代表開會，討論解決收入不足和過度揮霍造成的財政虧空。西元 1789 年，由貴族、教士和平民代表參加的三級會議在凡爾賽正式召開。這種會議的性質和英國的議會制度基本相同，不過從西元 1610 年以來一直沒有召開過，因為這段時間法國實行的是君主制。從表面上看來，長期處於被壓迫地位的法國人民終於有了一個可以表達自己不滿情緒的機會。在三級會議召開期間，由於法國第三等級，也就是平民階層要求控制會議，與另外兩個等級的代表展開了激烈的爭論。最後，平民階層的代表獲得勝利，三級會議改為國民議會。和英國議會限制王權的做法一

樣，國民議會也提出了限制王權的要求和決心。法國國王無視議會的要求，他從各省召集軍隊，隨後，法國大革命在巴黎爆發。

法國君主專制的政治制度在巴黎人民的革命風暴中很快就崩潰了。革命群眾攻占了象徵專制統治的巴士底監獄，起義的浪潮迅速蔓延到整個法國。在法國東部和西部，有很多貴族的城堡被農民燒毀，地契也被他們銷毀，所有的地主要麼被殺死，要麼被趕走。古老的、腐朽的貴族階層在不到一個月的時間就完全崩潰。為了保命，很多重要的王侯和王後的黨羽都跑到國外。巴黎和其他重要城市都成立了臨時市政府，並組建了國民軍，這一新的武裝力量。他們最重要的任務就是和國王的軍隊作戰。法國人民要求國民議會建立一個適合新時代要求的社會和政治制度。

這是一項非常艱鉅的任務，對國民議會的力量是一次徹底的考驗。國民議會宣布廢除專制統治下的各種壓迫和不平等：廢除了免稅權、農奴制，取消貴族的所有特權和稱號，並嘗試在巴黎建立君主立憲政治體制。國王被迫離開豪華的凡爾賽宮，到巴黎的杜樂麗宮過著隱居生活。

路易十六（Louis XVI）的審判

為了建立一個高效的現代政府，國民議會和國王進行了兩年的爭鬥。儘管國民議會的很多工作都是嘗試性的，有的措施實施不久就被廢

第55章　法國大革命和君主制在法國的復辟

棄了,然而更多的措施還是健全的,它們一直保留了下來。當然,很多合理的措施事實上是毫無意義的。刑法中的不合理條款也被廢除,比如嚴刑逼供、隨意監禁和迫害異教徒等。法國的一些古老的州,比如諾曼第、勃根地等被改劃成八十個郡。軍隊中的晉升之路完全開放,每一名士兵都有可能擢升到最高的將領。法院建立了一整套完善而簡單的審理制度,然而由於民眾選舉的法官任期很短,使得這一制度並沒有完全發揮作用。這種做法事實上是民眾組成了起訴的最高法庭,法官則像國民議會的議員一樣,必須迎合旁邊聽眾的想法。國家沒收了並管理著教會的全部財產。凡是不以從事教育或慈善工作為目的宗教組織一律被解散。神職人員的薪資一律由國家統一支付。這一規定對下等教士很有利,因為他們以前只能獲得非常可憐的一點薪俸,與那些富有的上等教士比起來,他們的生活過得非常寒酸。此外,神父和主教必須透過選舉產生。這一規定與羅馬教會的主張——教會的最高權力源自於教宗和紅衣主教,它是一種必須服從不得反抗的權力——完全不同,從根本上打破了羅馬教會的權威。事實上,國民議民的目的是要把法國教會一舉轉變成新教,即使教義上一時無法做到,至少形式上要完成這一轉變。這一措施導致國民議會選舉出來的神父和忠於羅馬教會而反對新教的神父之間,爆發了激烈的衝突。

　　西元1791年,由於國王、王后和流亡國外的貴族和擁護君主主義者的反撲,實驗中的法國君主立憲制宣告結束。外國軍隊大量集結在法國東部邊境。在這年六月的一天晚上,法國國王、王后和他的孩子們從杜樂麗宮逃走,準備逃亡到貴族的軍隊裡去,但是,他們在瓦雷訥被抓住,然後押回了巴黎。這一事件點燃了法國人民的共和主義熱情。愛國者們發表了共和宣言,然後宣布對奧地利和普魯士開戰。法國國王的命運與英國國王查理一世一樣,於西元1793年1月以背叛人民的罪行押上了斷頭臺。

接下來，法國歷史上出現了一個非常特別的時期。在這個時期裡，所有法國人民點燃了保衛法蘭西、保衛共和制度的熱情，堅決主張對外不妥協。在國內，所有國王的黨羽和反對共和制度的勢力都遭到血腥鎮壓；在國外，法國成了所有革命的保護者和援助者。法國人希望整個歐洲、整個世界的國家都成為共和國。法國青年踴躍參加共和國的軍隊，一支像酒一樣讓人熱血沸騰的革命歌曲也到處傳唱著，它就是〈馬賽曲〉(*La Marseillaise*)。法國步兵縱隊唱著這支鼓舞人心的歌曲，在戰場上爆發出排山倒海般的力量。到西元 1792 年年底，法軍軍隊攻占的土地，已經遠遠超過路易十四時代的領土。他們在外國的土地上越戰越勇，不僅占領了布魯塞爾、薩瓦，襲擊了美因茲，還從荷蘭人手中奪取了斯海爾德河。然而，就在這個時候，法國政府做了一件非常愚蠢的事情。由於法國處死了路易，於是英國驅逐了法國的駐英大使，法國在盛怒之下立即向英國宣戰。之所以說這種做法非常愚蠢，是因為法國雖然擁有強大的步兵和砲兵部隊，但是由於在大革命時期驅逐了很多貴族海軍軍官，導致法國的海軍力量遠遠落後於英國海軍。此外，英國很多原本支持和同情法國大革命的自由主義者也因法國向英國宣戰，轉而和其他英國人團結起來，一致對抗法國。

　　關於法國和以英國為首的反法聰明之間的作戰情況，在此就不一一詳細敘述了。總之，最後奧地利人被徹底地趕出了比利時，荷蘭也成了一個共和國。被凍結在泰瑟爾島附近海面的荷蘭船隊一槍也沒有開就向一小隊騎兵繳械投降。在一段時期裡，法國向義大利推進的計畫被擱置了下來，到了西元 1796 年，新將領拿破崙・波拿巴（Napoleon Bonaparte）才重新率領衣衫襤褸和飢腸轆轆的共和國軍隊橫跨皮埃蒙特，抵達曼圖亞和維羅納。阿特金森說：「最讓盟軍感到吃驚的是共和國軍隊的數量和速度。事實上，沒有什麼可以拖延這支臨時組建起來的軍隊。沒有錢

第55章　法國大革命和君主制在法國的復辟

買帳篷；沒有足夠的車馬保障後勤運輸，這些不利的條件即使是出現在職業軍隊裡，也會引起士兵心理上的動搖，但是對於西元 1793 年－1794 年的法國軍隊來說，他們都可以欣然地接受。為這樣一支前所未聞的軍隊運送後勤補給是不現實的，於是這支法國軍隊很快就學會了『就地謀生』的本領。西元 1793 年，一種被稱為『快速行動』的現代戰爭方式誕生了。這種作戰方式注重帶動國民力量，在野外露宿，就地徵用軍需和打硬仗，與以往小規模的職業軍隊行動，住帳篷和攜帶充足的口糧顯然不同。前者展現的是果斷、速戰速決的精神，後者展現的是以少冒險獲得較小利益的心態。」

這支衣衫襤褸的軍隊高唱著《馬賽曲》為法國而英勇戰鬥的時候，顯然他們自己都不一定清楚：他們究竟是侵略還是解救他們蜂擁而至的那個國家？巴黎的共和熱情，正以一種極不光彩的方式消耗著。革命此時被一個狂熱的領袖——羅伯斯比（Robespierre）鼓動著。他是一個很自以為是的人。他體質較差，天生膽小，但又自命不凡。但是他有信念——獲得權力最需要的是天賦。他下決定心按他所想的那樣去拯救共和，並且認為沒有人比他更適合擔任這一角色，所以，要完成這一使命，他必須擁有自己的權力。共和國的活力，似乎已經從屠殺保皇黨和處死國王的行動中湧現出來。當時發生了兩處暴動：一處發生在西部地區的旺代省，那裡的人們在貴族和神職人員的帶領下，爆發起義反抗徵兵和剝奪正教神職人員的財產；另一處發生在南方，里昂和馬賽都爆發了起義。英國和西班牙的駐軍獲准進入法國境內，除了屠殺保皇黨的人，似乎沒有更有效的平息叛亂的方法。

於是，革命法庭這架機器開始運轉起來，持續的屠殺開始了。斷頭臺的發明正逢其時，王后被送上了斷頭臺，反對羅伯斯比的人大部分也被送上了斷頭臺，甚至連無神論者也被送上了斷頭臺。一天又一天，

一週又一週，這個像魔鬼一樣的機器不斷地砍頭，越砍越多，越來越多……羅伯斯比的統治，似乎需要越來越多鮮血才能維持，就像吸食鴉片的人需要越來越多的鴉片一樣。

西元 1793 年 10 月 16 日，法國王后瑪麗‧安東妮（Marie-Antoinette）受刑

到西元 1794 年夏天，羅伯斯比的統治被推翻，他本人也被送上了斷頭臺。羅伯斯比之後，統治法國的是由五人組成的督政府，他們對外進行防禦作戰，對內則維持團結和統一，這種局面一直維持了 5 年。他們的統治在這段劇烈變化的歷史時期成為了一個奇特的小插曲。他們隨遇而安，得過且過。宣傳者的革命熱情又把法國軍隊帶進了荷蘭、比利時、瑞士、德國南部和義大利北部。這些國家的國王都遭到驅逐，然後這些國家成為共和國。但是，督政府的狂熱宣傳並沒有阻止法國軍隊搶劫被解除束縛的人民的財富，以減輕法國政府的財政負擔。他們的戰爭變得越來越不像為了自由的神聖戰爭，反而越來越像古代政權統治下的侵略戰爭。被法國拋棄的大君主制的最後一個特徵，正是它傳統的外交政策。人們發現督政府的外交政策就像根本沒有爆發革命一樣，依然非常活躍。

接下來，出現了一個替法國和世界帶來不幸的人，他以強烈的形式

第 55 章　法國大革命和君主制在法國的復辟

展現了法國民族的利己主義精神。他為法國帶來了十幾年的榮耀和最終失敗的屈辱。他就是率領政府軍在義大利大獲全勝的拿破崙·波拿巴。

在督政府統治法國的五年期間，拿破崙一直為自己的仕途升遷而苦心經營著、奮鬥著。漸漸地，他爬上權力的頂峰。他是一個不善理解的人，但是他擁有無情的直率和強大的能量。他以羅伯斯比的激進擁護者的身分開始自己的政治生涯，並獲得他的第一次晉升，但他沒有真正掌握在歐洲發揮重要作用的新勢力。他最大的政治想像力，不過是一個遲來的華而不實的企圖——恢復西羅馬帝國。他試圖抹掉舊的神聖羅馬帝國的遺跡，企圖建立經一個以巴黎為中心的新帝國。這樣，維也納的皇帝就不再是神聖羅馬帝國皇帝，而僅僅是奧地利的皇帝。拿破崙和他的法國妻子離婚，目的就是為了和奧地利公主結婚。

拿破崙於西元 1799 年當上第一執政官，事實上，他已經成為法國的國王，西元 1804 年，他直接模仿查理曼，自己做了法蘭西帝國的皇帝。教宗在巴黎為他加冕。在加冕過程中，他按照查理曼大帝的指示，從教宗手裡拿起皇冠，自己戴在頭上。他的兒子被加冕成羅馬國王。

數年之後，拿破崙的統治獲得了政治生涯的成功。他征服了義大利和西班牙，擊敗了普魯士和奧地利，並統治著俄羅斯以西的整個歐洲。但是，他從來沒有從英國人手裡奪得制海權。西元 1805 年，他的艦隊在特拉法加海戰中，被英國海軍上將納爾遜（Nelson）徹底打敗。西元 1808 年，西班牙開始反抗他，威靈頓（Wellington）率領的英國軍隊迫使法國軍隊向北慢慢退出了西班牙半島。西元 1811 年，拿破崙與沙皇亞歷山大一世（Alexander I of Russia）發生爭執。西元 1812 年，他率領一支由 60 萬人組成的龐大軍隊進攻俄國，由於不適應俄國的嚴寒，結果被俄國軍隊擊敗。隨後，德國人起來反抗他，瑞典人也和他反目為敵，法國軍隊被擊退。西元 1814 年，拿破崙在楓丹白露宮退位。然後，他被流放到厄

爾巴島。西元 1815 年，拿破崙回到法國，試圖東山再起，然而在滑鐵盧戰役中，再次被英國、比利時和普魯士聯軍打敗。後來，被英軍俘獲，西元 1821 年，死在了聖赫勒拿島上。

法國革命所蘊含的力量就這樣被消耗殆盡。獲勝的盟國代表在維也納召開會議，希望盡可能恢復被這場戰爭風暴撕裂的歐洲政治局面。此後，歐洲維持了近 40 年的和平，一種精力耗盡後所得到的和平。

第56章　拿破崙之後歐洲不穩定的和平

在西元1854年到西元1871年之間，有兩個主要的原因阻礙著這一時期的歐洲社會和國際局勢維持和平與穩定，並醞釀著新的戰爭。第一個原因是，某些王室宮廷企圖恢復不公平的特權，並干涉人們思考、寫作和受教育的自由。第二個原因是，參加維也納會議的外交家們劃分的不合理的國界，進一步加劇了歐洲的緊張局勢。

恢復君主制政體這一傾向，最早在西班牙出現，而且表現得特別明顯。在那裡，甚至還恢復了宗教法庭。西元1810年，拿破崙任命他的哥哥約瑟夫（Joseph Bonaparte）繼承西班牙王位，大洋彼岸的西班牙殖民地上的人們也開始效仿美國，起兵反抗歐洲的權力體系。在南美洲，也有一位「喬治·華盛頓」式的起義領袖，他就是玻利瓦（Bolívar）將軍。西班牙無法鎮壓這場起義，所以這場戰爭就像美國獨立戰爭一樣，持續了很多年。最後，在奧地利的建議下，在這次戰爭中，歐洲的各位君主按照神聖同盟的精神應協助西班牙作戰。英國首先反對這個建議，但是美國總統門羅（Monroe）迅速採取行動。西元1823年，他對這個恢復君主制的預謀提出嚴重的警告，他宣布：美國將把歐洲任何國家向西半球的擴張視為與美國作對，這就是所謂的「門羅主義」。它在近100年的時間裡成功阻止了美洲以外的列強在美洲的擴張，使得西屬美洲的新國家可以按照自己的道路來決定自己的命運。

但是，儘管西班牙的君主失去了他的殖民地，但是他仍然可以在歐洲協同體的保護下，在歐洲肆意踐踏。西元1823年，西班牙爆發了一

場人民起義，法國軍隊受歐洲會議的委託，對這次起義進行了鎮壓。同時，奧地利也鎮壓了拿坡里的一場革命。

西元 1824 年，路易十八（Louis XVIII）逝世，查理十世（Charles X）上臺。查理剝奪了新聞和學術的自由，恢復了專制政府，然後決定用 10 億法郎來補償在西元 1789 年法國大革命中貴族們因城堡遭到焚燒和查封而造成的財產損失。西元 1830 年，巴黎市民對這個舊政權的復辟者忍無可忍，紛紛發動起義，把查理十世趕下了王位，擁立在法國恐怖時期被處決的奧爾良公爵菲利普（Louis-Philippe Joseph d'Orléans）的兒子路易-菲利普（Louis-Philippe Ier）繼位。歐洲大地上的其他君主制國家對這場起義並沒有加以干涉，因為英國公開宣稱支持它，而此時的德國和奧地利也出現了強烈的自由主義思潮。畢竟，法國仍然是一個君主制國家，路易-菲利普在法國的立憲法君主之位上坐了 18 年（西元 1830 年 - 1848 年）。

維也納會議達成的和平，被君主們的反動行為激起的不安和動盪衝擊著。維也納會議劃分出了不合理的國界，加劇了歐洲的緊張局勢，嚴重威脅到人類的和平。把說著不同的語言、讀著不同的文學作品和具有不同的一般概念的民族的事務集中在一起管理，本來就非常困難。特別是當這些差異中又加入激烈的宗教紛爭時，就會難上加難。只有當不同的民族之間存在著明顯的共同利益時 —— 比如瑞士山區的各民族為了抵抗共同的敵人的入侵 —— 它們才會超越語言和信仰的差異緊密連繫起來。況且在瑞士還最大限度地實施地方自治。又比如說在馬其頓，零零散散的村莊和居住地混居著不同的民族，因此，州自治制度勢在必行。但是，如果讀者看到維也納會議中繪製的歐洲地圖，就會發現這次會議似乎是有計畫地激起當地人們最大的惱怒。

維也納會議毀掉了荷蘭共和國。它把信仰新教的荷蘭人和以前屬於西班牙（後來屬於奧地利）的荷蘭法語天主教徒集中起來，成立荷蘭王

第 56 章　拿破崙之後歐洲不穩定的和平

國。它不只是把原來威尼斯共和國，還包括義大利北部遠至米蘭的所有城市全都劃給講德語的奧地利人。把講法語的薩瓦和義大利的一部分組合起來，恢復了薩丁尼亞王國。本來，在奧地利和匈牙利境界就已經存在著德國人、匈牙利人、捷克斯洛伐克人、南斯拉夫人、羅馬尼亞人等彼此不和的情況，現在又加入了義大利人，使這兩個國家變成了隨時都可能爆炸的火藥桶。西元 1772 年到西元 1795 年，波蘭先後三次被普魯士、奧地利和俄國瓜分，使得戰爭的爆發更加不可能避免。天主教徒和具有強烈共和精神的波蘭人被信仰希臘東正教的沙皇用不太文明的手段統治著；波蘭的重要地區劃給了信仰新教的普魯士。此外，維也納會議還承認了沙皇管轄完全是異族人的芬蘭。彼此差異很大的挪威人和瑞典人被置於一個國王的統治之下。讀者可以看出，此時的德國已經陷入了特別危險的境地，普魯士和奧地利有一部分領土位於包含眾多小國家的德意志邦聯之內，還有一部分位於德意志邦聯之外。由於丹麥國王在霍爾斯坦擁有一些講德語的屬地，所以丹麥也加入了德意志聯邦。雖然盧森堡的實際統治者是荷蘭國王，儘管那裡的人大多講法語，但它仍然被納入德意志邦聯。

　　這裡有一個完全被忽視的事實：把講德語和以德國文學為基礎發展自己的思想的人民、把講義大利語和以義大利文學為基礎發展自己的思想的人民、把講波蘭語和以波蘭文學為基礎發展自己的思想的人民來說，如果用他們自己的語言，在各自的語言範圍內處理自己的事務，肯定要順利得多，對其他語系民族的人民也會減少很多衝擊。難怪當時德國有一首最流行的歌曲這樣唱道：「無論在哪裡，只要是講德語的地方，就是德國人的祖國！」

　　西元 1830 年，比利時法語區受到當時法國七月革命的影響，爆發了擺脫荷蘭王國的獨立革命。歐洲列強擔心比利時成為共和國和被法國吞

併,急忙插手干預,他們擁立薩克森-科堡-哥達的利奧波德一世(Leopold I)為比利時人的君主。在西元1830年,義大利和德國也爆發了起義,但都以失敗告終。

拿破崙加冕肖像

同年,在俄屬波蘭還爆發了一場規模更大的起義。在華沙,反抗尼古拉一世(Nikolay I Pavlovich)(西元1825年繼亞歷山大一世之後成為俄國皇帝)共和黨政府在極端的暴力和殘酷的鎮壓下,僅存在一年的時間。從此,波蘭語被取締,希臘東正教被定了國教,取代了羅馬天主教。

西元1821年,希臘人民爆發了反抗土耳其人的起義。他們堅持了六年的浴血奮戰,然而歐洲各國卻在袖手旁觀。自由輿論對此發出了抗議,歐洲國家的志工加入了希臘起義隊伍,後來,英國、法國和俄國採取了聯合行動。西元1827年,在諾瓦里諾海戰中,土耳其艦隊被英法聯合艦隊摧毀,俄國也攻入了土耳其境內。按照西元1829年簽訂的《亞德里亞堡和約》,希臘宣布獨立,但禁止恢復它古老的共和傳統。他們擁立巴伐利亞的日耳曼系鄂圖親王(Otto of Greece)為希臘國王,此外,在多

第 56 章　拿破崙之後歐洲不穩定的和平

瑙河各省（現在羅馬尼亞）和塞爾維亞（南斯拉夫的一部分）分別設立了基督教總督。然而，要把土耳其人從這些土地上完全驅逐出去，還要很多人作出流血犧牲。

第 57 章　物質知識的發展及所獲得的成就

　　整個 17 世紀和 18 世紀，以及 19 世紀初，當歐洲列強和王侯不斷發生衝突，西元 1648 年的《西發里亞和約》逐步被西元 1815 年的《維也納條約》取代的時候，當遠洋船把歐洲的影響力傳播到世界各地的時候，人們的知識獲得日益增長，在歐洲和歐洲化的國家與地區，人們對世界的認識越來越多。

　　這種發展與政治生活分離開來的，在整個 17 世紀和 18 世紀的政治生活中都沒有產生明顯的、立竿見影的影響，也沒有對這一時期的大眾思想產生深刻的影響。直到 19 世紀的後半期，這些影響才充分在那些富裕的小規模人群和擁有獨立精神的人群中表現出來。如果沒有英國人所謂的「平民紳士」，科學的發展就不會首先出現在希臘，也不會在歐洲得到延續。在這一時期，各種綜合院校在哲學和科學思想傳播中扮演了重要角色，但不是主導角色。靠資助進行的科學研究有著很大的保守性和局限性，並且缺乏主動性和拒絕創新，除非受到獨立思想的鞭策。

　　我們已經注意到，在西元 1662 年成立的英國皇家學會在實現培根新大西洋夢想中所發揮的重要作用。整個 18 世紀，關於物質和運動的一般概念已經越來越清晰，數學獲得了很大的進步，顯微鏡和望遠鏡中的光學玻璃的用途也得到系統開發，自然史也有了新的分類，解剖科學開始復興。地質科學——由亞里斯多德設想，由達文西（Leonardo da Vinci）（西元 1452 年 - 1519 年）闡述——開始他的一項偉大任務：解釋岩石紀錄。

　　物理科學的進步極大地推動了冶金業的發展。冶金技術得到改進，使

第 57 章　物質知識的發展及所獲得的成就

更大規模、更大膽的金屬冶煉成為可能，因而推動了某些實用的發明的出現創造了條件。全新的、各式各樣的機器大量出現，最終爆發了工業革命。

鐵路開通的第一天，行駛在利物浦和曼徹斯特鐵路上的早期車輛

西元 1804 年，特里維西克（Trevithick）把瓦特（Watt）發明的蒸汽機運用在運輸行業，發明創造出世界上第一臺火車頭。西元 1825 年，斯托克頓和達林頓之間的第一條鐵路建成並通車。史蒂文生（Stephenson）製造的「火箭」號火車頭，拖著 13 噸重的貨物在鐵路上行駛，速度達到每小時 44 英里。從西元 1830 年起，鐵路得到了迅速發展，到本世紀中葉，鐵路四通八達，遍布整個歐洲。

西元 1833 年，利物浦和曼徹斯特鐵路上行駛的早期車輛

陸路運輸長期以來一直是人們生活中最常用的運輸方式，到這個時期它的速度較以往提高了很多。拿破崙在俄羅斯遭遇慘敗後，從維爾納附近回到巴黎花了 312 小時。他的行程大約是 1,400 英里。他在途中利用了可以想到的一切便利條件，平均時速也沒有超過 5 英里。如果是一個普通的旅客，就算是花上兩倍的時間也很難走完這段路程。這個速度相當於西元 1 世紀羅馬和高盧之間旅行時的最高速度。然而，自從鐵路在整個歐洲的

鋪設，人類旅行的速度發生了翻天覆地的變化。拿破崙走的路程，如果乘坐火車，旅行時間可以縮短到 48 小時以內。也就是說，鐵路的出現把歐洲各主要路程的距離都「縮短」到原來的十分之一，而行政管轄的土地的面積可以擴大到原來的十倍。在歐洲，這種可能性的全部意義仍有待人們去實現。在歐洲，騎馬和道路交通時代確定的邊界仍然存在。在美洲，鐵路則被廣泛應用。對正在向西部擴張的美利堅合眾國來說，這意味著即使是住在遙遠的邊疆，也可以穿過整個大陸到達華盛頓。如果沒有鐵路，要維持如此廣闊的國家的統一，是不可能做到的。

蒸汽輪船的出現要早於蒸汽機車。西元 1802 年，一艘名叫「夏洛特・丹達斯號」的蒸汽輪船就已經開始在克萊德運河上航行。西元 1807 年，美國人富爾頓（Fulton）製造出一艘裝配瓦特蒸氣機的輪船，取名為「克萊蒙特號」，在紐約以北的哈德遜河上航行。第一艘用來航海的輪船同樣是美國製造出來的，名字叫「菲尼克斯號」，它的首航航線是從紐約到費城。第一艘以蒸汽機作為主要動力而橫渡大西洋的輪船是西元 1819 年的「薩凡納號」，它仍然是由美國人製造的。這些輪船都是明輪船。明輪船不適合在海洋上航行，因為它們的輪槳容易被海洋上的大浪打壞。

輪船：克萊蒙特，西元 1807 年，美國

第57章　物質知識的發展及所獲得的成就

　　螺旋槳輪船直到很晚才出現，原因是製造這種輪船需要克服很多困難。一直到19世紀中期，輪船的噸位才趕上帆船。此外，海洋運輸業得到快速發展。由於輪船的性能更有保障，所以船員能夠估算出輪船抵達海港的時間。過去，駕船橫渡大西洋的冒險可能要花數週，甚至數月，如今所需的時間已經大大縮短。到1910年，當時最快的船僅需要5天時間，而且還可以提前估算出從出發地到達目的地的時間。

　　在蒸汽機普遍用於海上和陸上交通的時候，伏特（Volta）、伽伐尼（Galvani）和法拉第（Faraday）等人對電力現象的研究也獲得了重要成果。他們的研究成果為人們之間的交流帶來了無窮的便利。西元1835年，電報機被發明出來。西元1851年，世界上第一條海底電纜在法蘭西和英格蘭之間成功鋪設。僅僅幾年時間，電報機就已經普及到全世界。以前，訊息只能一個點一個點按順序傳送，而如今，幾乎在同一時間就可以把訊息傳到世界的各個角落。

　　19世紀中期，人們普遍認為火車和電報這類東西是最驚人、最具革命性的發明。然而，它們不過是在人類整個發明過程中最早出現的一批粗陋、簡單的成果而已。這一時期的工藝知識和技術獲得了飛速的發展，而且達到了非凡的程度。起初，這種情況表現得並不明顯，後來，當它們擴展到對各種結構材料的掌握時，就顯得越來越重要了。在18世紀中期以前，人們以木材為燃料冶煉鐵礦石。然後，把得到的鐵製成小塊，再錘打成某種形狀。16世紀，冶煉出來的鐵塊最大的也不過兩、三噸（所以，當時的大炮都不是巨炮），到18世紀，人們發明了鼓風機，隨著焦炭的使用而不斷地改進。同樣是18世紀，首次出現了軋製的鐵板和鐵棒。奈史密斯（Naismith）蒸汽錘，是西元1838年底發明出來的。

　　在古代世界，由於冶金技術落後，根本不可能利用蒸汽的力量。在沒有鐵板可用之前，蒸汽機，甚至連原始的蒸汽幫浦都得不到改進。用

現在的眼光來看，早期的引擎顯得既簡單又笨拙，但它們代表著當時冶金科學的最高水準。到西元1856年年底，貝西默爾冶煉法出現了。到西元1864年，平爐冶煉法也出現了。自此之後，鋼和各種鐵可以以前所未有的方式和規模被熔化、提純和鑄造。如今，人們可以看到上萬噸的鋼水在電爐中像煮沸的牛奶一樣沸騰。人類以前獲得的各種進步，就其影響而言，都比不過人類冶煉出巨型鋼鐵和自由控制鋼鐵的成分。鐵路和早期的各種引擎，僅僅是新的冶煉方法產生的第一批成果。緊接著，用鋼鐵製造的巨型輪船、用鋼鐵建造的高大橋梁、用鐵鋼建造的大型新式建築，全都出現了。當人們意識到鐵軌的間距太窄時，已經為時已晚，否則人們在乘坐火車旅行時可以獲得更高的穩定性和舒適性。

在19世紀以前，世界上還沒有載重量超過2,000噸的輪船，而現在，載重量超過50,000噸的巨輪已經非常普遍了。有人譏笑說，這種進步不過是「大小」上的進步，那種譏笑恰恰暴露出執著於這種觀點的人在這方面的淺薄。大型的船舶或鋼架建築並不是這些人所想像的那樣，僅僅是過去的小型船舶或建築物的「放大版」，事實上，前者和後者完全是不同種類的東西──前者是用更細、更強的材料建造出來的東西，與後者相比更輕、更堅固的，也更耐用；前者也不是像過去那樣靠經驗來製造，而要經過精細而複雜的計算。在建造舊式房屋或船舶時，工人必須服從材料和其需求；然而在建造新式房屋或船舶時，材料已經不能主導人們。試想，煤、鐵礦石和沙從沙洲和礦井被開採出來後，經過熔化和鑄造，最後被製成細長而燦爛的鋼鐵和玻璃的尖頂，聳立於繁華的街道上，竟然高達600英尺！

以上我們詳述了人們掌握的鋼鐵冶煉技術以及帶來的影響，這僅僅是一個例子。人們對銅和錫，以及其他各種金屬──比如19世紀一直不為人知的鎳和鋁──的認識過程，與對鋼鐵的認識過程相同。機器

第57章　物質知識的發展及所獲得的成就

革命的最大成就,就是提高了人們控制各種物質的能力,比如控制各種玻璃、岩石和石膏、染料和紡織品的控制能力。然而,日前我們仍然在獲得成果的初級階段。我們有力量,但我們還得學習如何利用我們的力量。然而,當時的人們在利用這些科學賜予的實物時,採用了一些粗俗、下流、愚蠢甚至可怕的做法。各行各業的人都還沒有使用如今已層出不窮的各種物質去工作。

十八世紀的紡輪

隨著機械製造業的不斷發展,新的電力科學也跟著發展起來。不過,一直到西元1880年代,研究工作才獲得明顯的成就,引起普通大眾的關注。後來,電燈和電力牽引突然問世。此後,力的轉變、輸送能量成為可能,人們可以根據需求把能量轉變成機械運動、光或熱,透過銅線把能量輸送到其他地方,就像用管道把水引到所需的地方一樣。

最初,英國人和法國人是這個知識「大爆炸」時代的引領者,後來,在拿破崙統治下學會了謙卑的德國人,在科學探究中表現的高昂熱情和頑強精神已經超過了先前的引領者。英國的科學成就主要是由學術研究中心之外的英格蘭人和蘇格蘭人創造出來的。

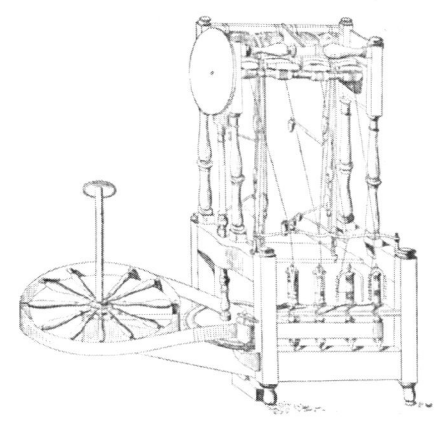

哈格里夫斯（Hargreaves）的珍妮紡紗機模型

當時，英國的大學主要以研究拉丁語和希臘語的迂腐經典為主，科學研究水準不斷倒退。法國的教育同樣受到耶穌會學者的古老傳統所禁錮。相對而言，德國人更容易建立起研究機構，雖然規模可能不會很大，但在數量上仍然遠遠超過英國和法國的發明家和實驗者。藉助於科學發明，英國和法國成為全世界最富有、最強大的國家，然而國內從事科學研究和發明創造的人並沒有因此而變得有錢有勢。這是因為一個真誠熱愛科學的人必須要有超脫世俗的心態，他把所有的精力都用在他的科學研究上，根本就無暇考慮如何從中賺錢。因此，這些人的各種發明所帶來的經濟利益，自然就被那些貪婪的人攫取。我們發現，在英國，每一次科學技術的進步，都有富人從中獲得好處。雖然他們並沒有表現出經院學者以及牧師「殺雞取卵」那樣的強烈慾望，但他們對發明者和科學者的窮困卻熟視無睹。他們認為，發明家和科學家天生是為聰明人獲利而存在的。

在這個問題上，德國人的做法要聰明得多。德國學者對新學問沒有表現出相同的強烈憎恨。他們允許新學問發展。德國商人和製造商也不像他們的英國競爭對手那樣蔑視科學家。這些德國人相信，知識就像是

第57章　物質知識的發展及所獲得的成就

一種栽培作物，必須有肥料的滋養才能長得茁壯。因此，他們為有科學頭腦的人提供了創造從事科學研究的條件，為他們提供了充足的科學研究經費。這方面的開銷，獲得了豐厚的回報。19世紀後半期，德語已經成為每一個科學研究人員必須掌握的語言，除非他不想獲得最新的科學研究資訊。在某些科學研究領域，特別是化學，德國具有壓倒西部鄰國的優勢。德國的科學研究工作在西元1860年代和西元1870年代所做出的努力，在西元1880年代後期明顯有了回報，獲得了豐碩的成果，使德國在技術和工業的繁榮方面把英國和法國遠遠甩在後面。

西元1880年代，一種新型的引擎開始投入使用，它拉開了發明史上一個新階段的序幕。這種引擎，以爆炸性混合物的膨脹力取代蒸汽的膨脹力。人們把這種輕便的、高效率的引擎安裝在汽車上。之後，這種引擎又得到進一步的改進，其重量和效率最後達到了用於飛行器的要求。早在西元1897年，華盛頓史密森研究所的蘭利（Langley）教授就成功製造出一架飛行器，只是還沒有大到可以載人飛行。到1909年，飛機正式成為人們乘坐的一種交通工具。隨著鐵路和公路交通的不斷完善，人類追求更高速度的願望似乎已經不那麼強烈了。然而，飛機的出現，讓人們體驗到比鐵路和公路交通成倍加快的速度。18世紀，從倫敦到愛丁堡需要8天時間，然而1918年英國民用航空運輸委員會的報告說，在未來幾年，用8天時間就可以完成從倫敦到墨爾本這樣繞地球半周的旅程。

我們不必過分在意從一個地方到另一個地方所需的時間明顯縮短，這僅僅是人們可以到達的更深遠的、更重大的發展的一個方面。例如，19世紀農業科學和農業化學也獲得了同樣的進步。人們已經學會了如何替土壤施肥，以便在同一塊土地上比17世紀時多收穫三、四倍的產量。醫學科學也獲得了讓人驚嘆的進步，人的平均壽命增加，每天的效率提高，因健康欠佳引起的生命衰弱明顯減少。

總之，人類的生活發生了翻天覆地的變化，科學技術引領人類步入了一個新的階段。人們在短短的 100 多年的時間裡就引發了偉大的機器革命。在這期間，人類所獲得的物質成就，遠遠超過從舊石器時代到農耕時代，或從埃及佩皮（Pepy）時代到喬治三世時代所獲得的一切成就。人類事務的一個新的、龐大的物質框架已經形成。顯然，我們的社會、經濟和政治模式也需要做出很大的調整以適應這種變化，但是，這些調整必須等待機器革命的進一步發展之後，因為它至今仍處於起始階段。

第58章 工業革命

　　在很多史書記載中總會把我們上一章介紹的機器革命和工業革命混為一談。事實上，機器革命在人類的經驗中是一個全新的東西，它是從有組織的科學研究中產生的，就像發明農業或發現金屬一樣，這代表著一種全新的歷史階段的到來。而工業革命是社會和經濟發展到一定階段的產物，它和機器革命的起源完全不同。這兩個過程同時發展，它們相互作用，然後它們本質卻是完全不同的。即使是沒有煤，沒有蒸汽，沒有機器，也會出現工業革命。不過，在這種情況下，它可能會更緊密地遵循羅馬共和國末期社會和經濟的發展路線，重演無依無靠自由農、集體勞動、龐大的莊園、鉅額金融財富，以及破壞社會的經濟發展等故事。事實上，工廠生產方式在電力和機器出現之前就已經產生了。工廠不是機器的產物，而是「分工」的產物。在水力渦輪機用於工業生產之前，那麼技術嫻熟而又遭受剝削的工人就已經開始製作女帽紙箱、家具、彩色地圖和書籍插圖等等。在奧古斯都時代，羅馬就已經有了工廠。例如，新書就是在書商的工廠裡由抄寫員抄寫出來的。細心閱讀笛福（Defoe）的著作和菲爾丁（Fielding）的政治小冊子的人會發現，英國在17世紀結束之前已經把窮人集中到工廠裡，讓他們為了生計而勞動。甚至早在西元1516年，摩爾（Thomas More）在他的《烏托邦》（Utopia）一書中就已有有所暗示。工廠是社會發展的產物，而不是機器發展的產物。

　　到18世紀中葉以後，西歐社會和經濟的歷史其實是羅馬國家在西元前最後三個世紀的歷史的翻版。但是，因為歐洲的政治分裂、反對君主制的政治動亂、民間起義，還有西歐人更容易接受關於機器的想法和

發明，使得歷史的程序轉向全新的軌道。多虧有了基督教，便使人類團結的想法在新的歐洲大地上更為廣泛地傳播，加上政治權力相對沒有那麼集中，因此，那些精力充沛又急於致富的人非常樂意轉變自己的觀念——從奴隸集體勞動轉變到機械動力和機器勞動上來。

位於科爾布魯克代爾的早期工廠

機器革命——機器的發明和發現的過程，是人類經驗中出現的新事物，不管對社會、政治、經濟和工業帶來什麼樣的影響，它都不停地向前發展。工業革命就像大多數其他的人類事務一樣，越來越深地影響著人類的生活，因為機器革命引起人類狀況的不斷變化。一方面，在羅馬共和國後期，財富集中在少數人手中，小農和小商人逐漸退出；另一方面，在 18 世紀和 19 世紀也出現了資本的大規模集中。兩者的本質區別是，機器革命導致勞動的性質發生了根本性的改變。舊世界的動力是人力，一切都主要取決於人類——無知的、順從的人類用雙手所承擔的力，偶爾也使用牛、馬這樣的畜力。擔重物需要人力，開採岩石需要人力，耕田種地也需要人力。羅馬的「輪船」，需要槳手汗流浹背地不停地划槳來獲得動力。在人類早期文明中，某種程度上受僱勞動者被當成機器一樣地役使。由動力驅動的機器剛出現時，仍不能把人們從笨重的體

第58章　工業革命

力勞動中解救出來，大量的人力還是被派去挖掘運河，修築鐵路和路堤等等。因此，礦工的人數也急遽上升。但是便利的設施和商品的產量也不斷地增加。到了19世紀，人力便不再被當成動力來源來使用，以往由人力從事的機械勞動，現在被機器取代，並且完成得又快又好，如今只有在需要選擇和智慧的行業才需要人來完成。人僅僅作為人而被需要。作為以往所有文明支柱的苦力——只知道服從，不懂得思考——對人類的社會發展來說，已經不重要了。

這種情況不僅出現在最新的冶金行業，還出現在古老的行業，如農業和採礦業中。在犁地、播種和收穫時，機器的工作效率是人工的幾十倍。羅馬文明是以廉價和貶值的人為基礎建立起來的，而現代文明則是以廉價的機器勞動為基礎建立起來的。100年來，機器動力越來越便宜，而勞動力卻越來越昂貴。機器之所以經過很長一段時間才運用到採礦業中，是因為在那段時間時，勞動力比機器動力更便宜。

現在，人類事情已經發生了最重要、最根本的改變。在舊文明中，富人和統治者最擔心的是苦役的供應不足。到了19世紀，那些有頭腦的人已經越來越清楚地意識到：有知識的平民比只會苦幹的勞役更有價值。他必須受教育，為了確保「工作效率」，必須讓勞動者接受教育，因為這樣他才明白他在做什麼。

從基督教開始傳播以來，大眾教育就開始在歐洲發展，但十分緩慢，這和伊斯蘭教在亞洲傳播時一樣。因為非常有必要讓信徒們了解一些使之得到拯救的信條，並讓他們讀一點使信仰得以傳達的《聖經》。基督教的教義之爭開始後，為了爭取更多的追隨者，各方都非常重視普及平民教育。例如，在英國，西元1830年代和西元1840年代，彼此競爭的教派為了發展年輕的信徒，建立了一系列兒童教育機構：國家教會學校，非國教「英國」學校，甚至還有羅馬天主教小學。19世紀下半葉，

整個西方世界的平民教育獲得快速發展，但是上層階級教育的發展速度遠沒有這麼快。以前社會中存在的知識分子和無文化大眾之間的龐大鴻溝，如今已經縮減到只是受教育程度上的一點細微的差別。這個變化過程的背後是機器革命。從表現上看來，它和社會狀況無關，但事實上卻在世界各地徹底地消滅了一個目不識丁的文盲階段。

羅馬的普通公民從未真正理解過羅馬共和國的經濟革命。普通的羅馬公民也從來沒有像我們現在這樣清楚、全面地理解自己經歷的變化。在工業革命持續到 19 世紀接近尾聲時，越來越多受它影響的普通大眾把它看成是一個整體的過程，因為如今他們可以閱讀、討論和相互交流，還因為他們可以四處遊歷，看到一些以前的平民沒有機會看到的東西。

第59章　現代政治和社會思想的發展

　　古代文明的制度、習俗和政治理念，以一種無人設計、無人預見的姿態，一個時代接著一個時代地向前演進著。一直到西元前 6 世紀——人類發展史上的偉大的青春期，人類才開始思考彼此之間的關係。在這個偉大的世紀，人們首次提出改變和重建已經存在的信仰、法律和人類管理方法的要求。

　　我們已經介紹過希臘和亞歷山卓在人類早期時代中對知識的掌握和傳承所作出的重大貢獻，後來，隨著蓄奴文明的崩潰、宗教迫害的加劇和專制政權的鎮壓，使得文明的曙光再次被無知和野蠻的黑暗籠罩。直到 15 世紀、16 世紀，無畏的思想散發出的強光才有效地穿透了積聚在歐洲上空的黑暗。我們還介紹了阿拉伯人的發明創造和蒙古人的無敵征服所颳起的強風，如何徹底吹散歐洲人精神上的陰霾。起初，它主要是讓人們了解到更多關於物質的知識。人類恢復理性後所獲得的最早成就，是獲得物質方面的成就和獲得物質的力量。人類關係的科學，如個人和社會心理學、教育和經濟，不僅本身更加微妙和複雜，同時和人的情感也必然有著千絲萬縷的關係。它們的發展速度一直較慢，並且在發展過程中還受到各種反對勢力的阻礙。人們會心平氣和地聆聽有著星辰或分子各種闡述，但是一聽到有關我們生活方式的各種觀念後，每一個人都會有所觸動並作出反應。

　　在古希臘，柏拉圖的大膽猜測要早於亞里斯多德對事實的艱難探索。同樣，歐洲人對新階段的政治探索最早也是採用「烏托邦」的故事形式，它直接模仿柏拉圖的「共和國」和他的法律形式。湯瑪斯・摩爾爵士

的《烏托邦》也是模仿柏拉圖，並對英國新的《貧民法》的頒布產生極大的影響。拿坡里的托馬索·康帕內拉（Tommaso Campanella）寫的《太陽城》（*La città del Sole*），雖然構思更別出心裁，但是卻沒有產生實質性的影響。

到 17 世紀末期，我們發現有相當多的政治和社會科學著作被創作出來，而後還不斷湧現。在這場大討論中，有一位開拓性的人物叫約翰·洛克（John Locke）。他是英國一位共和黨人的兒子，曾在牛津大學求學，主攻化學和醫藥。在他寫的關於政府、寬容和教育的論文中，顯示出他已經非常清醒地意識到社會改造的可能性。與約翰·洛克齊名，但稍晚於他的是法國的孟德斯鳩（Montesquieu）（西元 1689 年 - 1755 年），他對社會、政治和宗教組織展開了深入的探索和根本性的分析。他猛烈地抨擊了法國專制的君主政體，撕去了它那神祕的威望的外衣。孟德斯鳩和洛克一起糾正和清掃了很多試圖阻止人們改造人類社會的錯誤觀念。

隨後，在 18 世紀中後期法國出現了一大批繼往開來的思想家，他們對人類的道德和智力進行了更加深入的探索。這些人大多數都是具有反抗精神的、耶穌會的優秀學者，因集體參與編纂法國的《百科全書》（*Encyclopédie*）而被稱為「百科全書派」。他們共同的目的是完成建造一個「新世界」的計畫（西元 1766 年）。在百科全書派反對封建特權制度和天主教會時，一些經濟學家或重農學派的學者也對糧食和商品新的生產與分配方式進行了大膽和毫無掩飾的探索。《自然法典》（*Code De La Nature*）的作者摩萊里（Morelly）強烈地譴責了私有財產制度，並提出建立共產主義的社會組織。他是 19 世紀各種派別的集體主義思想家 —— 他們被統稱為社會主義者 —— 的先驅人物。

什麼是社會主義？可能有上百種關於社會主義的定義，也可能有上千個社會主義者組成的派別。從本質上講，社會主義就是以公共利益為

第59章　現代政治和社會思想的發展

出發點，對私有財產觀念進行批判的思想或主張。社會主義和國際主義是兩個基本的思想概念，我們的大部分政治生活以它們為中心而展開。

財產這一觀念是從物體好鬥的本性中產生出來的。在人類還沒有進化成人類之前，人類的祖先類人猿就已經是財產的所有者。財產的基本屬性就是為了它而相互爭奪。狗對骨頭，母老虎對巢穴，咆哮的雄鹿對鹿群，都充滿了強烈的占有慾望。在社會學中，沒有比「原始共產主義」這一說法更荒謬的表達了。舊石器時代早期的部落家庭中的長者，對他的妻子和女兒、他的工具，以及其他所有可見的東西擁有所有權。「如果任何其他的人試圖搶占他的財產，他就會用武力來保護這些財產。如果有可能，他還會殺死搶奪者。阿特金森在他的《原始法律》中令人信服地闡述道：隨著原始部落的不斷發展，部落中的長者逐漸接納了年輕男人的存在，並且承認他們對從其他部落搶奪回來的女人、他們自己製作的工具和裝飾品，他們獵殺的野獸擁有所有權。這個人的財產和那個人的財產之間的相互妥協，推動著人類社會不斷向前發展。它是人類用武力把其他部落驅趕出自己勢力範圍的那種本能的妥協。如果山丘、森林和溪流既不是被你占有，也不是被我占有，那它們就是被我們共同占有。如果誰想把它們占為己有——事實上這是不可能做到的，如果他要那樣做——他就會被其他人消滅。因此，一開始，社會就是對所有權的一種緩解形式。野獸和原始野蠻人的所有權慾望，比今天文明世界的人要強烈得多，因為他們的這種慾望是一種本能，而不是出於理性。

對自然的野蠻人和如今未受過教育的人而言，他們可以占有的東西沒有任何限制。不管什麼東西——女人、活著的俘虜、捕獲的野獸、森林、空地、石洞或其他別的東西——誰搶到手，就歸誰所有。隨著社會的發展，為了抑制自相殘殺的爭鬥，人們制定出某種共同遵守的法律。此外，他們還想出了一種解決所有權的簡便方法：凡是最先製造、

捕獲或宣稱某種東西的人，就擁有這種東西的所有權。一個無法償還債務的人，債權人將其產業沒收是合情合理的。一個人一旦占有了某塊土地，那麼他從其他任何願意耕種這種土地的人那裡獲得租金，同樣是合情合理的事情。慢慢地，隨著有組織生活的開始出現，人們漸漸明白這種對任何東西沒有限制的占有慾望是有害的。人類是從一出現在這個世界上就占有了一切嗎？不是，他們先誕生在這個世界上，然後才開始占有和索取。早期文明中的社會爭鬥現在已很難考證，但羅馬共和國的歷史告訴我們：社會已經意識到債務可能會對公眾生活帶來不便，應該取締。無限地擁有土地也會造成諸多不便。我們發現，晚期巴比倫嚴格限制了占有奴隸財產的權利。最後，我們在偉大的革命家——拿撒勒人耶穌——所傳播的教義中看到，他對財產的所有權進行了前所未有的猛烈抨擊。他說，讓一個擁有大量財產的人放棄他的財產，進入天國，比駱駝穿過針眼還要難。對財產所有權的抨擊，在過去 2,500 年到 3,000 年間從未間斷過。在拿撒勒人耶穌去世 1,900 多年後，全世界信仰基督教的人終於相信，人類可以沒有財產。同時，「一個人可以按自己的意願處理自己擁有的財產」的這一觀念，相對於其他財產觀念來說，產生了很大的動搖。

但是，直到 18 世紀即將結束時，人們對這個問題的探索仍然處於質疑階段。沒有什麼已經足夠清楚，更不用說出答案，然後付諸行動。當時，社會中最主要的衝突，是人們為保護自己的財產而反對國王和貴族冒險家的貪婪和揮霍。最初，法國大革命最主要的目的是為了把私有財產從徵稅中解救出來。但是，革命中的平均主義又使革命對它曾經保護的私有財產進行了批判。當大多數人沒有遮風擋雨的住所，沒有果腹的食物，只要不辛勤勞動，雇主就不提供食物和住所時，人們如何能得到自由和平等呢？太過分了！——窮人抱怨道。

第59章　現代政治和社會思想的發展

　　針對這一難題，有一個重要的政治團體給出的答案是「平分」私有財產，他們希望強化和普及財產。然而，早期的社會主義者——或更準確地說，是共產主義者——給出的答案是「取締」私有財產，它們全都歸國家（當初應該理解成「民主國家」）所有。

　　那些追求自由和幸福這一相同目的的不同的人，提出了自相矛盾的主張：有些人建議財產權應該盡可能地絕對化，有些人又建議應該完全杜絕私有財產。解決這個矛盾的前提是人們了解到這樣一個事實：所有權不是單一的，而是眾多不同的事物的複合體。

　　直到19世紀，人們才開始意識到：財產不是一種簡單的東西，而是一種關於不同的價值和不同的後果的非常複雜的所有權；很多東西（如人的身體、藝術家的工具，服裝、牙刷）是無可爭辯的個人財產；此外，還有其他很多的東西，比如鐵路、各樣機器、房屋、花園、遊艇等，需要具體考慮之後才能確定它們在何種程度、何種限制下屬私人所有，又在何種程度、何種限制下屬公共所有，為了集體的利益由國家管理或出租。在實際方面，這些問題滲透到政治中，屬於實現和維持高效國家管理的問題。它們揭露了社會心理科學中存在的問題，並且與教育科學相互作用。對財產的抨擊仍然是一種廣泛的、強烈的情緒激動，而不是一門科學。個人主義者企圖用我們所占有的財產來保護和擴大我們目前的自由，而社會主義者又企圖平分我們的財產，並且約束我們獲得財產的行為。事實上，人們會發現每一個階層的人都是處於極端個人主義者（他們幾乎不容忍任何形式的支持政府的稅收）和共產主義者（否認任何私有財產）之間。現在我們通常所說的社會主義也被稱為集體主義，它允許擁有相當數量的私有財產，但是教育、交通、礦山、土地所有權、重要物資的生產等等，控制在具有高度組織性的國家手中。現在，的確有一些有更理性的人逐漸趨向於認同經過科學化地研究和設計的溫和的社

會主義。人們越來越清楚地意識到，未受過教育的人在偉大的事業中不容易合作成功。當國家朝著更高階、更複雜的階段邁進的時候，當國家從私人企業接管每一種職能時，都要求教育必須要有相應的進步，以及建立適當的監督和控制的組織機構。當代國家的新聞宣傳和政治手段，對於大規模地推展集體活動而言，還有很多方面跟不上。

有一段時間，雇主和雇員，特別是自私的雇主和倔強的工人之間的關係非常緊張，它促使共產主義以粗糙的和初級的形式連同馬克思（Karl Marx）這個名字一起傳遍了整個世界。馬克思的理論基於這樣一種信念：人的思想受其經濟需求的制約。在我們目前的文明中，富有的剝削階級和被剝削的勞苦大眾之間必須存在著尖銳的利益衝突。機器革命必然推動教育發展，受剝削的大眾就會越來越有階級意識，在對抗少數剝削者的爭鬥中就也會越來越團結。馬克思預言，覺悟的工人階級會以某種方式奪取政權，然後建立一個全新的社會國家。對抗、起義、爆發革命，這都是完全可以同情的，但同樣也是一個破壞過程。馬克思主義在俄國得到了檢驗，事實證明它極度缺乏創造性。

馬克思試圖用階級對立取代國家對立。馬克思主義曾先後成立第一、第二和第三工人國際。但是，從現代個人主義思想出發，它也可能形成一種國際化的理念。在偉大的英國經濟學家亞當·史密斯（Adam Smith）之後，人們越來越深刻地了解到，要保持世界各地的繁榮，全世界的自由貿易就必須一直存在下去。個人主義者對國家的敵視，實際上是對關稅和國界的敵視，也就是對

卡爾·馬克思

第59章　現代政治和社會思想的發展

國界限制自由行為和運動的敵視。有趣的是，我們看到兩條思想路線，它們在精神上是如此的不同，在物質上也具有如此大的差異，就像馬克思主義者所倡導的以階級鬥爭為主的社會主義和英國維多利亞時代的商人所倡導的以個人主義為主的自由貿易理念那樣有著天壤之別。儘管存在著這樣的差異，但是它們同樣暗示著將超越現存所有國家的邊界和限制，在新的世界範圍內處理人類事務。現實的邏輯打敗了理論的邏輯。我們開始覺察到，個人主義理論和社會主義理論是從大相逕庭的起點出發，對人類如何才能共同勞動這一問題進行探索，尋找更廣泛的社會和政治思想以及詮釋。當人們的信心在神聖羅馬帝國和基督教世界遭遇打擊，在這個發現時代，當人們的眼界從地中海世界擴展到整個世界時，這種探索再次在歐洲開始並得到強化。

如果要把迄今為止社會、經濟和政治思想一一詳細介紹，那麼必定要介紹那些太有爭議的觀點，它們的確不符合本書的範圍和意圖。但是，如果我們像現在這樣從世界歷史的廣闊的視角來看待這些東西，我們都必將承認：在人們的頭腦中重建這些主導性的想法，仍然是未完成的任務，我們甚至不能猜想已經完成到何種程度。某些共同的信仰似乎正在形成，它們的影響力在日常的政治活動和公眾行為中表現得非常明顯。但是，目前它們還不夠清楚，也沒有足夠的說服力，從而不能推動人們堅定地、有系統地去實現它。人們的行為在傳統和創新之間徘徊，從整體上來說，更傾向於傳統。然而，即使和不久以前的思想相比，人們的思想中也似乎已經形成了一個在人類事務中建立新秩序的輪廓。不過，這是一個粗略的輪廓，還過於模糊不清，細節和方式也沒有最終確定，但它堅定不移地朝著清晰的方向發展，其主要輪廓的改變也越來越少。

人類事務在很多方面，在不斷擴大的範圍內一年一年地變得越來越清楚。人類逐步成為一個共同體，對人類事務控制在一個共同的世界範

圍內，顯得越來越有必要。例如，整個世界形成一個經濟共同體的目標正在穩步推進，合理開發地球的自然資源需求進行綜合性的考慮，探索給了人類更大的力量和範圍，使人類現在零散的和有爭議的管理方式面臨越來越多的浪費和危險。金融和貨幣政策成為全世界都感興趣的事，而且只有放眼全球，綜合性處理才能獲得成功。傳染病和人口的增長及遷移如今已引起全世界的廣泛關注。人類力量的不斷增長和活動範圍的不斷擴展也使得戰爭成為極具破壞性和引發重大動亂的行為，因此，戰爭再也不是解決國家和政府之間、人與人之間爭端的方式了。所有這些事情，都呼喚著一個比迄今存在的任何政府有更大的規模、更有綜合性和權威性的控制機關出現。

但是，僅僅透過征服或聯合現有政府從而組建一個超級政府，並不能解決這些問題。有人曾根據現有的組織類推，想到成立人類議會和世界議會，選舉世界總統或世界皇帝等等。我們最初的自然反應往往也是得出一些這樣的結論。但半個世紀以來的爭論和經驗，讓我們對這種明確的信念感到氣餒。沿著這樣的思想路線統一世界，阻力太大了。現在，人們採用了另一種方法：世界各地現有的各個政府派出代表，組成一些可以在世界範圍內行使權力的專門委員會或組織，參與或指導自然資源的開發、勞動條件均等化、世界和平、貨幣、人口、健康等等。

人們可能會發現這個世界的共同利益被當成共同關注的事務來管理，但他們依然未能意識到有一個世界政府存在。然而，在人們的統一實現之前，在人類利益的國際性調節戰勝由於愛國而產生的猜疑和嫉妒以前，在全世界形成一個人類統一的觀念是非常有必要的。「人類一家」的觀念，應該得到普遍的宣傳和理解。

兩千多年以來，那些偉大的普世宗教一直在艱難地維持和傳播著一種「所有人都是兄弟」的觀念。然而，一直到今天，由於部落、民族和種

第 59 章　現代政治和社會思想的發展

族摩擦而造成的仇恨、憤怒和猜疑，仍然阻礙著更廣泛的意見和更為慷慨的衝動——它使每一個人都成為全人類的僕人。就像在 6 世紀和 7 世紀那混亂、無序的基督教時代，基督徒為了把基督教教義滲透到歐洲人的靈魂中而不懈奮鬥一樣，如今人們也為了博愛思想能滲入人類的靈魂而艱苦奮鬥著。這種思想的傳播和勝利必須依靠眾多忠實而平凡的宣傳者，並且沒有任何一個當代作家可以冒昧地猜測它的進展程度，以及可能獲得什麼樣的結果。

社會問題、經濟問題似乎與國際問題密不可分地交融在一起。每一種問題的解決都依靠同樣的服務精神，它給人們鼓舞人心的力量。老闆和工人在面對共同利益時，雙方都表現出不信任、固執和自私。極度膨脹的個人佔有慾，與國家和皇帝的貪婪是同一回事，它們都是相同的本能傾向，全都是無知和傳統的產物。國際主義就是國家的社會主義。至今還沒有出現一種足夠有深度和有力量的心理科學，或者經過充分計劃的教育方法和教育組織可以真正地最終解決人們之間的交流和合作這一難題。在西元 1820 年，人們還不能設計出電氣鐵路系統，如今，我們也沒有建立起真正有效的世界和平組織，但是，我們都相信它總有一天會出現，並且就在不遠的將來。

沒有人能超越他自己的知識，也沒有任何思想可以超越當代的思想。我們不可能猜測或預言：人類還要經歷多少戰爭、耗費、動亂和苦難，才能結束這種極度揮霍和漫無目的戰亂之夜，迎來預示著心理和平和世界和平的偉大的黎明曙光。我們提出的解決方案仍然是模糊和粗陋的，它們被衝動和猜疑包圍著。理智的改造是一項偉大而艱鉅的任務，雖然它仍然不完整，但我們的觀念迅速發展，變得越來越清晰，將凝聚起控制人們思想和想像的力量。它們目前還缺乏這種力量，是因為它們還缺乏保證和準確性。

第 60 章　美國的擴張

　　在世界的不同地區中，受新發明的交通工具影響最直接、最明顯的是北美。美國在政治上展現的，並且由憲法確定的是 18 世紀中期形成的自由主義思想。它取消了國家教會或王權，取消了貴族頭銜，並且珍惜地保護著私有財產，把它當成自由的一種方式。在美國，幾乎每一個成年男性公民都有投票選舉的權利——最初，在不同的州，具體做法各不相同。由於投票方法還很原始、粗糙，因而政治生活很快就被高度組織化的政黨機構控制了，但是，這並沒有阻止這些才獲得獨立和自由的人發揮出遠遠超過當代人的活力，事業心和公共精神。

　　然後，速度大幅度提高的交通工具出現了。美國從這場交通大提速中獲得的利益最大，但美國人幾乎都不這樣認為，這真是一件奇怪的事情。美國已經採用了鐵路、輪船、電報等等，它們被美國人看成是國家發展過程中自然出現的東西。然而，它們不是。這些東西恰恰是為了及時地挽救美國的統一而出現的。今天的美國正是先依靠江河輪船，然後依靠鐵路建立起來的。如果沒有這些東西，如今這個幅員遼闊的大陸國家——美國，完全不可能建立起來；人口向西部遷移的進度會大大地延遲，有可能永遠也不會越過中部大平原。為了找到更適宜的定居點，這些移民從東海岸遷移到密蘇里州，雖然路程不及橫跨半個大陸，但他們竟然用了近 200 年時間。在密西西比河對岸建立的第一個州是西元 1821 年建立的有著「輪船州」之稱的密蘇里州。但是，從這裡到太平洋剩下的那段距離，移民們僅用了幾十年的時間完成了推進。

第 60 章　美國的擴張

第一艘在河裡航行的蒸汽船

如果我們把北美從西元 1600 年起之後每一年的地圖在電影院裡放映出來，那看起來一定很有趣。我們用一個小黑點代表 100 人，用五角星代表代表人口在 10 萬人以上的城市。

讀者會看到，兩百年來，小黑點沿海岸地區和通航水域慢慢蔓延，當蔓延到印第安納州、肯塔基州時，速度變慢下來。然後，大約在西元 1810 年時，情況發生了變化。在通航河流的沿岸地區，小黑點迅速增加並擴散開來。這是輪船的出現帶來的結果。不久之後，那些位於前面的「先鋒點」就抵達了堪薩斯州和內布拉斯加州。

然後，大約從西元 1850 年起，表示鐵路的黑線出現了。從此，小黑點不再是慢慢地蠕動，而是跑起來了。現在，它們出現的速度如此迅速，就好像是用噴塗機噴上去的一樣。突然間，在個地方，出現了代表 10 萬人口以上的第一座大城市。隨後，這些五角星大量湧現出來，每一顆五角星都像是不斷延伸的鐵路網上的一個結。

美國的發展過程是全新的，在世界歷史上沒有先例的。這樣一個國家在以前是不可能建立的，就算是建立起來，也會因為沒有鐵路，不久就會四分五裂。如果沒有鐵路或電報，北京管理加州比華盛頓管理起來

還更方便一些。但是，美利堅合眾國的龐大的人口不單是成長迅速，而且還均勻分布。如今，舊金山人和紐約人的相似程度，超過了一個世紀前的維吉尼亞人和新英格蘭人的相似程度。同化過程中沒有受到任何阻礙。美國各州正在被鐵路、電報等連繫在一起，形成一個越來越龐大的統一國家，語言、思考和行為都與國家的統治保持和諧。不久，航空業也為維護和加強美國的統一發揮出強大作用。

美國這個偉大的國家在歷史上是一個全新的事物。雖然以前也有過人口超過 1 億的龐大帝國，但它不過是眾多獨立的民族的聯合，從來沒有由單一民族組成的同等規模的國家。我們希望有一個新的名詞來命名這個新事物。我們稱呼美國為一個國家，正如我們稱呼法國或荷蘭為一個國家。但是，就像馬車和汽車是兩種不同的事物一樣，美國也是不同於其他國家。它們在不同的時期和不同的條件下成立，它們以完全不同的速度和完全不同的方式尋求發展。就其規模和可能性來說，美國是歐洲國家和世界聯合國家之間的一種國家。

然而，美國人民在擁有今天的強大和安寧，也經歷了一個可怕的、殘酷的內部衝突階段。內河輪船、鐵路、電報，及其他通訊設施沒有及早出現，以阻止南方各州聯盟和北方各州聯盟之間的利益和思想衝突進一步加深。南方各州是蓄奴州，北方各州的所有人都是自由人。最初，鐵路和汽船把已經存在的南北兩部分之間的差異帶入了更尖銳的衝突之中。由於新的交通工具的出現而日益加強的統一局面，比以往任何時候更加迫切地需要確定是以南部的精神為主導還是以北部的精神為主導。雙方相互妥協的可能性幾乎為零。北方的精神是自由和個人主義，南方的則是支持大莊園主人和貴族役使黑奴的風氣。

在人口浪潮湧向西部的過程中，每一個新建立的州，每一個新加入快速成長的美國體系的部分，都不可避免地出現了這兩種思想之間的衝

第60章　美國的擴張

突：是成為一個自由公民之州呢，還是實施等級制度和奴隸制度？從西元1833年開始，美國反奴隸制協會不僅阻止了奴隸制的進一步擴展，而且還為徹底廢除奴隸制在整個國家展開宣傳。在是否接納德州加入美國聯盟時，雙方終於爆發了公開的衝突。德州原本是墨西哥共和國的一部分，但它主要是由蓄奴州的美國人開闢的殖民地。西元1835年，它脫離墨西哥，確立了自己的獨立地位，並於西元1844年加入美國。根據墨西哥法律，奴隸制已在德州被禁止，但現在南方又宣稱德州可以實行奴隸制。

與此同時，遠洋航行的發展把越來越多的來自歐洲的移民帶到北方各州，使得其人口迅速膨脹。愛荷華、威斯康辛、明尼蘇達和奧勒岡等北部農業區，此時也發展到可以各自成為「州」，使得反奴隸制的北方在參議院和眾議院的可能獲得更大的優勢。種植棉花的南方各州，不僅為廢奴運動帶來的日益嚴重威脅而憤怒，而且還擔心北方在國會中占據主導地位，於是開始計劃從聯邦中獨立出去。他們開始夢想著吞併位於其南方的墨西哥和西印度群島，建立一個脫離北方的、遠達巴拿馬的龐大奴隸制國家。

西元1860年，反對奴隸制度的亞伯拉罕・林肯（Abraham Lincoln）當選為總統，南方各州決定脫離聯邦。南卡羅來納州通過了一項「獨立法令」，並且為戰爭做好了準備。密西西比州、佛羅里達州、阿拉巴馬州、喬治亞州、路易斯安那州和德州也加入了脫離聯邦的行列，它們組成「美利堅聯盟國」，推選傑佛遜・戴維斯（Jefferson Davis）為首任總統，並制定出一部明確寫著「擁護黑人奴隸制」的憲法。

亞伯拉罕·林肯是那些在美國獨立戰爭結束後長大的新一代中的典型人物。在他年輕時，他也是西移人流中的一分子。西元1809年，林肯出生在肯塔基州，當他還是一個小男孩時被送往印第安納州，稍大之後又遷到伊利諾伊州。在印第安納州的窮鄉僻壤渡過的那段日子，林肯的生活過得很艱苦。他住的房子是一座曠野裡的簡陋小木屋。他沒有條件接受良好的學校教育，不過，他的母親很早就教他讀書和寫字，他也如飢似渴地學習知識。17歲時，他成了一名高大的摔跤和賽跑運動員。有一段時間，他在一家商店做店員，後來又做倉庫保管員，並且與一個喜歡喝酒的人合作經商，為此他欠下了一筆15年都沒有完全還清的債務。西元1834年，當他只有25歲時，他當選為伊利諾州的眾議院成員。在伊利諾州，奴隸制問題特別突出，因為國會裡支持擴大奴隸制政黨的主要領袖就是伊利諾州的參議員道格拉斯（Douglas）。道格拉斯是一個很有能力，也很有威信的人。有一段時間，林肯透過演講和散發小宣傳冊和道格拉斯針鋒相對，逐漸成為他最強大的對手，並且最終戰勝了他。西元1860年，雙方為了競選總統，他們之間的爭鬥達到了白熱化的狀態。西元1861年3月4日，林肯就任總統。此時，南部各州已經積極主動地脫離了位於華盛頓的聯邦政府的統治，並發動了戰爭。

　　美國內戰正式爆發。聯邦軍隊大多都是透過臨時招募組建起來的，人數從幾萬人，發展到幾十萬人，直到最後聯邦軍隊人數超過了一百萬人。

第60章　美國的擴張

戰鬥在新墨西哥州和東部海岸之間的廣大地區進行著，雙雙爭奪的主要目標是華盛頓和里奇蒙。戰鬥在田納西州和維吉尼亞州的山丘和樹林裡不停地進行著，並且沿密西西比河而下，越打越慘烈。這場戰爭造成了可怕的物資消耗和人員傷亡。進攻和反擊此起彼伏。人們時而充滿希望，時而沮喪，然後再充滿希望，然後再次沮喪。有時，華盛頓差一點就被同盟軍攻下，有的聯邦軍隊又逼近里奇蒙。同盟軍沒有人數優勢，並且資源匱乏，但他們的統帥李（Robert Lee）將軍非常優秀。但聯邦軍隊的將領不但缺乏指揮才能，而且還被不停地換來換去。直到最後，由薛曼（Sherman）和格蘭特（Grant）擔任指揮官，才戰勝衣衫襤褸、物資耗盡的南方軍隊。西元1864年10月，薛曼將軍率領聯邦軍隊突破同盟軍的左側，從田納西州穿過喬治亞州抵達海岸，橫跨南方同盟各州，然後又通過卡羅來納州，抵達同盟軍的後方。與此同時，格蘭特將軍把李將軍拖在里奇蒙，直至薛曼將軍把他的軍隊重重包圍起來。西元1865年4月9日，李將軍率領他的軍隊在阿波麥托克斯向聯邦軍隊投降，並且，在一個月內所有剩餘的同盟軍隊也全部繳械投降。南方聯盟宣告結束。

這場打了四年的戰爭，讓美國人民遭受了重大的肉體和精神上的傷害。在許多人看來，州的自主性原則是非常珍重的，然而北方似乎強制南方廢除了奴隸制。因此，在邊境各州，兄弟和表兄弟，甚至父親和兒子，由於堅持不同的立場而加入相互敵對的軍隊中。北方人認為自己堅持的是正直的主張，但在許多人看來，這個主張也並非公正到無可挑剔。但是，林肯的立場無比堅定，在面對這樣的混亂時，他始終保持著清醒的頭腦。他主張統一，維護美國的和平；他反對奴隸制，但他認為這是一個次要的目的，他的主要目的是阻止美國分裂成兩個相互對抗的部分。

當戰爭還處於初期階段，國會和聯邦將領就迫不及待地要求解放黑奴，林肯反對這樣做，讓這些人從狂熱中冷靜下來。他主張分階段解放

黑奴，並對奴隸主人給予補償。一直到西元 1865 年 1 月，國會才提出並通過一項憲法修正案，宣布永遠廢除奴隸制。當這項修正案在各州獲得通過的時候，戰爭已經結束。

在西元 1862 年到西元 1863 年間，隨著戰爭進行僵持局面，最初的熱情和興奮逐漸減弱，美國人出現了由戰爭帶來的疲憊和厭戰情緒。林肯發現，他身後是統治疑惑的、疲勞的美國人民，面前又是平庸的將領和沮喪的軍隊，他自己周圍又充斥著失敗主義者、叛徒、被解職的將領、投機的政客。他最大的安慰，可能是想到在里奇蒙的傑佛遜·戴維斯也面臨著同樣糟糕的事情。就在這個時候，英國政府又從中添亂，為南方同盟提供了三艘私掠船──其中，「阿拉巴馬號」是最有名的一艘──進一步增強了南方同盟的海上力量。此時，在墨西哥的法國軍隊正肆意踐踏著門羅主義。此時，里奇蒙方面提出一個微妙的停戰建議：暫停內戰，聯合起來共同對付墨西哥的法國軍隊。但是林肯並沒有接受這樣的建議，他指出，除非聯邦保持最高的權力，否則絕不停戰，因為美國人只能作為一個整體而不是兩個聯合的部分來對付法國人。

在長期的充滿疲憊、忙碌和沮喪的日子裡，在分裂和絕望無處不在的氛圍中，沒有任何紀錄證明他曾經動搖他的信念。有時，當他沒有什麼工作要做時，他就默默地坐在白宮裡，一動不動，儼然一座嚴峻的紀念碑；有時候，他也講講笑話，或是談一些軼聞軼事來放鬆自己的大腦。

他終於看到了聯邦的勝利。在南方軍隊投降後的第二天，他來到里奇蒙接受李將軍投降。他回到華盛頓後，在 4 月 11 日做了最後一次公開演講，演講主題是和解以及在戰敗各州重建忠心耿耿的政府。4 月 14 日傍晚，他去華盛頓的福特劇院觀看演出，當他看得正入神的時候，後腦被刺客射出的子彈擊中。這名刺客是一個名叫布思（Booth）的演員，他在政治上對林肯不滿，於是躡手躡腳地來到林肯所在的包廂，刺殺林

第 60 章 美國的擴張

肯。但是，林肯的事業已經完成，聯邦得到了拯救。

在戰爭開始時，還沒有通往太平洋沿岸的鐵路。在戰爭結束後，鐵路就像藤蘿植物一樣在美國大地上迅速蔓延開來。鐵路已把美國各個部分緊密連繫起來，編織成一個在精神和物質上都牢不可破的統一體。

第 61 章　德國在歐洲的崛起

我們已經說過,在法國大革命和拿破崙的冒險引發的大動亂之後,歐洲平靜了下來,出現了一段時間並不穩定的和平,並且五十年前的政治局勢以一種現代化的面貌開始復活。直到 19 世紀中葉,新的冶煉鋼鐵的技術、鐵路和輪船都沒有產生明顯的政治後果。但是,由於城市工業化的發展,社會的緊張局勢不斷加劇,使法國仍然處於一種明顯不安定的狀態中。緊接著西元 1830 年的大革命之後,又爆發了西元 1848 年大革命。接著,拿破崙三世(Napoléon III)——拿破崙‧波拿巴的姪子——成為第一任總統,然後又在西元 1852 年當了皇帝。

他著手改建巴黎,使巴黎這座原來的到處都有塗鴉的、髒亂不堪的 17 世紀風格的城市,變成了如今這樣的寬敞的、到處都是大理石建築的拉丁化城市。他同時開始著手改造法國,要把它變成一個輝煌的現代化帝國。他還計劃讓歐洲再度陷入 17 世紀和 18 世紀時的徒勞的戰爭中,自己坐收漁利。此時,俄國沙皇尼古拉一世(西元 1825 年 - 1856 年)也正在入侵和壓迫法國南方的土耳其帝國,並且眼睛緊盯著君士坦丁堡。

進入新世紀後,歐洲進入了一個新的戰爭週期,爆發的原因主要是為了「勢力平衡」和爭奪霸權。英國、法國和薩丁尼亞島為了保衛土耳其,對俄國發動了克里米亞戰爭;普魯士(義大利的盟友)和奧地利為爭奪德意志的統治權而開戰;法國以得到薩瓦作為出兵的條件,從奧地利手中解放了北義大利,使義大利逐漸成為一個統一的王國。拿破崙三世於美國南北戰爭期間在墨西哥進行了一場很不明智的冒險:他先擁立馬克西米安(Maximianus)為皇帝,後來當他受到勝利的聯邦政府的威脅

第 61 章 德國在歐洲的崛起

時,很快就拋棄了馬克西米安。最終,拿破崙三世被墨西哥人槍殺。

西元 1870 年,法國和普魯士之間為了爭奪長期懸而未決的歐洲霸權,再次爆發了戰爭。普魯士早就預見到這場戰爭並作好了準備,然而法國卻因財政腐敗而衰落。法軍的失敗是迅速的和富有戲劇性的。8 月,德軍入侵法國;9 月,法國皇帝率領法國軍隊在色當投降;另外,10 月,另一支法國軍隊在梅斯投降;西元 1871 年 1 月,巴黎在被包圍和炮擊後落入德軍手中。隨後,雙方在法蘭克福簽署了和平條約,法國割讓亞爾薩斯和洛林省給德國。不包括奧地利,德意志成為一個統一的帝國,普魯士國王作為德國皇帝加入歐洲皇帝的陣營中。

在此後的 43 年裡,德國成為歐洲大陸的領導力量。西元 1877 年到西元 1878 年,俄國和土耳其爆發了戰爭。然而在此之後,除了在巴爾幹地區有某些調整外,歐洲各國艱難地保持著這種穩定長達 30 年。

第62章　輪船、鐵路時代
新的海外帝國

　　18世紀末是一個使帝國混亂和使擴張幻滅的時期。由於英國和西班牙與它們在美洲的殖民地距離太遙遠，阻止本土和屬地之間的自由往來，導致殖民地最終脫離宗主國家，成為具有不同的思想、興趣和語言模式的新的、獨特的社會實體。隨著它們不斷發展，連接它們的航運變得越來越緊張。那些位於荒野的小型貿易站（就像法國在加拿大設立的）或貿易辦事處（如英國在印度設立的），為了自己的生存，可能會對給予它們的支持的國家產生強烈的依賴。19世紀早期的一部分思想家認為，宗主國對海外殖民地的統治已經達到最高的限度。西元1820年，那些曾經在18世紀中葉的地圖上如此醒目的標注歐洲以外的「歐洲國家」，此時已經大幅度萎縮。只有俄國還一如既往地橫跨整個亞洲。

　　西元1815年的大英帝國包括：加拿大人口稀少的沿海河流和湖泊地區，以及一片遼闊的內陸荒野，哈德遜灣公司的毛皮交易站是那裡唯一的定居點；東印度公司統治下的大約占印度半島三分之一的土地；好望角海岸地區，那裡居住著黑人和叛逆的荷蘭殖民者；西非海岸的幾個交易站、直布羅陀、馬爾他島、牙買加、西印度群島、南美洲的英屬蓋亞那，此外，在世界的另一邊，還有澳洲和塔斯馬尼亞這兩個流放罪犯的地方。此時，西班牙仍然保留著古巴和菲律賓群島的幾個定居點。葡萄牙在非洲還保留著一些早期占領的殖民地。荷蘭在東印度群島和荷屬蓋亞那占有一些島嶼和屬地。丹麥占據著西印度群島的一個島嶼。法國占據著西印度群島的一個或兩個島嶼以及法屬蓋亞那。這些似乎就是歐洲

第62章　輪船、鐵路時代新的海外帝國

列強最大程度需要的，或能從世界各地獲得的屬地。只有東印度公司仍然表現出強烈的擴張精神。

當歐洲正忙著與拿破崙作戰之際，東印度公司在歷任總督的治理下，在印度扮演著和之前土庫曼人及其他北方侵略者扮演過的角色幾乎完全相同的角色。維也納和約簽訂之後，它一如既往地徵稅，發動戰爭、派遣使者出使亞洲各國，完全就是一個準獨立的國家，然而，它又與一般的國家明顯不同，那就是要把財富送到西方。

我不準備詳述這個英國公司如何和這股勢力結盟，如何又與那股勢力結盟，最後征服所有對手贏得霸權的具體過程。總之，它的勢力一直擴張到阿薩姆邦、紋德和奧德。印度地圖開始呈現出當今英國小學生所熟悉的輪廓：由英國統治著的各大行政區包圍和拼接著本地諸邦。

西元1857年，在東印度公司孟加拉軍隊的當地士兵發動的兵變被鎮壓之後，東印度公司這個「國家」被納入了英國王室。根據西元1858年通過的《改善印度管理法》，總督成為英國國王的代表，東印度公司的地位

穿過峽谷、尚比西河的維多利亞瀑布和南羅德西亞的鐵路橋

由向英國國會負責的印度事務部取代。西元 1877 年,貝肯斯菲爾德勳爵(Earl of Beaconsfield)為了完成這項工作,正式宣布維多利亞女王(Queen Victoria)為「印度女皇」。

在這個時期,印度和英國就以這些不同尋常的「紐帶」連接在一起。印度仍是大蒙兀兒帝國,但蒙兀兒大帝已被大不列顛「加冕共和國」取代。印度成為一個沒有專制君主的專制君主制國家。它的統治結合了君主專制的缺點與民主吏治的不負責任,帶有很多弊端。想要投訴的印度人根本找不到一個真正的君主投訴,因為他們的皇帝不過是一個金色的象徵,他們只好在英國散發傳單或向英國下議院提出質詢。然而,英國議會整天忙於英國的事務,根本無暇顧及印度這些,他們只能聽任少數英國官員的擺布。

直到鐵路和輪船投入實際運用之前,除了在印度的對外擴張之外,沒有任何一個歐洲帝國大規模向外擴張。英國的一個相當大的政治思想家流派指出,海外殖民地是王國變得弱小的根源所在。澳洲的殖民地發展緩慢,直到西元 1842 年在當地發現了珍貴的銅礦,並且在西元 1851 年又發現了金礦,它們才受到英國政府的高度重視。運輸方式的改進也使澳洲羊毛在歐洲成為越來越適銷對路的商品。在西元 1849 年以前,加拿大也沒有明顯的發展,它一直被法國和英國移民之間的糾紛所困擾,並且爆發過幾次嚴重的暴動,直到西元 1867 年加拿大聯邦自治政府頒布新憲法,才緩解了內部對立的緊張局面。鐵路改變了加拿大的前景。就像它使得美國向西部擴展那樣,它也使得加拿大同樣向西部擴展,並使得當地出產的玉米和其他農產品銷往歐洲市場。正是因為有了鐵路,才保證了加拿大在快速發展的同時,移民的語言、情感和利益完全保持一致。鐵路、輪船和電報機以及海底電纜的發明的確改變了殖民地發展的所有條件。

第 62 章　輪船、鐵路時代新的海外帝國

西元 1840 年之前，英國殖民地就已經出現在紐西蘭。紐西蘭土地公司隨後也建立起來，開發利用島上的一切資源。西元 1840 年，紐西蘭也被劃入英國王室的殖民地。

正如我們已經指出的，加拿大是英國第一塊以新的運輸方式開發出新的經濟活力的屬地。隨後，位於南美的共和國，特別是阿根廷共和國，在牲畜貿易和咖啡種植方面開始與歐洲市場緊密連繫起來。以往各個時期，吸引歐洲列強到這片蠻荒之地的主要動力一直都是黃金或其他金屬、香料、象牙和奴隸。但是到了 19 世紀後期歐洲人口的增加迫使各國政府到海外尋找糧食；工業科學技術的發展，增加了對新的原料，如各種脂肪和油脂、橡膠和其他以前一直被忽視的物質的需求。英國、荷蘭和葡萄牙正是靠著手中控制的大量熱帶和亞熱帶產品，獲得了豐富的和不斷成長的商業利潤。西元 1871 年後，德國、法國和義大利開始尋找還沒有被其他列強占領的原材料產地，他們把目光轉向了對他們而言具有龐大商業利益的現代化的東方國家。

就這樣，西方列強們掀起了一股在世界各地 —— 除美洲之外 —— 爭奪「政治上未受保護的土地」的新狂潮。美洲由於受門羅主義的禁止而躲過一劫。

挨著歐洲的非洲大陸，充滿了隱約的財富誘惑。在西元 1850 年，它是一塊黑色的神祕大陸，人們只是對埃及和海岸地區略有所知。由於篇幅所限，我不詳細介紹那些首先進入非洲的探險家和冒險家的神奇故事，以及隨他們的足跡而來的政客、官僚、商人、移民和科學家。我只告訴你們，那裡有俾格米人那樣的奇特人種，有俄卡皮鹿那樣的奇怪野獸，有奇特的水果、花卉和昆蟲，有可怕的疾病；有令人驚嘆的森林和山區風光，還有龐大的內陸海，龐大的河流和瀑布。這裡是一個全新的世界，甚至還在那裡（辛巴威）發現了某個已經消失的古代民族的文明遺

跡。當歐洲人來到這個新的世界時,他們發現那些阿拉伯奴隸商人的手中已經有了來福槍,但是黑人仍在過著原始無序的生活。

到 19 世紀後期,整個非洲得到測繪、探索和評估,但它也被歐洲列強瓜分殆盡。在爭奪這些殖民地的過程中,當地人的利益幾乎全被忽略。儘管阿拉伯奴隸販子沒有被驅逐出非洲,但販賣奴隸的行為的確得到遏制。在比屬剛果,當地人被強迫採集天然橡膠汁。殖民者對橡膠汁的貪婪,加劇了缺乏經驗的歐洲管理人員與當地人之前的衝突演變成可怕暴行。在這一點上,沒有哪一個歐洲國家可以把責任推脫得一乾二淨。

西元 1883 年,英國不顧埃及是土耳其帝國的一部分的這一事實,公然派兵占領了埃及並駐紮了軍隊。西元 1898 年,一位上校穿越非洲中部西海岸,企圖從法紹達占領尼羅河上游地區,此舉差一點導致法國和英國爆發戰爭。關於這些故事的細節,我就不一一敘述了。

如下這些歷史事實,我也不準備一一敘述。英國政府讓奧蘭治河區和德蘭士瓦的布林人,也就是荷蘭殖民者在南非內陸地區成立獨立共和國。後來英國政府感到後悔並於西元 1877 年吞併了川斯瓦共和國。川斯瓦人為自由而戰,在西元 1881 年的波耳戰役中打敗了英軍。關於波耳戰役,報紙上曾有持久的新聞報導,讓英國人留下了很深的印象。西元 1899 年,英國與這兩個共和國兩次開戰。英國人為這場戰爭付出了慘重的代價,然而最終仍以這兩個共和國投降結束了這場打了三年的戰爭。

這兩個共和國和被征服的時間很簡短。在 1907 年,已經征服了它們的帝國主義政府垮台之後,自由黨接管了南非事務。隨後,這兩個共和國與好望角殖民地和納塔爾聯合起來,加上南非所有國家,組成一個聯邦,作為英國王室統治下的一個自治共和國。

非洲在四分之一個世紀的時間裡就幾乎被完全瓜分,只留下三個相

第 62 章　輪船、鐵路時代新的海外帝國

對較小的國家：解放了黑奴的、位於西海岸的賴比瑞亞；由穆斯林蘇丹統治的摩洛哥；信奉著古老而奇特的基督教形式的野蠻國家阿比西尼亞——它透過西元 1896 年與義大利爆發的阿杜瓦戰役，成功地捍衛了自己主權的獨立。

第 63 章 歐洲入侵亞洲和日本的崛起

很難讓人相信，很多人都真正接受了這幅用「歐洲色彩」繪製出來的非洲地圖，並把它當成新的、永久性的解決世界事務的方法。然而，歷史學家的職責就是接受歷史，然後把它記錄下來。在 19 世紀歐洲人的頭腦中，只有膚淺的歷史背景而沒有看透歷史的批判習慣。西方機器革命為歐洲人帶來暫時的優勢，這讓一些人產生了錯覺，對諸如偉大的蒙古人的征服這樣的事一無所知：歐洲人在人類事務中將永遠占據主導地位。他們沒有意識到科學及其成果的可轉移性；沒有意識到中國人和印度人同樣可以像法國人或英國人那樣做科學研究。他們認為，西方人天生具有智慧和開拓精神，而東方人天天生懶惰和守舊，所以歐洲人在世界上永遠占據著主導地位。

這種夜郎自大的心態導致的後果，就是歐洲各國在國外設立的辦事機構不僅與英國爭奪世界上那些未開化和不發達的地區，而且還要去掠奪亞洲人口眾多的文明國家，把它們當成原材料那樣來開採。英國在印度建立了外表看似強大，實則岌岌可危的統治階級，荷蘭在東印度群島建立了廣闊而又有利可圖的殖民地，這些都刺激著歐洲強烈的野心，它們在波斯解體後的鄂圖曼帝國，遠至印度、中國和日本來爭奪殖民地。

西元 1898 年，德國侵占了中國的膠州灣，英國侵占了威海衛。西元 1899 年，俄國又占領了旅順港。對歐洲人的仇恨火焰在整個中國大地上燃燒起來。歐洲人和皈依基督教的信徒被殺害，並於 1900 年圍攻位於北京的歐洲各國大使館。歐洲各國為了保護自己的使館，對北京發動了聯合進攻，並搶走了大量的奇珍異寶。之後，俄國占領滿洲。1904 年，英

第 63 章　歐洲入侵亞洲和日本的崛起

國入侵西藏……

在這些野蠻掠奪的列強中，此時又多了一個國家──日本。在此之前，日本在世界歷史上扮演著無足輕重的角色，因為它封閉的文明對人類的命運並沒有做出重要的貢獻。它從外界吸引的多，但給予的很少。準確地說，日本人屬於蒙古人種。他們的文明，他們的文字，他們的文學和藝術傳統都來自中國。他們的歷史浪漫而又有趣；他們早在基督教時代幾個世紀之前就已經建立了封建制度和武士制度；日本對朝鮮和中國發動的戰爭，相當於東方的「英法戰爭」。日本與歐洲的第一接觸是在 16 世紀。西元 1542 年，一些葡萄牙人乘中國船來到日本。西元 1549 年，耶穌會傳教士弗朗西斯科‧澤維爾 (Francisco Xavier) 開始在日本傳教。有一段時間，日本樂於和歐洲交流，大量日本人皈依了基督教傳教士。在當時，一個名叫威廉‧亞當斯 (William Adams) 的人成為最值得日本人信賴的歐洲顧問，他還教他們如何建造大船。此後，日本建造的船就航行到印度和祕魯。後來，西班牙道明會、葡萄牙耶穌會以及英國與荷蘭的新教徒之間產生複雜的衝突，他們都警告日本人不要落到其他教派設計的政治陰謀中。在這個時期處於優勢地位的耶穌會，殘酷地迫害和侮辱佛教徒。由此，日本人得出這樣的結論：歐洲人都是披著羊皮的狼，尤其是天主教基督教，不過是教宗和已經僅僅占領菲律賓群島的西班牙國王掩蓋其政治陰謀的華麗外衣罷了。日本人對基督徒展開了大規模的迫害，西元 1638 年，日本的國門對歐洲人完全關閉，並一直保持了 200 多年。在這 200 多年時，日本完全切斷與世界各地的連繫，好像那裡的日本人生活在另一個星球一樣。除了允許建造在淺海航行的小型船隻外，禁止建造其他任何大型航海船隻。日本人不能走出國門，歐洲人也不能進入這個國家。

兩個世紀以來，日本一直處於主流歷史之外，日本人也一直生活在一個特別的封建國家中，占人口總數約5%的武士、貴族以及他們的家族毫無節制地壓迫著其他人。在這期間，世界上的其他國家具備了更寬的視野和新興的事實，各種新奇的運輸船越來越頻繁地從日本海岬通過。有時，失事的船隻上的水手被救上岸。透過對定居在馬島上的荷蘭人，日本人了解到他們和西方世界的實力差別。西元1837年，一艘掛著日本人從未見過的星條旗的船行駛到江戶灣。船上載著一些從遙遠的太平洋上搭救的日本水手。然而，這艘船遭到日本人炮擊，只好駛離了日本。西元1849年，掛著相同旗幟的船駛到日本，要求日本釋放先前被俘的18名美國水兵。然後，在西元1853年，培里（Perry）將軍率領四艘美國軍艦來到日本海，他拒絕日本方面要求其撤離的通牒，反而下令讓艦隊在禁止水域拋錨，隨後令人把美國總統米勒德·菲爾莫爾（Millard Fillmore）的一封親筆信交給當時的兩位日本統治者，然後離去。西元1854年，培里將軍又率領由10艘軍艦組成的龐大的艦隊再次駛達日本。這些軍艦全是由蒸汽推動，並裝備著大砲。培里將軍向日本政府提出貿易和交流的要求，

18世紀的日本兵

第 63 章　歐洲入侵亞洲和日本的崛起

日本沒有抵抗的力量，被迫同意。於是，他率領 500 名士兵上岸，與日本政府簽署了通商條約。當他們雄糾糾地走在日本大街上時，兩邊站滿了充滿疑惑的日本人。

東京街頭

俄國、荷蘭和英國緊隨美國之後，相繼來到日本。日本一個擁有下關海峽領域的大貴族，命令對過往的外國船隻開火，此舉招致英國、法國、荷蘭和美國艦隊瘋狂報復，炮臺被摧毀，武士也被驅散。最後，這支聯合艦隊停在大阪海上（西元 1865 年），以發動炮擊威脅日本簽訂了各項開放國門的條約。

這一事件讓日本人蒙受著奇恥大辱。隨後，日本人以頑強的毅力和驚人的智慧，把他們國家的文化和組織提升到歐洲列強的水準。在人類歷史上，從來沒有哪一個國家像日本這樣快速發展。在西元 1866 年，日本還是一個中世紀的民族，就像一幅極端浪漫的封建主義的夢幻般的漫畫，然而到西元 1899 年，它已經是一個完全西化的民族，國力已經趕上了當時最先進的歐洲列強。日本的這一變化，徹底打消了亞洲必然落後於歐洲的偏見，它的發展速度讓歐洲自愧不如。

在此，我不打算對西元 1894 年到西元 1895 年爆發的中日戰爭進行

詳細的介紹，雖然這場戰爭展現了日本的西化程度。此時，日本已經建立起一支高效的西式陸軍部隊和一支小而精悍的艦隊。日本的振興，雖然得到了早已把它當成歐洲國家對待的英國和美國的讚賞，但是沒有得到在亞洲尋找「新印度」的其他歐洲列強的理解。此時，俄羅斯已透過滿洲向朝鮮推進；法國已經在遙遠的越南建立了殖民地；德國則還在如飢似渴地竄來竄去尋找著合適的殖民地。這三個國家結成聯盟，以阻止日本從中國的戰爭中獲得任何利益。日本因在中日戰爭中消耗了大量軍力而疲憊不堪，這三個國家便以發動戰爭來威脅日本。

日本被迫做出妥協，趁機聚集力量。為此，它花了十年時間，做好了與俄國開戰的一切準備。這場戰爭在亞洲歷史上具有劃時代意義，也澆滅了歐洲國家唯我獨尊的囂張氣焰。當然，俄國人對這場針對他們的、繞了半個地球的戰爭來說是無辜的，也是無知的。那些明智的俄國政治家也曾反對與日本爭奪中國東北和朝鮮，但是沙皇周圍全是一些軍事經濟冒險家——包括他的堂兄弟在內的大公爵。他們已經為未來搶奪滿洲和中國下了大賭注，當然不會輕易放棄。大規模的日本軍兵被運到與本土隔海相望的旅順和朝鮮，大量的俄國軍隊也透過西伯利亞大鐵路運送到戰場前線，1904 年 2 月，日俄戰爭正式爆發。

最終，俄國軍隊由於指揮不當，加上物資供應不足，導致陸軍和海軍都被日本打敗。俄軍波羅的海艦隊從遙遠的非洲趕來，在對馬海峽之戰中被全部殲滅。這場無端的屠殺刺激了俄國普通民眾，發起了一次革命運動，迫使沙皇於 1905 年結束了戰爭。俄國把西元 1875 年侵占的薩哈林島（即如今的庫頁島）讓給了日本，然後撤離滿洲。此外，俄國還把朝鮮的統治權轉讓給了日本。至此，歐洲對亞洲的侵略即將結束，歐洲伸入亞洲的觸角開始回縮。

第64章　1914年的大英帝國

接下來，我介紹一下1914年大英帝國的各個組成部分不同的性質。它是一個很獨特的政治組合，以前從未有過這種事例。在政治史上，它是一件新東西，正像美國是一件新東西一樣。它比法國、荷蘭或瑞典這樣的民族主義國家來得更大、更為複雜。

整個聯邦的核心和居首要地位的是不列顛聯合王國的「君主共和國」，包括愛爾蘭在內（這一點遭到相當一部分愛爾蘭人的反對）。由英格蘭、蘇格蘭和愛爾蘭聯合組成的英國議會，共同決定內閣領導者、性質和頒布的政策。內閣擁有最高的權力，擁有對外宣傳和維持和平的權力。

接下來，對英聯邦來說，在政治上具有重要意義的除了上述組成部分外，還有澳洲、加拿大、紐芬蘭（英國在西元1538年建立的最早的殖民地）、紐西蘭和南非等「君主共和國」。實際上，它們都是獨立的自治邦，與大不列顛結盟，但是每一個自治邦都有一名由英國君主任命的官方代表。

接下來是印度帝國，它是大蒙兀兒帝國的擴展，加上它的屬地和「保護」的各邦，如今已成為從俾路支到達緬甸，包括亞丁在內的龐大帝國。在整個帝國中，英國王室和印度事務部（處於英國議會控制下）扮演著原土庫曼王朝的角色。

接下來是英國不甚明確的屬地──埃及。它在名義上仍然是土耳其帝國的一部分，保留著自己的君主，事實上處於英國官方近乎專制的統治之下。

然後是更加不明確的屬地——「盎格魯-埃及」蘇丹省，它由英國和被英國控制的埃及政府共同占有和統治。

還有一個部分自治社群，它們有些原來就屬於英國，有些則不是，它們擁有選舉產生的立法機構和被任命的行政長官，如馬爾他島、牙買加、巴哈馬群島和百慕達群島等。

還有被英國政府（透過殖民部）用近乎專制的手段統治的殖民地，如錫蘭、千里達、斐濟、直布羅陀和聖赫勒拿島。

最後，還有廣大的（主要是）熱帶地區和原材料產地。這些政治上軟弱和欠開化的土著社會名義上是英國的保護地，由英國派駐的權力大於本地酋長（如在巴蘇托蘭）或特許公司（如在羅德西亞）的高級官員來治理。這些不甚明確的屬地，有的由英國外交部獲得，有些由殖民部獲得，有些又由印度事務部透過購買獲得，但其中大部分由殖民部負責。

因此，很明顯的是，沒有一個機構也沒有一個人曾把大英帝國作為一個整體來看待。它是一個發展和組合起來的混合體，完全不同於以前人們所謂的「帝國」。它維持了廣泛的和平與安定，正是因為這個原因，儘管它實施了諸多暴政，暴露出種種不足，然而它的統治仍然得到眾多屬地民族的容忍。它和雅典帝國一樣，也是一個海外帝國。它和眾多屬地之間靠英國海軍連繫。就像所有的帝國一樣，其凝聚力來自於交通方式的進步。16世紀到19世紀，航海技術、造船技術和輪船的發展，使英國統治下的屬地維持和平成為一種便利的、可能的事情。然而，最新發展起來的航空運輸和陸路運輸又可能在某個未定的時期給它帶來麻煩。

第 65 章 歐洲軍備時代和第一次世界大戰

物質科學的進步，創造了幅員遼闊的「輪船－鐵路帝國」美利堅合眾國，並使「輪船帝國」大英帝國的勢力擴張到全世界。然而在歐洲擁擠的大陸國家中，這種新的交通方式卻產生了完全不同的影響。這些國家發現自己被「騎馬－土路」的時代的國界局限於固定區域中，他們的海外擴張的步伐已經遠遠落後於大英帝國。只有俄羅斯擁有東擴的自由。它藉助橫穿西伯利亞的大鐵路不斷擴張，直到深陷日俄戰爭的泥潭。它還入侵了東南方向的波斯和印度，此舉激怒了英國。其餘的歐洲列強則生活在擁堵加劇的局面中。為了建立新格局，它們不得不在更廣泛的基礎上重新安排自己的事務——有的透過某種方式的自願結合，有的由某個強權國家主導聯合。近代思想的傾向自然更偏向前者，然而所有政治傳統力量推動歐洲國家選擇了後者。

拿破崙三世「帝國」的垮台，新的德意志帝國的成立，歐洲人民的希望和恐懼逐漸形成這樣一種觀念：在德國的支持下實現歐洲的統一。歐洲政體在 36 年不穩定的和平局面中，逐漸傾向於這種可能性。查理曼帝國分裂後，法國一直是德國稱霸歐洲的強大對手，它一直尋求與俄國結成緊密同盟來彌補自己的不足，德國則與奧地利帝國（在拿破崙一世時代，它已不再是神聖羅馬帝國）結成同盟，並成功與新義大利王國聯合起來。起初，英國像往常一樣對歐洲事務採用一種「和事佬」的態度，然而隨著德國海軍實力的不斷增強，英國為了自保被迫和法、俄站在同一戰線上。野心勃勃的皇帝威廉二世（William II）（西元 1888 年 - 1918 年）推

動德國過早地向海外擴張，此舉不僅把英國，還把日本和美國推進了自己對手的陣營。

在戰爭的間隙走到戰車外呼吸新鮮空氣的坦克兵

所有這些國家都進行著戰備武裝，它們生產的槍枝、裝備、戰艦等一年比一年多。和平局勢一年比一年脆弱，歐洲上空瀰漫的戰爭陰雲也越來越厚。最後，大戰終於爆發了。德國和奧地利首先對法國、俄國和塞爾維亞發動進攻。德國軍隊橫穿比利時，遭到英國軍隊從比利時的一側發起的襲擊，此舉促使日本成為英國的盟友。不久之後，土耳其加入德國陣營。1915年，義大利對奧地利宣戰，同年10月，保加利亞加入德國同盟。羅馬尼亞在1916年對德宣戰，美國和中國在1917年被迫對德宣戰。判定這場災難是誰的責任不是本書的寫作範圍，讓人好奇的是在這場規模史無前例的戰爭爆發之前，為什麼沒有人預見到並阻止它爆發呢？這對人類來說，數以千百萬計的人由於太「愛國」、太愚蠢、太事不關己，以致不能形成公開的、廣泛的、促使歐洲維持統一的運動來阻止

第65章　歐洲軍備時代和第一次世界大戰

這場災難的發生，它比少數人蓄意挑起戰爭這件事，後果要嚴重得多。

1917年春，法國曾對香檳前線發動了一次既耗費又徒勞的進攻，這次進攻不但未能攻破敵軍，反而使自身遭受了重大的損失。到了1917年底，如果德國政府是為了安全和福祉而戰，而不是為了自滿和勝利而戰的話，那麼事態的逐漸進展全然是有利於德國的。但是直到最後，直到精疲力竭已達到頂點，同盟國的人民卻仍然堅持努力要獲得最終勝利。

為了達到這個目的，不僅必須要打退英國而且必須征服它，為了那樣做，德國已經把美國拖進了他的敵人的陣營中。整個1916年，德國的潛艇戰役一直在不斷地加強，但是迄今為止，它對中立國的船隻仍比較尊重。1917年1月，德國宣稱要對英法進行更加嚴密的封鎖，並警告一切中立國家，要求它們把自己的船隻駛離英國的海面。然後，一場針對世界各國船隻不加區分地予以擊沉的戰鬥開始了，它迫使美國於1917年4月參戰。整個1917年，當俄國正因崩潰而變得軟弱無力時，美國則正在迅速地成為一個軍力強大的國家。無限制的潛艇戰並沒有如德國人預想的那樣成功，為了它，德國帝國主義卻甘冒樹立這個新對手的危險。英國海軍證明自己比陸軍更有創造力，也更有謀略；在海底、在地面和在天空中，反潛裝備迅速地發展起來；在一個月左右的嚴重破壞以後，德國擊沉的船隻數量明顯下降。英國政府認為必須實行糧食配給制，但是由於規劃得好，實施得恰當，英國公眾又表現出極為出色的精神和智慧，所以英國遠離了饑荒和社會混亂的危險。

儘管潛艇戰沒有獲得預期的效果，即使美國軍隊已像烏雲一樣集結起來，德國帝國政府仍然堅持作戰。在當年10月，像1915年推翻過塞爾維亞以及1916年推翻過羅馬尼亞的冬季攻勢，現在又以壓倒性的優勢轉向義大利。卡波雷托戰役後，義大利戰線崩潰。奧德軍隊奔湧而下，直抵威尼斯地區，炮火幾乎可以射到威尼斯。因此，德國感到對俄國的和平建議

採取高壓政策是正當的。《布列斯特-立陶夫斯克條約》(1918年3月2日)給西方協約國一些暗示,即德國的勝利對它們預示著什麼。那是一種壓服和過分索價的和約,是充滿自信的勝利者以萬分傲慢的姿態指令的。

整個冬天,德軍一直在從東線轉移到西線。此時,1918年春,饑荒、厭戰、流血而疲憊不堪的德國又準備著一次真的要能結束戰爭的最大努力。美國軍隊在法國已有數月之久,但大部分美軍還在大西洋彼岸。如果德國必須做這樣一次進攻的話,此時無疑是最佳時機。

第一次進攻的目標是索姆河地區的英軍。那些不是很高明的騎兵將領們仍在指揮這一條騎兵根本不發揮作用反而是累贅的戰線,他們在毫無準備的情況下受到襲擊。3月21日,在「高夫的災難」中,英國第五軍幾乎潰不成軍被趕到亞眠。由於英、法將領之間缺乏團結,彼此猜忌,使得在法國的協約國軍隊沒有統一的指揮,而在高夫的後面又沒有任何後援部隊。協約國損失了近1,000門大砲,有幾萬人被俘。整個4月和5月,德軍對協約國前線展開了密集的攻勢。他們幾乎從北部突破防線,大舉進攻馬恩河。1918年5月30日,德軍進抵馬恩河。

這是德國勢力的頂峰。在它後面,除了已經耗竭的家園外已一無所有。福煦(Foch)將軍受命為協約國全部聯軍的最高統帥。生力軍正渡過英吉利海峽從英國趕來,而且美國此時已有幾十萬大軍進入法國。6月,疲憊的奧地利軍隊對義大利發動了最後一次進攻,但是在義大利的反擊下遭到失敗。6月初,福煦將軍開始反攻。到了7月,戰局發生了逆轉,德國人不斷後退。提埃裡堡戰役(7月18日)充分展現了美軍的特質。8月,英軍又開始了一次大規模而又富有成效的突擊,德軍陣線向亞眠的凸出部分被瓦解。魯登道夫(Ludendorff)說:「8月8日是德國軍隊歷史上的不祥之日。」9月,英軍對興登堡防線的進攻,確保了協約國的勝利。

德國軍隊已沒有了鬥志。10月,整個西線不斷地上演著失敗和後退

第 65 章　歐洲軍備時代和第一次世界大戰

的故事。11月，英軍到達伐郎興，美軍進抵色當。在義大利，奧軍也在混亂中撤退。這時，霍亨索倫和哈布斯堡的軍隊到處都在崩潰，越到後面速度越快。法國人和英國人都不敢相信他們的報紙，因為報上天天宣布俘獲了上百門大砲和上千戰俘的消息。

9月，協約國對保加利亞的大舉進攻促使這個國家爆發了一場革命，並提出了和平建議。接著，土耳其在10月投降，奧匈也在11月投降。德國曾試圖把艦隊拉出來發動最後一戰，然而水兵們發動了譁變（11月7日）。

德皇和皇太子倉皇出逃到荷蘭，威嚴掃地。11月11日，停戰協定簽訂，戰爭正式結束。

這場戰爭持續了四年零三個月，它幾乎逐漸地把西方國家的每一個人都拖進了它的漩渦。事實上，在這場戰爭中戰死的人多達800萬人以上，另有2,000萬或2,500萬人死於戰爭所造成的貧困和混亂。千百萬人因為營養不足而體質衰弱，生活悲慘。大部分活著的人那時正從事戰爭工作，在接受軍事化訓練、在製造軍需品、在醫院裡服務、在代替入伍男人工作等等。商人們已經適應在處於危機狀態的世界裡牟取利益。的確，戰爭已經變成一種氣氛、一種生活習慣和一種新的社會秩序。然而，它卻突然結束了。

伊珀爾遺址，曾經是一個古老而美麗的法蘭德斯城鎮，完整地展現了戰爭過後的狼藉

在倫敦，11月11日上午11時左右宣布停戰。這一消息使一切日常例行的工作突然停止了。職員從辦公室裡湧到街上；店員離開店鋪；公共汽車司機和軍用車司機想把汽車開到哪裡就開到哪裡，車上載著自由上下車的、驚喜若狂的乘客，他們沒有要去的目的地，也不管汽車開到哪裡。茫然若失的群眾立即湧上街道，凡是有國旗的人家和商店都把這種飾物掛了出來。夜晚來臨，好幾個月以來因空襲而一直保持黑暗的許多主要大街上燈火輝煌。群眾蜂擁而來，聚集在燈光下，這一切看起來是那麼的陌生。人人感到惶然，懷著一種不自然的和痛苦的慰藉。戰爭終於過去了，在法國將不會再有屠殺，不會再有空襲，一切都將好起來。

人們想哭，又想笑——真是哭笑不得。興奮的年輕人和休假的年輕士兵組成稀疏而嘈雜的隊伍，擠過人流，盡力做出歡樂的樣子。一尊繳獲的德國大炮從陳列著許多這類戰利品的馬耳大街拖到特拉法加廣場，群眾舉火焚燒了它的炮架。鞭炮和花炮到處都在響著。但是，人們並沒有什麼共同的歡樂，每個人幾乎都因為慘重的損失，忍痛太深而沒有慶祝的熱情了。

這就是大戰的主要經過。我要強調的一點是：非常明顯，在短短幾個月內，現代科學技術的進步就已經使得戰爭的性質得到深刻的改變。物理科學帶來力量，它冶煉出鋼鐵，縮短了距離，戰勝了疾病。然而，力量是被善意利用還是被邪惡利用，取決於這個世界的道德和政治智慧。歐洲國家的統治者受到陳舊的仇恨和猜疑政策的刺激，發現自己手中擁有不可抗拒的破壞力和抵抗力。戰火燃遍了全世界，無論是戰勝國還是戰敗國都遭受了慘重的損失。在戰爭的最初階段，德國軍隊猛烈進攻巴黎，俄國入侵東普魯士。這兩場戰役都伴隨著猛烈的進攻和頑強的抵抗。後來，防守力量不斷增強，陣地戰法不斷得到改進，以至於一段

第 65 章 歐洲軍備時代和第一次世界大戰

時間,對方的軍隊都堅持在戰壕中形成對峙,除非作出重大的犧牲,否則根本不可能向前推進。交戰雙方的軍隊規模達到幾百萬人。在他們背後,各國普通民眾也被組織起來向前線運送食品和彈藥。除了用於軍事目的生產之外,幾乎其他一切生產活動都停了下來。在歐洲,所有身強力壯的男人都加入了陸軍和海軍,或者進入為戰爭服務的臨時工廠工作。無數婦女進入工廠做起了男人做的工作。在歐洲各交戰國,大約一半以上的人完全改變了他們的職業。教育和正常的科學研究工作受到限制或完全為軍事目的服務,新聞事業由於受到軍事控制和「宣傳」的干擾,遭到嚴重破壞。

現代戰爭的破壞性

為了打破前線戰局的軍事僵局狀態,雙方開始透過空襲手段破壞對方的後勤補給線。此外,此時機槍的口徑和射程也有一個較大的提升,毒氣彈和被稱為「戰車」的小型移動堡壘也投入了戰場,瓦解了戰壕中軍隊的抵抗力量。在所有新的戰爭手段中,從空中進攻最具革命性的意義,它使戰爭從平面變成了立體作戰。以往的人類戰爭史上的一切戰爭,都是調動軍隊然後展開會戰,如今,戰場可以是任何地方。最初由齊柏林式飛船,然後由轟炸機把戰爭由前線戰場擴展到後方的任何一個地方。文明戰爭中平民和戰鬥人員之間的區別已經完全忽視,任何生產

糧食的人、縫製衣服的人、砍伐樹木的人、修理房屋的人，以及每一座火車站和倉庫都被列為襲擊的目標。空襲的範圍和造成的恐怖氛圍與日俱增。在歐洲的一些重要城市，如巴黎和倫敦幾乎每天夜間都會遭到轟炸，高射炮向夜空吐出長長的火舌，消防車和救護車呼嘯穿過空無一人的街道。這一切對老人和孩子的精神和健康造成的影響，尤其讓人感到不安。

　　瘟疫是戰爭的忠實追隨者。然而，在這場戰爭中，從戰爭爆發到1918年戰爭結束始終沒有爆發瘟疫。在這四年裡，醫學的進步使一般的流行病得到有效的控制，然而，隨後在全世界爆發的流感仍然奪走了數百萬人的生命。饑荒曾一度得到緩解，然而到1918年歐洲的大部分地區再次出現了嚴重的饑荒。由於參戰各國都徵調了大批農民入伍，使得全世界的糧食產量大幅度下降，此外，潛艇攻擊運糧船隻、封鎖的國界、世界運輸系統的混亂進一步阻礙著糧食不能得到正常供應。各國政府手中的糧食嚴重短缺，只好不同程度地實行人口配給制度。到了戰爭的第四年，整個世界又陷入了衣服、糧食住房以及大部分正常生活所需要的日用品都陷入短缺中。商業和經濟生活異常混亂。每個人很憂心忡忡，並且大多數人都過著異常艱難的生活。

第 66 章　俄國十月革命

　　在大戰的中心國家崩潰以前，自稱是拜占庭帝國繼承人的半東方君主制國家——俄國，已經於 1917 年初崩潰。

　　在大戰之前的很多年裡，俄國的沙皇制度已經有了明顯的腐朽跡象，宮廷竟然被一個荒唐的宗教騙子拉斯普丁（Rasputin）控制。公共管理，無論是民事的還是軍事的，都顯示出極端的低效率和腐敗狀態。在戰爭之初，俄國人民的愛國熱情普遍高漲，廣大青年應徵召入伍，他們既沒有足夠的軍事裝備，也沒有合適的主管供應的人員。這支規模龐大的軍隊，在物資供應完全沒有保障和毫無組織紀律的情況下，急匆匆地被運送到德國和奧地利邊境。

　　毫無疑問的是，俄國軍隊於 1914 年 9 月突然出現在東普魯士，把德國軍隊的精力和注意力從第一次成功進軍巴黎的勝利中吸引過來。在數以萬計的俄國人付出了極大的苦難和犧牲後，才使法國躲過被徹底推翻的劫難，並使整個西歐對這個偉大的、悲壯的民族欠下了道義上的重債。但是，這場戰爭對這個龐大的、組織不健全的帝國的實力而言，實在太沉重了。俄國的普通士兵是在沒有炮火支援，也沒有充足的彈藥供應的情況下衝鋒陷陣，他們在官員和將軍們狂熱的軍國主義的欺騙下白白送命。在一段時間內，他們就像野獸忍受痛苦那樣默默地忍受著。但是，即使是最無知的人，他的忍耐也是有限度的。不久，一種對沙皇制度深惡痛絕的情緒，在這支被出賣、遭受屠殺的軍隊中蔓延開來。從 1915 年起，俄國讓他的西方盟國感到越來越焦慮。整個 1916 年，俄國在相當程度上都處於防守狀態，並有傳言稱，它將與德國單獨媾和。

1916 年 12 月 29 日，拉斯普丁在聖彼得堡的宴會上被謀殺。人們還做了一次整頓沙皇專制政體的嘗試，但為時已晚。這一事件不斷發展，到第二年 3 月，由於聖彼得堡出現了糧食危機，一場革命起義爆發了。起義軍試圖推翻國家杜馬這個代議制機構，試圖逮捕自由黨領導人，建立以李沃夫（Lvov）親王為首的臨時政府，同時迫使沙皇在 3 月 15 日退位。

有一段時間，俄國人民似乎把希望寄託在一場適當的、可控的革命上面——比如換一個新沙皇，建立新統治。然而，越來越明顯的是，俄國人民對任何這樣的調整都已經完全失去了信心，他們對歐洲的舊秩序、對沙皇和戰爭、對歐洲列強已經深惡痛絕，他們想迅速擺脫這種難以忍受的苦難。協約國各成員國不了解俄國的現實，他們的外交官對俄國一無所知。他們把注意力集中在俄國上流社會，關注俄國宮廷而不是俄國的整個情況，導致對俄國的新形勢判斷失誤。這些外交官中沒有人對共和政治存有好感，他們盡可能地為新政府設置各種障礙。俄國共和政府的首領克倫斯基（Kerenskiy）是一個善於雄辯的、具有活力的領導人，他發現自己一方面受到國內更深刻的革命運動——「社會革命」力量的擁護，一方面又受到國外其他協約國的冷落。這些盟友國家既不同意他給予俄國農民超出他們限度的土地，也不同意他給予俄國農民渴望的超出他們限度的和平。法國和英國的媒體糾纏著他們疲憊的盟友，發起了新一輪的新聞圍攻。然而，當德國軍隊從海上和陸地對里加發動猛烈進攻時，英國海軍卻對出兵波羅的海支援俄國艦隊畏縮不前。

新的俄羅斯共和國只好在沒有支援的情況下獨自作戰。儘管有協約國龐大的海軍優勢和英國偉大的海軍上將費雪（Fisher）（西元 1841 年 - 1920 年）強烈抗議，值得注意的是，除了一些潛艇攻擊外，協約國在整個戰爭期間還是由德國人完全控制了波羅的海的制海權。

第 66 章　俄國十月革命

然而，俄羅斯人民群眾堅決要求結束戰爭，不管付出任何代價。在聖彼得堡，成立了一個代表工人和普通士兵的組織——蘇維埃，它呼籲在斯德哥爾摩召開社會主義者國際大會。在這個時候，柏林出現了糧食危機，厭戰情緒在奧地利和德國進一步蔓延和高漲。鑒於此後發生的一系列事件，毫無疑問，這次國際大會的召開促使德國在 1917 年爆發了一場追求民主、和平的革命。

克倫斯基曾懇求他的西方盟友允許這次大會召開，但是出於對全世界掀起社會主義和共和主義運動的恐懼，儘管英國工黨大多數人對它抱有好感，但它還是遭到西方盟友的拒絕。在沒有協約各盟國的道義支持和物質支持的情況下，這個不幸的、「溫和的」俄羅斯共和國仍然堅持著戰鬥，並在 7 月發起了最後一次孤注一擲的進攻，在獲得一些初步的勝利後又失敗了。俄國人民再一次遭到殘酷的屠殺。

俄國人民的忍耐達到了極限。俄國軍隊爆發了兵變，尤其是在北方戰線。1917 年 11 月 7 日，蘇維埃推翻了克倫斯基政府，奪取了政權。在由列寧（Lenin）領導的布爾什維克社會主義者的統治下，新政權無視西方列強的干涉，決心為俄國帶來和平。1918 年 3 月 2 日，俄國和德國單獨簽訂了《布列斯特-立陶夫斯克和約》。

事實很快顯示，這些布爾什維克社會主義者的品格截然不同於那些善於辭令的立憲主義者或者克倫斯基時期的革命者。他們是篤信馬克思主義的共產黨人，他們堅信他們加入俄國政權僅僅是全球社會主義革命的開始。他們憑藉著堅定的信念，在完全沒有經驗的前提下開始改變社會和經濟秩序。西歐和美國政府本身困難重重，沒有能力指導和幫助這個非同尋常的政治實驗，並且這些國家的報紙還不遺餘力地詆毀這些奪權者。一場令人憎惡的、令人作嘔的惡意宣傳在全世界的報紙上展開。布爾什維克領導人被描述成嗜殺和掠奪成性的、生活腐敗的可怕怪物，

相比之下，拉斯普丁統治時期的沙皇宮廷倒顯得仁慈許多。冒險在這個已經精疲力竭的國家裡隨處可見，叛亂分子獲得武裝和資助。布爾什維克政權的敵人，採用了一切最卑鄙、最恐怖的進攻手段。1919 年，統治者已被五年密集戰爭折磨得筋疲力盡，組織一片混亂的俄國布爾什維克，與英國軍隊在阿爾漢格爾斯克作戰，與日本侵略者在東西伯利亞作戰，與法國和希臘特遣隊在羅馬尼亞作戰，與俄國原海軍上將高爾察克（Kolchak）在西伯利亞作戰，與由法國艦隊支持的鄧尼金（Denikin）在克里米亞作戰。

這年 7 月，由尤登尼奇（Yudenich）率領的一支愛沙尼亞軍隊差一點就攻下了聖彼得堡。1920 年，波蘭軍隊在法國的煽動下對俄國發動了新的進攻。在鄧尼金之後，弗蘭格爾（von Wrangel）將軍這個新的反叛者，率領一支軍隊破壞和蹂躪著自己的國家。1921 年 3 月，克隆斯塔特的水手們發動起義。俄國政府在列寧的領導下，承受住了各種攻擊，這充分顯示這個政權有著頑強的生命力。俄國普通百姓在極端困難的條件下，始終堅定不移地支持自己的政府。到 1921 年底，這個共產黨的政權最終得到英國和義大利承認。

然而，如果說布爾什維克政府在反對外國干預和內部叛亂的爭鬥中獲得了勝利，那麼在其根據俄國共產主義思想試圖建立新的社會秩序時就沒有那麼順利了。俄國農民只擁有一小塊貧瘠的土地，讓他們在思想上和生產方式上完全變成共產主義，無疑是讓鯨魚飛起來。雖然革命把大地主的土地分給了他們，但農民種植糧食的目的僅為了換取可流通的貨幣，事實上，革命又已經讓貨幣大幅度貶值。在戰爭的影響下，農業生產遭到嚴重破壞，農民收穫的糧食下降到僅夠自己餬口。城市陷入了大饑荒。按照共產主義思想倉促制定的發展工業的計畫也沒有成功。到 1920 年，俄國呈現的前所未有的現代文明徹底崩潰，鐵路鏽跡斑斑，城

第 66 章　俄國十月革命

鎮逐漸衰落,各地的人口死亡率居高不下,但這個國家仍與它的敵人在其國門口作戰。1921 年,已遭到戰爭嚴重破壞的東南各省發生了大乾旱,並導致大饑荒,有數以百萬計的人餓死。

第 67 章　世界政治經濟秩序的重建

　　鑒於本書的寫作計畫和範圍，我沒有深入地介紹各種條約簽訂背後複雜而激烈的紛爭，特別是結束了第一次世界大戰的《凡爾賽條約》。我們開始了解到，這場大規模的、可怕的衝突，既沒有結束什麼，也沒有開始什麼，更沒有解決什麼。它奪走了數百萬人的性命，帶給世界貧困和荒蕪；它完全砸碎了俄國；它讓我們意識到這樣一種可怕的現實：我們的生活缺乏計畫和遠見，愚蠢地、糊裡糊塗地生活在一個充滿危險、沒有人情的世界裡。以自我為中心的粗糙組織、國民的狂熱和帝國的貪婪把人們帶進了這場悲劇之中。然而，它們在戰爭中沒有被削弱，只要世界從戰爭的疲憊中稍有恢復，它們就極有可能重新釀造一場類似的大災難。戰爭和革命對人類所產生的作用，就是用一種非常粗略和痛苦的方式來摧毀陳舊過時和阻礙進步的勢力。第一次世界大戰解除了德國帝國主義對歐洲的威脅，並徹底粉碎了俄國帝國主義，它還清除一些君主制政體。但是，仍然有眾多的旗幟在歐洲上空飄揚，各國邊疆仍然紛爭不斷，各國的軍隊裝備了大量的新式武器。

　　凡爾賽和平會議為第一次世界大戰和戰敗國問題做出了某種符合戰爭邏輯的結論。德國、奧地利、土耳其和保加利亞等戰敗國沒有資格參加會議討論，它們只能無條件地接受會議的決定。從人類福祉的角度來看，這次會議選擇的地點極不明智。西元1871年，新的德意志帝國就是在凡爾賽宮宣告成立。如今，在同一個鏡廳上演了完全逆轉的充滿戲劇性的一幕，它對人們內心造成的衝擊無疑是強大的。

　　在戰爭初期曾經出現過的寬容此時已經消失，戰勝國的人民只是深

第67章 世界政治經濟秩序的重建

刻地感受到自己的損失和痛苦，完全不顧戰敗國家也遭受了同樣的磨難。戰爭的爆發，事實上是歐洲各國相互競爭的民族主義沒有受到任何聯邦機構協調的自然和必然的結果。眾多的主權獨立的國家，擁擠在面積狹窄的地區，而各自的軍備力量又很強大，發動戰爭是必然的邏輯。如果第一次世界大戰沒有以這樣的形式爆發，它也必然以另外的、類似的形式爆發。如果沒有政治上的統一防範和阻止，在20或30年後肯定會再次發生同樣規模的災難。為戰爭而聯合起來的國家肯定會帶來戰爭，就像母雞肯定會下蛋一樣。然而，在戰爭中飽受折磨和摧殘的人們無視這一事實：如果戰敗國家的人民必須為一切戰爭損失承受道義上和物質上的責任，那麼毫無疑問，如果戰爭的結局相反，他們也會以同樣的方式對待這些戰勝國的人民。法國和英國認為這場戰爭是德國惹的禍，而德國又把責任推到俄國、法國和英國身上。只有少數清醒的有識之士認為，導致戰爭的真正原因是歐洲分裂的政治格局。簽訂《凡爾賽條約》的目的對戰敗國實施最嚴厲的懲罰，讓那些已經破產的國家再承擔鉅額的戰爭賠款。由此可以看出，戰勝國家企圖透過建立反對戰爭的國際聯盟來重組國際關係的動機明顯沒有誠意，而且理由也不充分。

到目前為止，就歐洲方面而言，是否存在著為建立永久和平而組織國際關係的意圖，這是令人懷疑的。建立國家聯盟的提議被美國總統威爾遜（Wilson）帶進了現實政治中，它的主要支持者是美國。此前，美國這個新的現代化國家，除了提出保護新大陸不被歐洲國家干擾的門羅主義外，再也沒有提出其他解決國際關係的獨特見解。現在，它突然被邀請對當代最重要的問題貢獻精神力量，這是前所未有的事。美國人民向來希望建立世界的永久和平，他們對舊世界的政治傳統極不信任，對舊世界的糾葛刻意保持著距離。正當美國人開始為協調歐洲國家的矛盾提出自己的見解時，德國的潛艇戰把美國拖入了戰爭中，美國自然也加

入反德聯盟。威爾遜總統建立國際聯盟的計畫是企圖在短時間內建立獨特的美國世界，這是一個粗略的、欠全面考慮的、危險的計畫。然而歐洲人卻認為這是美國政府成熟的意見。1918年到1919年，歐洲普遍存在著強烈的厭戰情緒和焦慮，為了阻止戰爭的再度爆發，它們不惜付出任何犧牲。但在舊世界中，沒有一個政府願意為了避免戰爭而放棄絲毫利益。威爾遜總統關於建立國家聯盟的公開演說，在一段時間內，越過世界各國政府領導者，直抵民眾的內心。他們把這一倡議看成是美國政府成熟的意圖，因而反應強烈。不幸的是，威爾遜總統和各國政府打交道，而不是與民眾打交道。他原本是一個擁有大智慧和開闊眼界的人，然而在推進這一政治實驗時，他卻表現出某些自私和狹隘。因此，由他喚起的強大的政治熱情，很快在民眾身上消失了。

狄龍（Dillon）博士在他的《和平會議》（*The Inside Story Of The Peace Conference*）一書中說：「在威爾遜總統到達歐洲的海岸時，歐洲就像一塊為陶工準備的黏土。人們從未如此渴望跟著摩西去那禁止戰爭的理想王國。在他們看來，威爾遜總統就是像摩西那樣的正義的偉大的領袖。在法國，人們懷著敬畏和熱情在他面前鞠躬。巴黎的工黨領導人告訴我，他們在威爾遜總統面前流下了歡喜的淚水，並說為了幫助他實現那偉大的計畫，他和夥伴們願意出生入死。在義大利的工人階級看來，他的名字猶如來自天堂的號角，它預示著新的世界就要到來。德國人把威爾遜總統和他的主張看成和平的保障。無所畏懼的米爾倫說：『如果美國總統威爾遜用最嚴厲的語言來批評德國人，他們也會全部接受，毫無怨言，並立即按照他的話去做。』在德意志和奧地利，他的名字就是救世主，可以把所有處於痛苦和悲傷的人拯救出來。」

這就是威爾遜總統帶給人們的強烈希望。然而，他最終完全讓人失望，他建立的國際聯盟竟如此的軟弱和無能。再講述這些故事只會讓人覺

第67章 世界政治經濟秩序的重建

得繁冗和心情沉重。他誇大了我們人類共同的悲劇，他在他的夢想裡是那樣的偉大，然而他在他的表現中卻又如此的無力。美國人對他們總統的做法提出異議，他們並不接受總統讓美國加入歐洲聯盟。有一部分美國人逐漸意識到，美國已經捲入了一場它本身毫無準備的爭端中。歐洲人也逐漸意識到，美國並沒有盡其所能地為舊世界帶來什麼實質性的東西。事實上，國際聯盟是一個出生時就已經殘廢的早產兒，其複雜而不切實際的章程和明確限制的權力，已經成為有效重建國際關係之路上的一個嚴重障礙。如果國際聯盟從未存在過，許多問題或許會更加簡單和明朗。然而，最初歡迎這個計畫的世界各地的像火一樣的熱情，以及世界人民——是人民而不是政府——要求制止戰爭的意願，在每一本歷史書都是重點記錄的內容。在製造分裂和不善管理人類事務的目光短淺的政府背後，一支真正維持世界團結和建立世界新秩序的力量，正在形成並不斷壯大。

從1918年起，世界進入了「會議時代」。這些會議中最成功和獲得建設性成就的當屬美國總統哈丁（Harding）於1921年組織召開的華盛頓會議。此外還值得注意的是1922年召開的熱那亞會議，德國和俄國都派代表出席了會議。在此，我們不對這些會議一一做詳細的介紹。事實越來越清楚地顯示，人類如果要避免極具破壞性和大規模屠殺的世界大戰，就必須參與到世界重建這項艱苦的工作中來。國際聯盟不過是一個純粹的政治組織，它不過是在承認各現存國家的利益的前提下，對人類事務進行修補。這種在解決事實問題中無能為力的機制，根本無法適應我們所處的這個新時代的複雜的政治需求。人類必須系統運用和發展人類關係學、個人和群體心理學、金融和經濟科學、教育學，以及其他仍然處於起步階段的科學，那些狹隘的、陳舊的、消亡的或垂死的道義和政治上的觀念，必將被人類具有相同的來源和相同的命運這樣一種更清晰和更簡單的觀念所取代。

但是，如果當今人類面臨的危險、混亂和災難超越任何過去的經

驗，這是因為如今的科學為他們帶來前所未有的力量。大膽地想像、詳盡而清晰的表達以及周密地規劃這樣的科學方式，似乎帶給人類不可控的力量，也給了人類控制這些力量的希望。人類仍然處於青春期，它的煩惱是不是衰老和疲憊，而是實力不斷成長但缺乏歷練。當我們把整個人類歷史看作是一個過程，當我們看到人類堅定不移地向上奮鬥時，我們就會看到目前人類面臨著多大的希望和危險。人類至今仍處於偉大的晨曦中，但是在鮮花和日落的美麗中，在幼小動物的快樂嬉戲和各種景觀帶來的喜悅中，我們總會領悟到生活對我們的啟示。在某些少數的雕塑作品和繪畫藝術作品中、在偉大的音樂作品中、在漂亮的貴族建築和美麗的花園中，我們同樣可以得到人類的意志可以用物質來表現的啟示。我們有夢想，我們有著儘管散漫，但不斷增加著的力量。誰會懷疑人類將實現超過我們最大膽想像的成就，誰會懷疑人類最終會實現團結與和平，誰會懷疑人類將不斷生息繁衍，誰會懷疑我們的孩子將生活在我們用鮮血和生命換來的、比我們所知的所有宮殿或花園都要漂亮和有愛的世界裡，然後去擴大冒險範圍，獲得更偉大的成就？

飛機飛過諾霍特皇家空軍基地

人類如今獲得一切成就和建立的所有事業，與我們談及的整個歷史相比，只不過是偉大事業的開頭而已。

第67章　世界政治經濟秩序的重建

附錄　世界大事年表

　　大約在西元前 1000 年，雅利安人在西班牙半島、義大利和巴爾幹地區和北印度建立定居點。此時，克諾索斯已經被摧毀，埃及的圖特摩斯三世、阿肯那頓和拉美西斯二世王朝已經過去三、四百年。國力弱小的古埃及第二十一王朝正統治著尼羅河流域。以色列在早期國王的統治下是一個統一的王國。掃羅、大衛，甚至所羅門都有可能在位。阿卡德·蘇美帝國的薩爾貢一世（西元前 2750 年）已成為巴比倫歷史中遙遠的記憶，比如今到君士坦丁大帝統治時代還要遙遠。漢摩拉比已經死了一千年。亞述人已經占據了擁有少量軍隊的巴比倫。西元前 1100 年，提格拉特帕拉沙爾占領了巴比倫，但沒有將其永久征服，亞述和巴比倫仍然是獨立帝國。在中國，周王朝正蓬勃發展。英格蘭的巨石陣，此時已經出現了幾百年。

　　接下來的兩個世紀，埃及在第二十二王朝的統治下得到復興；短暫的所羅門希伯來王國分裂；希臘人在巴爾幹地區、義大利南部和小亞細亞擴散開來；伊特拉斯坎人主宰著義大利中部。下面是確實可查的年代表。

西元前

800 年　興建迦太基。

790 年　衣索比亞征服埃及，建立了第二十五王朝。

776 年　舉辦第一屆奧林匹克運動會。

753 年　羅馬建城。

745 年　提格拉特帕拉沙爾三世征服巴比倫，並建立新亞述帝國。

第 67 章　世界政治經濟秩序的重建

722 年　薩爾貢二世開始以鐵製武器武裝亞述軍隊。

721 年　薩爾貢二世把以色列人驅逐出境。

680 年　亞述王以撒哈頓（Esarhaddon）攻占埃及底比斯（衣索比亞人的第二十五王朝覆滅）。

664 年　普薩美提克一世（Psammetichus I）恢復埃及的自由，並建立第二十六王朝。

608 年　埃及王尼科在米吉多之戰中擊敗猶太王約書亞。

606 年　迦勒底人和米底人占領尼尼微，建立迦勒底帝國。

604 年　尼科推進到幼發拉底河，被尼布甲尼撒二世打敗（尼布甲尼撒把猶太人劫往巴比倫）。

550 年　居魯士二世（Cyrus II of Persia）取代了在位的米底國王阿斯提阿格斯（Astyages）；釋迦牟尼、孔子和老子大約生活在這個時期。

539 年　居魯士占領巴比倫，建立了波斯帝國。

521 年　希斯塔斯佩斯的兒子大流士一世，統治從多瑙河到鯿河流域的廣大土地，並遠征斯基泰。他的探險隊到斯基提亞。

490 年　馬拉松戰役。

480 年　溫泉關戰役和薩拉米海戰。

479 年　普拉多戰役和麥卡爾戰役。

474 年　伊特拉斯坎艦隊被西西里島的敘拉古人殲滅。

431 年　伯羅奔尼撒戰爭開始（至 404 年）。

401 年　遠征波斯的軍隊「萬人大撤退」。

359 年　腓力二世成為馬其頓國王。

338 年　喀羅尼亞戰役。

336 年 馬其頓軍隊進入亞洲；腓力二世被謀殺。

334 年 格勒奈克斯河戰役。

333 年 伊蘇斯戰役。

331 年 阿爾比勒戰役。

330 年 大流士三世被殺害。

323 年 亞歷山大大帝去世。

321 年 旃陀羅笈多在旁遮普崛起；薩莫奈人在古羅馬卡夫丁城附近的卡夫丁峽谷擊敗了羅馬軍隊。

281 年 皮洛士入侵義大利。

280 年 赫拉克利亞戰役。

279 年 阿斯庫路姆戰役。

278 年 高盧人入侵小亞細亞，定居加拉太。

275 年 皮洛士離開義大利。

264 年 第一次布匿戰爭；阿育王在比哈布林登基（至 227 年）。

260 年 米勒戰役。

256 年 埃克諾穆斯角戰役。

247 年 秦始皇成為秦王。

220 年 秦始皇稱帝。

214 年 中國開始修建長城。

210 年 秦始皇逝世。

202 年 札馬戰役。

146 年 迦太基淪陷。

第 65 章 歐洲軍備時代和第一次世界大戰

133 年 阿塔羅斯（Attalus III）把王國遺贈給羅馬人。

102 年 馬略趕走日耳曼人。

100 年 馬略凱旋；中國征服了塔里木河流域。

89 年 所有義大利人成為羅馬公民。

73 年 斯巴達克斯的奴隸起義。

71 年 斯巴達克斯奴隸起義失敗。

66 年 龐培率領羅馬軍隊到達裏海和幼發拉底河。

48 年 尤利烏斯・凱撒在法薩盧斯戰役中擊敗了龐培。

44 年 尤利烏斯・凱撒遇刺身亡。

27 年 屋大維被尊稱為「奧古斯都」（至西元 14 年）。

4 年 拿撒勒人耶穌誕生。

西元

14 年 屋大維逝世，由兒子提比略繼位。

30 年 拿撒勒人耶穌被釘死在十字架上。

41 年 克勞狄烏斯（第一位軍團皇帝）在卡利古拉遭暗殺後被士兵們擁立為皇帝。

68 年 尼祿自殺。加爾巴（Galba）、鄂圖、維特里烏斯（Vitellius）先後即位。

69 年 維斯帕先（Vespasian）成為羅馬皇帝。

102 年 班超到達裏海。

117 年 哈德良繼圖拉真後成為皇帝。羅馬帝國的疆域達到頂峰。

138 年 印度斯基泰人清除了希臘統治印度的最後痕跡。

161 年　馬可・奧理略繼安敦寧・畢尤為帝。

164 年　大瘟疫流行，直到 180 年馬可・奧理略逝世。這場瘟疫不僅為亞洲帶來災難，還讓羅馬帝國開始了近 100 年的戰爭和混亂。

220 年　漢代滅亡，中國開始了長達四百年的分裂時期。

227 年　阿爾達希爾（Ardashir）滅亡安息王朝。

242 年　摩尼開始傳教。

247 年　哥德人渡過多瑙河，大舉入侵羅馬帝國。

251 年　哥德人打敗並殺死羅馬皇帝德西烏斯（Decius）。

260 年　第二代薩珊國王沙普爾一世（Shapur I）攻占安條克，俘獲瓦勒良（Valerianus）皇帝，但他從小亞細亞撤回時被帕米拉的奧登納圖斯（Odaenathus）打敗。

277 年　摩尼被釘死在十字架上。

284 年　戴克里先成為羅馬皇帝。

303 年　戴克里先迫害基督徒。

311 年　羅馬皇帝伽列里烏斯停止迫害基督徒。

312 年　君士坦丁大帝成為羅馬皇帝。

323 年　君士坦丁主持召開尼西亞宗教會議。

337 年　君士坦丁在臨終前接受洗禮。

361-363 年　朱利安的叛教者試圖替代密特拉教基督教。

392 年　狄奧多西成為東羅馬和西羅馬皇帝。

395 年　狄奧多西大帝去世；霍諾留和阿卡狄奧斯把羅馬帝國劃分為東、西兩部分。

410 年　西哥德人在亞拉里克的率領下攻占羅馬。

第 65 章　歐洲軍備時代和第一次世界大戰

425 年　汪達爾人定居於西班牙南部；匈奴人占領潘諾尼亞；哥德人定居於達爾馬提亞；西哥德人和蘇維匯人來到葡萄牙和西班牙北部；盎格魯人入侵英格蘭。

439 年　汪達爾人攻占了迦太基。

451 年　阿提拉入侵高盧和法蘭克，在特魯瓦被阿勒曼尼人和羅馬人擊敗。

453 年　阿提拉去世。

455 年　汪達爾人洗劫了羅馬。

476 年　奧多亞塞向君士坦丁堡報告西方已沒有皇帝。西羅馬帝國結束。

493 年　東哥德狄奧多里克征服了義大利，並成為義大利國王，但名義上仍向君士坦丁堡稱臣。

527 年　查士丁尼稱帝。

529 年　查士丁尼關閉了有一千多年歷史的雅典學校。貝利撒留（Belisarius）（查士丁尼的一位將軍）攻占了拿坡里。

531 年　霍斯勞一世登基。

543 年　君士坦丁堡爆發瘟疫。

553 年　哥德人被查士丁尼逐出義大利。

565 年　查士丁尼去世；倫巴底人征服了大部分北義大利。

570 年　穆罕默德出生。

579 年　霍斯勞一世去世；倫巴底人統治義大利。

590 年　瘟疫肆虐羅馬；霍斯勞二世登基。

610 年　希拉克略登基。

619 年　霍斯勞二世攻占埃及、耶路撒冷和大馬士革，駐軍赫勒斯龐特。

622 年 穆罕默德從麥加逃到麥地那。

627 年 希拉克略在尼尼微打敗波斯軍隊；唐太宗成為皇帝。

628 年 喀瓦德二世謀殺了他的父親霍斯勞二世。穆罕默德寫信給各國的統治者。

629 年 穆罕默德返回麥加。

632 年 穆罕默德去世，阿布‧巴克爾成為哈里發。

634 年 雅姆克河戰役爆發；穆斯林攻占了敘利亞，歐瑪爾（Umar）成為第二位哈里發。

635 年 唐太宗接見景教傳教士。

637 年 卡迪西亞戰役爆發。

638 年 耶路撒冷投降哈里發歐瑪爾。

642 年 希拉克略去世。

643 年 奧斯曼（Uthman）成為第三任哈里發。

655 年 穆斯林打擊了拜占庭艦隊。

668 年 奧瑪亞的哈里發從海路進攻君士坦丁堡。

687 年 赫斯塔的丕平做了宮相。

711 年 穆斯林軍隊從非洲入侵西班牙。

715 年 哈里發韋立德一世（al-Walid I）的領土從庇里牛斯山延伸到中國。

717-718 年 韋立德的兒子和繼承人蘇萊曼，攻打君士坦丁堡失敗。

732 年 查理‧馬特在普瓦捷附近擊敗穆斯林軍隊。

751 年 丕平接受加冕成為法國國王。

768 年 丕平去世。

771 年 查理曼成為法蘭克王。

第 65 章　歐洲軍備時代和第一次世界大戰

774 年　查理曼征服了倫巴底。

786 年　哈倫・拉希德成為巴格達阿拔斯王朝的哈里發（至 809 年）。

795 年　良三世成為教宗（至 816 年）。

800 年　良教宗為查理曼加冕。

802 年　埃格伯特成為威塞克斯國王。

810 年　保加利亞大公克魯姆（Krum）擊敗並殺死了皇帝尼基弗魯斯（Nikephoros I）。

814 年　查理曼大帝去世。

828 年　埃格伯特成為英格蘭第一位國王。

843 年　虔誠者路易去世，法國卡洛林王朝開始分裂。

850 年　一個名叫留里克（Rurik）的北歐人成為諾夫哥羅德和基輔的統治者。

852 年　保加利亞國王鮑里斯（Boris I of Bulgaria）成為第一個基督教國王（至 884 年）。

865 年　俄羅斯人的艦隊威脅君士坦丁堡。

904 年　俄羅斯艦隊離開君士坦丁堡。

912 年　羅洛成為諾曼第公爵。

919 年　亨利當選德國國王。

936 年　鄂圖一世繼位成為德意志國王。

941 年　俄國艦隊再次威脅君士坦丁堡。

962 年　德意志國王鄂圖一世由若望十二世加冕為第一撒克遜皇帝。

987 年　于格・卡佩成為法國國王。法國卡洛林王朝覆滅。

1016 年　卡紐特成為英格蘭、丹麥和挪威王。

1043 年　俄羅斯艦隊威脅君士坦丁堡。

1066 年　諾曼第公爵威廉征服英國。

1071 年　塞爾柱土耳其人復興伊斯蘭教；梅拉斯吉特戰役爆發。

1073 年　希爾德布蘭德成為教宗（即額我略七世）。

1084 年　諾曼人羅貝爾・吉斯卡爾（Robert Guiscard）洗劫了羅馬。

1087 年　烏爾巴諾二世任教宗（至 1099 年）。

1095 年　烏爾巴諾二世在克萊蒙特發動第一次十字軍東征。

1096 年　民眾組成的十字軍遭到屠殺。

1099 年　布永的戈弗雷（Godefroy de Bouillon）占領耶路撒冷。

1147 年　第二次十字軍東征。

1169 年　薩拉丁成為埃及蘇丹。

1176 年　腓特烈一世在威尼斯承認教宗亞歷山大三世至高無上權力。

1187 年　薩拉丁占領耶路撒冷。

1189 年　第三次十字軍東征。

1198 年　教宗依諾增爵三世即位（至 1216 年），成為西西里國王腓特烈二世（4 歲）的監護人。

1202 年　第四次十字軍東征，進攻東羅馬帝國。

1204 年　拉丁人攻占了君士坦丁堡。

1214 年　成吉思汗攻占了北京。

1226 年　亞西西的聖方濟各去世。

1227 年　成吉思汗去世，窩闊臺繼位。

1228 年　腓特烈二世發動第六次十字軍東征，並征服耶路撒冷。

第 65 章　歐洲軍備時代和第一次世界大戰

1240 年　蒙古人摧毀基輔，向俄羅斯索貢。

1241 年　蒙古人在西利西亞的萊格尼察戰役中獲勝。

1250 年　腓特烈二世去世，直至 1273 年無人即位。

1251 年　蒙哥成為大汗；忽必烈做了中國皇帝。

1258 年　旭烈兀摧毀了巴格達。

1260 年　忽必烈成為大可汗。

1261 年　希臘人從拉丁人手中收復君士坦丁堡。

1273 年　哈布斯堡家族的魯道夫成為皇帝。

1280 年　忽必烈建立元朝。

1292 年　忽必烈去世。

1293 年　實驗科學的先驅羅傑・培根去世。

1348 年　黑死病開始蔓延。

1368 年　元朝滅亡，明朝建立。

1377 年　教宗額我略十一世回到羅馬。

1378 年　教宗分立：烏爾巴諾六世居羅馬，克萊孟七世居亞維農。

1398 年　胡斯在布拉格宣傳威克里夫教義。

1414-1418 年　召開康士坦斯宗教會議。

1415 年　胡斯被燒死。

1417 年　教宗分裂結束。

1453 年　穆罕默德二世率領鄂圖曼土耳其人攻占君士坦丁堡。

1480 年　莫斯科大公伊凡大帝脫離蒙古人。

1481 年　蘇丹穆罕默德二世準備征服義大利時去世。

1486 年 迪亞士（Dias）繞過好望角。

1492 年 哥倫布橫渡大西洋到達美洲。

1498 年 馬克西米連一世成為神聖羅馬皇帝。

1498 年 瓦斯科・達伽馬繞過了好望角，到達印度。

1499 年 瑞士成為獨立共和國。

1500 年 查理五世出生。

1509 年 亨利八世繼任英格蘭國王。

1513 年 良十世任教宗。

1515 年 法蘭索瓦一世成為法國國王。

1520 年 蘇萊曼成為蘇丹（至 1566 年），統治從巴格達到匈牙利的廣闊領土；查理五世成為皇帝。

1525 年 巴布爾（Babur）贏得帕尼帕特戰役，攻占了德里，建立蒙兀兒帝國。

1527 年 德國軍隊在波旁公爵的率領下，掠奪羅馬。

1529 年 蘇萊曼圍攻維也納。

1530 年 查理五世由教宗加冕；亨利八世與羅馬教廷開始爭吵。

1539 年 耶穌會成立。

1546 年 馬丁・路德去世。

1547 年 伊凡四世成為俄國沙皇。

1556 年 查理五世退位；阿克巴統治大蒙兀兒帝國（至 1605 年）。

1558 年 查理五世去世。

1566 年 蘇萊曼大帝逝世。

1602 年 詹姆斯一世成為英格蘭和蘇格蘭國王。

第 67 章　世界政治經濟秩序的重建

1620 年　「五月花號」帆船到達美洲；第一批黑奴運抵詹姆斯敦（今維吉尼亞州）。

1625 年　查理一世成為英格蘭國王。

1626 年　法蘭西斯‧培根爵士去世。

1643 年　路易十四開始執政，開始長達 72 年的統治。

1644 年　滿族人滅亡明朝。

1648 年　簽訂《西發里亞和約》。

1649 年　查理一世被處死。

1658 年　阿克巴成為蒙兀兒帝國君主。克倫威爾（Cromwell）去世。

1660 年　查理二世即位英格蘭國王。

1674 年　英國奪取新阿姆斯特丹，並改名為紐約。

1683 年　土耳其最後攻擊維也納，被波蘭揚三世（Jan III）打敗。

1689 年　彼得大帝成為俄國沙皇。

1701 年　腓特烈一世成為普魯士國王。

1707 年　蒙兀兒帝國解體。

1713 年　普魯士腓特烈大帝出生。

1715 年　路易十五成為法國國王。

1755-1763 年　英國和法國爭奪美洲和印度；法國與奧地利、俄國結盟，對抗普魯士和英國，開始「七年戰爭」（1756 年 - 1763 年）。

1759 年　英國將軍沃爾夫（Wolfe）占領魁北克。

1760 年　喬治三世即位。

1763 年 加拿大割讓給英國；英國開始統治印度。

1769 年 拿破崙・波拿巴出生。

1774 年 路易十六即位。

1776 年 美利堅合眾國發表《獨立宣言》。

1783 年 英國和美國簽訂《巴黎和約》，英國承認美國獨立。

1787 年 美國聯邦政府在費城成立。

1788 年 美國第一聯邦國會在紐約召開。

1789 年 法國召開三級會議；巴士底監獄被攻占。

1792 年 法國對奧地利宣戰；普魯士對法國宣戰；瓦爾密戰役；法蘭西成為共和國。

1793 年 路易十六被斬首。

1794 年 羅伯斯比被處死，雅各賓共和國結束。

1795 年 督政府成立；拿破崙・波拿巴出征義大利。

1798 年 波拿巴遠征埃及；尼羅河戰役。

1799 年 波拿巴返回法國，就任第一執政官。

1804 年 拿破崙・波拿巴稱帝。

1806 年 普魯士軍隊在耶拿被打敗。

1808 年 拿破崙封他的弟弟約瑟夫為西班牙國王。

1810 年 西班牙的美洲殖民地成為共和國。

1812 年 拿破崙從莫斯科撤退。

1814 年 拿破崙退位，路易十八即位。

1824 年 查理十世成為法國波旁王朝國王。

第 67 章　世界政治經濟秩序的重建

1825 年　尼古拉一世成為沙皇。世界上第一條鐵路──英國斯托克頓至達林頓的鐵路建成通車。

1827 年　諾瓦里諾戰役。

1829 年　希臘獨立。

1830 年　路易 - 菲利普推翻查理十世；比利時脫離荷蘭；利奧波德一世成為比利時國王；俄屬波蘭起義，最終被鎮壓。

1835 年　第一次使用「社會主義」這個詞。

1837 年　維多利亞女王即位。

1840 年　維多利亞女王與阿爾伯特親王（Albert, Prince Consort）結婚。

1852 年　拿破崙三世登基成為法蘭西帝國皇帝。

1853-1856 年　克里米亞戰爭。

1855 年　亞歷山大二世即位，成為沙皇。

1861 年　亞伯拉罕・林肯成為美國總統；美國內戰爆發。

1865 年　日本向世界開放。

1870 年　拿破崙三世對普魯士宣戰。

1871 年　巴黎投降（1 月）；普魯士國王成為「德意志皇帝」；簽訂《法蘭克福和約》。

1878 年　簽訂《柏林條約》，西歐開始 46 年的武裝和平時期。

1888 年　腓特烈三世（3 月）和威廉二世（6 月）成為德國皇帝。

1894-1895 年　甲午中日戰爭。

1904-1905 年　日俄戰爭。

1912 年　中華民國成立。

1914 年　第一次世界大戰在歐洲爆發。

1917 年 兩次俄國革命,俄國建立布爾什維克政權。

1918 年 第一次世界大戰結束。

1920 年 國際聯盟召開首次會議,德國、奧地利、俄羅斯和土耳其被排除在外,美國沒有派代表出席。

1921 年 希臘完全拋開國際聯盟,與土耳其開戰。

1922 年 希臘人在小亞細亞被土耳其人打敗。

喬治・威爾斯的世界簡史：

從星際塵埃到世界大戰，人類文明的壯麗史詩！科幻小說巨擘 H・G・威爾斯追溯人類發展的脈絡

作　　　者：	[英]赫伯特・喬治・威爾斯 (Herbert George Wells)	
譯　　　者：	謝凱	
發　行　人：	黃振庭	
出　版　者：	崧燁文化事業有限公司	
發　行　者：	崧燁文化事業有限公司	
E-mail：	sonbookservice@gmail.com	
粉　絲　頁：	https://www.facebook.com/sonbookss/	
網　　　址：	https://sonbook.net/	
地　　　址：	台北市中正區重慶南路一段 61 號 8 樓 8F., No.61, Sec. 1, Chongqing S. Rd., Zhongzheng Dist., Taipei City 100, Taiwan	
電　　　話：	(02)2370-3310	
傳　　　真：	(02)2388-1990	
印　　　刷：	京峯數位服務有限公司	
律師顧問：	廣華律師事務所 張珮琦律師	

- 版權聲明

本書版權為興盛樂所有授權崧燁文化事業有限公司獨家發行電子書及紙本書。若有其他相關權利及授權需求請與本公司聯繫。
未經書面許可，不得複製、發行。

定　　　價：420 元
發行日期：2024 年 08 月第一版
◎本書以 POD 印製

國家圖書館出版品預行編目資料

喬治・威爾斯的世界簡史：從星際塵埃到世界大戰，人類文明的壯麗史詩！科幻小說巨擘 H・G・威爾斯追溯人類發展的脈絡 / [英]赫伯特・喬治・威爾斯(Herbert George Wells) 著，謝凱 譯 . -- 第一版 . -- 臺北市：崧燁文化事業有限公司，2024.08
面；　公分
POD 版
譯　自：A short history of the world.
ISBN 978-626-394-634-7(平裝)
1.CST: 文明史 2.CST: 世界史 3.CST: 通俗作品
711　　　113010969

電子書購買

爽讀 APP　　　臉書